CAMPAGNE
D'ESPAGNE
EN 1823.

Se trouve chez Delaunay, Libraire, au Palais-Royal.

IMPRIMERIE DE JULES DIDOT AINÉ,
RUE DU PONT DE-LODI, n° 6.

TOME SECOND ET DERNIER.

HISTOIRE
DE LA
CAMPAGNE
D'ESPAGNE
EN 1823,
DÉDIÉE AU ROI,

PAR ABEL HUGO,

ANCIEN OFFICIER D'ÉTAT-MAJOR, MEMBRE DE PLUSIEURS SOCIÉTÉS
SAVANTES ET LITTÉRAIRES.

Ornée de vingt-deux Gravures,

PAR COUCHÉ FILS,

GRAVEUR DU CABINET DE FEU S. A. R. LE DUC DE BERRY.

TOME SECOND.

A PARIS,
CHEZ LEFUEL, LIBRAIRE-ÉDITEUR,
RUE SAINT-JACQUES, N° 54.

M DCCC XXV.

PRÉFACE DE L'AUTEUR.

Le succès de l'histoire que nous avons entreprise n'a point trompé nos espérances. La plupart des officiers généraux et supérieurs qui ont guidé les soldats français à la délivrance de Ferdinand VII, ont bien voulu encourager par leurs suffrages les efforts que nous faisions pour élever à l'armée des Pyrénées un monument digne d'elle, et de la mission qu'elle a si glorieusement remplie. D'illustres approbations ont récompensé nos travaux, et nous avons reçu d'importantes communications.

La publication de nos livraisons a éprouvé quelques retards, dont nous allons faire connoître la cause qui, espérons-nous, suffira pour les justifier.

Afin de rendre cet ouvrage moins imparfait, il était nécessaire d'analyser les nombreux documents qui nous étaient confiés, il fallait les comparer entre eux, choisir parmi les plus intéressants, et faire coordonner tous les détails de la narration que nous avions primitivement écrite avec les nouveaux renseignements qu'on nous transmettait. Ce travail indispensable a prolongé les intervalles des publications limités d'abord à quinze jours. Ce qui a encore contribué à leur faire dépasser ce terme, ce sont les communications que nous avons faites de chaque partie de notre récit à des officiers généraux et supérieurs, qui avaient été à portée, par leur position élevée, de bien juger tous les événements de la campagne, dans les diverses provinces de la péninsule, et d'en saisir à-la-fois l'ensemble et les détails. Ces communications ont donné lieu à des additions et à des corrections dont nos lecteurs doivent se féliciter, car l'ouvrage y a gagné beaucoup en exactitude et en intérêt.

Les soins apportés au perfectionnement des gravures, et la difficulté de se procurer des croquis exacts des lieux que nous avions à retracer, et que la valeur française a rendus à jamais mémorables, sont encore une des causes qui ont entravé la rapidité de nos publications.

Nous croyons pouvoir promettre à nos lecteurs que ces retards ne se renouvelleront plus. Notre travail historique est achevé, et nous possédons les dessins de tous les lieux qui doivent encore être reproduits par la gravure.

Les militaires qui ont fait la campagne, et les familles de ceux qui s'y sont distingués, ont remarqué avec quelle scrupuleuse exactitude nous rapportions les noms des braves de tous les grades que leur conduite a fait proposer en exemple à l'ordre de l'armée, et sur les bulletins officiels. Nous continuerons à montrer la même exactitude.

Écrire l'histoire contemporaine sans blesser aucun amour-propre, sans froisser aucune prétention, est sans doute une chose impossible; cependant, comme l'impartialité et la bonne foi ont toujours guidé notre plume, nous pouvons nous féliciter de ce qu'une seule récrimination ait été élevée à l'occasion de notre ouvrage. Nous desirons trop nous garantir de toute erreur pour rejeter sans examen les réclamations qui pourraient nous être encore adressées, et nous comptons terminer ce volume par un supplément qui rectifiera les erreurs, et réparera les omissions que nous pourrions avoir commises involontairement. *Suum cuique....* Telle devrait toujours être la devise de l'historien; telle sera toujours la nôtre.

HISTOIRE
DE LA
CAMPAGNE
D'ESPAGNE
EN 1823.

SUITE DU LIVRE II.
CHAPITRE IX.

DESCRIPTION DE CADIX. — FORMATION DU BLOCUS. — SITUATION DES RÉVOLTÉS — PROPOSITION DE RIÉGO, REJETÉE. — SUICIDE DE SANCHEZ-SALVADOR, MINISTRE DE LA GUERRE. — SORTIE DU 16 JUILLET. — LES CONSTITUTIONNELS SONT REPOUSSÉS. — FORMATION DE LA FLOTILLE — EXPÉDITION DU COMTE DE NIÉBLA.

Nous croyons devoir faire précéder d'une description de Cadix le récit des événements qui se sont passés dans cette ville et devant ses murailles, et qui l'ont rendue à jamais célèbre.

On sait que Cadix est bâti sur un rocher situé à l'extrémité d'une langue de terre qui tient à l'île de Léon, séparée elle-même du continent espagnol, par le canal ou Rio de Santi-Pétri.

Pour donner une juste idée de l'importante position de cette ville, et pour mieux faire connaître ses environs, supposons-nous un instant arrivant dans sa vaste baie, et distinguant autour de nous, comme dans un vaste panorama, les villes, les villages, les ouvrages fortifiés; cette vue est remarquable : à l'extrémité gauche est Rota, puis le fort Santa-Catalina, et le port Santa-Maria. En face, on voit la presqu'île du Trocadéro, où sont les ruines du fort Matagorda, détruit pendant le siége de 1810; plus loin, l'île de Léon, les batteries du fort Puntalès; enfin Cadix, qui termine à droite les contours de cet horizon baigné par la mer.

Des côtes en face de Cadix, de Santa-Catalina, ou du port Santa-Maria, le coup d'œil n'est pas moins beau. La langue de terre qui unit Cadix et l'île de Léon se confond presque avec la mer, et la ville semble isolée au milieu des flots; on la croirait bâtie sur pilotis. Elle se présente en amphithéâtre, et ses bâtiments, dont quelques uns montrent de grandes et belles façades, sont surmontés de terrasses qui dominent tous les environs. Des mâts et des pavillons de diverses couleurs l'entourent, comme d'une ceinture éclatante. La blancheur et l'élévation des maisons, les édifices publics, les fortifications régulières qui composent l'enceinte de la ville, tout se réunit pour former un ensemble dont on admire la majesté et l'imposante grandeur. On regrette seulement que le pays ne soit point ombragé; on cherche en vain quelques touffes de verdure : on n'aperçoit que les allées d'arbres chétifs et jaunâtres de l'Alaméda (1), qui semblent étouffés par le voisinage de la mer; et, à l'exception des vignes de Rota et de Santa-Maria, tous les environs sont tristes et stériles.

Comme position militaire, Cadix, placé à l'extrémité d'une langue de terre étroite, à fleur d'eau, dont l'approche est défendue par des rochers et des écueils, est l'une des plus fortes qui existent. Considéré comme ville maritime, sa position n'offre rien de bien avantageux. Il n'a point de port; on n'y trouve qu'une baie qui même est peu sûre, car elle n'est pas à l'abri des vents : dans les mauvaises saisons, les flottes sont obligées à des déplacements très fâcheux; elles ne peuvent se tenir alors que vers la partie du nord-est, encore n'y sont-elles point à l'abri des gros temps. En outre, l'espace étroit qui resserre Cadix ne lui permettra jamais de s'agrandir; au contraire, les éboulements qu'occasionent les vagues, et l'action continuelle des flots, font craindre de

(1) Promenade de Cadix.

voir diminuer le petit espace qu'il occupe. Cet espace paraît plus propre à porter une forteresse destinée à faire respecter la ville et le port. Ceux-ci seraient bien mieux situés dans la baie de Puerto-Réal, où l'espace, la sûreté, la belle position, l'étendue du terrain, le mouillage sûr, tout se trouve réuni. Cadix défendrait alors l'approche des côtes, tandis que Matagorda et Puntalès, dont les feux se croisent, pourraient couvrir l'entrée de la baie, et en assureraient la défense.

La ville actuelle est édifiée sur des rochers élevés sans cesse battus par les vagues. A l'occident, ces rochers forment deux avancements ou presqu'îles, sur l'un desquels est bâti le fort Sainte-Catherine, et sur l'autre le fort Saint-Sébastien, à la place où fut, du temps des Carthaginois, un temple dédié à Saturne (1). Ce dernier fort est hors de la portée du canon; les rochers qui l'entourent de toutes parts en défendent l'approche, et forment au loin, dans la mer, des récifs dangereux; il a vers l'ouest une batterie avancée, et un phare appelé *Lanterne Saint-Sébastien.* Il communique avec Cadix par une chaussée taillée sur la presqu'île de rochers; une coupure transversale, exécutée à la fin du dernier siècle, donne passage aux cha-

---

(1) Cadix a été bâti par le carthaginois *Gadès*, d'où vient son nom.

loupes canonnières, qui évitent, par ce moyen, de doubler les récifs qui terminent cette presqu'île : un pont jeté sur la coupure établit la communication avec la ville.

Cadix est à-peu-près carré; sa position le soumet à l'empire des vents: ceux du midi y sont les plus dangereux; ils menacent même d'engloutir une partie de la ville basse. Pour y remédier, on a construit une grande et forte muraille, connue sous le nom de *Muraille du Sud*. C'est un des plus grands ouvrages de maçonnerie qui existent.

La ville renferme soixante-douze mille habitants, sans compter la garnison. Elle a cinq portes, dont quatre s'ouvrent sur la mer, et une seule du côté de la terre. Les rues sont étroites, les maisons très élevées et fort jolies, mais ornées de balcons avancés qui rétrécissent encore les rues; ces maisons sont d'ailleurs mieux distribuées et mieux meublées qu'en aucun autre endroit de l'Espagne.

Cadix manque d'une des choses essentielles à la vie, d'eau douce. Il n'y a point de fontaines, chaque maison a sa citerne qui n'y supplée qu'en partie; les habitants riches font venir leur eau du port Santa-Maria, et le tribut annuel que Cadix paie pour ce secours précaire s'élève, dit-on, à quatre-vingt-seize mille piastres fortes.

L'île de Léon ne communique avec la terre

ferme que par un seul pont, celui de Suazo, défendu de chaque côté par des redoutes fortifiées : outre Cadix, elle renferme encore la jolie ville de San-Fernando, où fut établi, en 1820, le siège de la première Junte révolutionnaire.

A l'embouchure du Rio de Santi-Pétri, dans la baie de Cadix, et en face de San-Fernando, se trouve, dans une petite île, le fameux arsenal de la Carraca. L'autre embouchure du Rio, dans la mer, est défendue par le château fort situé sur quelques rochers isolés au milieu des flots ; et le canal de Santi-Pétri n'est guéable sur aucun point de son vaste développement.

La langue de terre qui joint Cadix à l'île de Léon est minée dans toute sa longueur et défendue par plusieurs coupures, ainsi que par le fort Puntalès, qui bat en outre l'entrée de la baie de l'arsenal de la Carraca.

En face du fort Puntalès se trouve la presqu'île du Trocadéro, dont les Français s'étaient emparés lors de son premier siége, et que les Espagnols ont depuis séparé du continent par une large coupure; c'est dans cette presqu'île, défendue par de formidables batteries, que sont placés les magasins de l'artillerie.

Non loin du Trocadéro, sur le continent, en face de la Carraca, est la petite ville de Puerto-Réal, et plus loin, en face le pont de Suazo, celle de Chiclana, dont les environs sont un peu ombragés, et où les habitants de Cadix ont leurs maisons de campagne.

La ligne de défense de l'île de Léon, depuis le fort de Santi-Pétri jusqu'aux ouvrages du Trocadéro, a une étendue d'environ trois lieues. Des batteries multipliées concourent avec les fortifications de l'arsenal de la Carraca et les redoutes du pont de Suazo à la rendre formidable. Depuis 1812, les fortifications de Cadix avaient été l'objet d'une attention toute particulière du gouvernement espagnol; on n'avait rien négligé pour ajouter aux nombreux moyens de défense naturels et artificiels qui avaient préservé cette ville lors du premier siége.

A son arrivée devant Cadix, le général Bordesoulle avait dû se borner, à cause du peu de soldats qu'il avait avec lui, à observer la place, et à contrarier autant qu'il était possible l'arrivée des approvisionnements. L'étendue de la ligne de communication ne permettait pas même à sa petite armée d'en resserrer strictement le blocus. Dès qu'il fut rejoint par une brigade de la division Bourmont, il fit occuper la ligne de Chiclana, et aussitôt on travailla aux ouvrages que sa position rendait nécessaires pour résister aux sorties que l'ennemi pouvait tenter. L'étendue de la ligne, la division des forces, pouvaient seules les faire craindre, car les dispositions du soldat étaient telles, que l'occasion de joindre l'ennemi eût toujours été desirable.

La ville de Puerto-Réal fut fermée et crénelée; les redoutes Bellune et Rufin construites, en 1810 par les Français, furent relevées, le moulin d'Osio fut mis en état de défense, le pont sur le Rio San-Pedro (1), que l'ennemi, dans sa fuite précipité, avait négligé de détruire, fut défendu par une tête de pont; mais le faible nombre des travailleurs dont on put disposer fit marcher lentement ces ouvrages. Comme on était d'ailleurs dépourvu de tout matériel d'artillerie de position, il fallait attendre, pour les armer, que les pièces retrouvées dans les débris de l'arsenal de Séville fussent mises en état, et que celles enlevées à l'ennemi dans le comté de Niébla pussent être envoyées devant Cadix.

L'état des approvisionnements de la ville de Cadix, au moment de l'arrivée des premières troupes françaises, était tel, que l'on aurait pu compter sur une prompte reddition, si le blocus par terre et par mer avait pu être fait avec toute la rigueur desirable. Des renseignements positifs annonçaient que la ville n'avait pas de vivres pour

---

(1) Situé sur la route de communication entre Puerto Santa-Maria et Puerto-Réal.

plus de quinze jours ; malheureusement le contre-amiral Hamelin, chargé du commandement de la flotte, n'avait aucun des moyens indispensables pour s'opposer aux nombreux approvisionnements que Cadix attendait avec impatience de Gibraltar; un blocus étendu ne peut être assuré, surtout pendant la nuit, que par des bâtiments légers, chargés de défendre tous les passages et de surveiller toutes les côtes. L'escadre française ne se composait alors que de deux vaisseaux de guerre, de deux frégates, et de deux bricks.

S. A. R. Mgr le duc d'Angoulême, instruit de la position de l'armée en Andalousie, donna des ordres pour que les troupes de terre et de mer reçussent les renforts et les approvisionnements qui leur étaient si nécessaires. Des convois d'artillerie furent envoyés de Brest et de Bayonne; une partie du riche matériel trouvé dans le royaume de Valence fut chargée sur des bâtiments de commerce, et dirigée sur Cadix; des troupes d'artillerie partirent en poste de Madrid pour la même destination.

Le général Bordesoulle, chargé de faire concourir les opérations des troupes de terre avec celles des forces navales, fit réunir dans les ports de Séville, de San-Lucar, et de Santa-Maria, tous les bâtiments légers qui pouvaient être utilement employés; des ateliers de construction y furent organisés, l'artillerie reçut l'ordre de préparer les armements de cette petite flotille, qui devait se composer d'une vingtaine de chaloupes canonnières, de sept à huit bâtiments légers, et de douze à quinze bombardes, dont la construction seule était capable d'effrayer la ville, et dont l'emploi devait être regardé comme un sûr et dernier moyen.

Afin de protéger nos flottilles, et pour défendre la côte des approches de celles de l'ennemi, le fort de Santa-Catalina, la batterie de Cabezuela, furent armés; on éleva à l'embouchure du Guadaléte la batterie de Carignan; la ville de Puerto-Réal, journellement inquiétée par les chaloupes canonnières et les batteries du Trocadéro, fut défendue par une belle batterie qui prit le nom de batterie d'Angoulême.

Pendant les quinze premiers jours, le temps fut toujours contraire aux assiégés, et la disette se faisait déjà sentir, lorsqu'un coup de vent favorable fit arriver, par le canal de Santi-Pétri, les approvisionnements que l'ennemi attendait.

Ce secours vivement desiré ranima les espérances des révolutionnaires; ils redoublèrent d'activité pour augmenter leurs moyens de défense: le bruit du canon annonçait chaque jour l'armement de nouvelles batteries; des chaloupes canonnières sortaient des ateliers de la Carraca;

les ouvrages qui défendaient les approches du Trocadéro (1) étaient devenus le principal objet de leurs travaux. La marche de Ballesteros augmentait d'ailleurs la confiance du gouvernement usurpateur. Ce général, à la tête de quinze mille hommes, entrait alors dans le royaume de Grenade; le gouvernement venait de lui envoyer (2) l'ordre de se diriger, à marche forcée, sur Cadix (3).

Pour s'opposer à cette marche, ou du moins en être prévenu, le général Bordesoulle avait envoyé dans la Sierra de Ronda, le général Lauriston avec un détachement de douze à quinze cents hommes.

(1) La ville de Cadix attachant la plus grande importance à la conservation de ce village. C'était sur une des pointes de l'isthme qui l'environne, que les Français, en 1812, avaient établi leurs mortiers-canons; le bombardement ayant à cette époque jeté l'alarme dans la place, et les batteries de l'île Saint-Louis (qui touche au Trocadéro), interceptant toute communication dans la baie intérieure, on sentit toute l'importance de cette position, et dès que les Français, en 1812, eurent levé le blocus, les Espagnols travaillèrent sans relâche à la coupure qui, joignant la grande baie à celle de Puerto-Réal, sépare le Trocadéro du continent.

(2) Cet ordre lui avait été apporté par un transfuge français (Chapuy), qui à son retour fut pris par notre croisière.

(3) On a vu dans le chapitre IV de ce livre comment le général Molitor empêcha Ballesteros de porter aucun secours aux assiégés de Cadix.

Les troupes de ligne que les Cortès avaient trouvées dans l'île de Léon, et celles qui les y avaient accompagnées, s'élevaient à plus de quinze mille hommes. La milice de Cadix, nombreuse, bien armée, et dévouée à la constitution, pouvait offrir facilement un renfort de vingt mille hommes aux défenseurs du gouvernement révolutionnaire. Ces forces ne rassuraient cependant pas les membres exaltés des Cortès; ils prévoyaient que la petite armée du général Bordesoulle recevrait promptement des renforts. Occupés de leur salut personnel, ils auraient voulu que les troupes constitutionnelles abandonnassent la défense de la Péninsule, pour venir couvrir l'île qui leur servait de refuge, et tel était le motif des ordres qu'ils avaient adressés à Ballestéros. Riégo prétendait seul, et avec raison, que se borner à la défense de l'île de Léon, c'était attacher le sort de la Révolution à celui de Cadix; il ne doutait pas qu'avec de la persévérance les Français ne vinssent à bout de s'emparer de cette place, et qu'alors *la cause de la liberté* ne fût perdue. Il proposait, tout en continuant avec vigueur à défendre Cadix, de mettre à exécution les projets adoptés précédemment, d'envoyer les généraux constitutionnels former des colonnes mobiles sur les derrières et au milieu des armées françaises, et, au lieu de concentrer la résistance sur un seul point, de la faire naître dans toutes les provinces. Ces propositions hardies et militaires étaient peu goûtées des orateurs révolutionnaires et des clubistes constitutionnels. Ils avaient bien les principes de la Convention, mais il leur manquait cette énergie farouche qui animait l'assemblée régicide. Pour apaiser Riégo qui, indigné de leur pusillanimité, criait à la trahison, on lui offrit le commandement en second de l'armée d'Andalousie. Riégo refusa : l'armée d'Andalousie venait d'être détruite par les généraux Bourmont et Bordesoulle. On l'accusa de ne pas vouloir exécuter lui-même ce qu'il proposait, il répliqua en offrant de se mettre à la tête de trois mille hommes choisis dans la garnison de Cadix, de sortir de l'île de Léon par mer, et d'aller attaquer les Français, sur le point qui lui serait désigné, afin d'opérer une diversion utile. Il demandait cent mille piastres pour fournir aux besoins de sa colonne. Le gouvernement insurrectionnel rejeta une proposition qui lui aurait enlevé trois mille défenseurs, et une somme que les partisans de la constitution comptaient, sans doute, partager entre eux, lorsque tout espoir de triompher leur serait enlevé. Mais plus tard lorsque la capitulation de Ballestéros fut connue, Riégo, que nous retrouverons dans le royaume de Grenade, reçut la permission d'essayer cette tentative désespérée.

Le roi Ferdinand, à son arrivée dans Cadix, avait été prié de reprendre l'exercice de ses royales fonctions; S. M. avait refusé en protestant contre la violence qui avait été employée à son égard: mais le ministère, suppléant à la Régence qui avait été dissoute en arrivant dans l'île de Léon, continuait à couvrir du nom du Roi les actes d'un pouvoir usurpé (1).

Le Roi était prisonnier dans l'hôtel de la Douane, et comme on s'aperçut que lorsqu'il se promenait sur la terrasse de ce bâtiment, les acclamations de la multitude semblaient plaindre sa position et lui témoigner un respectueux intérêt; il fut privé de ce délassement par ordre de ceux qui s'étaient constitués ses geôliers.

L'indignation publique éclatait cependant de temps à autre, et l'assemblée des Cortès elle-même s'était divisée en deux partis, l'un modéré qui désapprouvait la violence exercée contre le

(1) A Cadix, le ministère de Séville avait subi des modifications. Le ministre de la guerre Sanchez-Salvador, désespéré d'avoir été entraîné à des actes qu'il considérait comme une rébellion positive, s'était donné la mort, en laissant pour testament cette lettre qui doit faire estimer son caractère et plaindre sa destinée.

« Surpris, dit-il, au milieu des Cortès, par leur proposition « inattendue, j'ai eu la faiblesse de souscrire la déchéance du « Roi. Je dois me punir d'une action qui me déshonore. Je re-« commande à mes amis ma femme et mes enfants. »

Roi, l'autre furibond qui parlait de sacrifier, au maintien de la constitution, le Roi et la famille royale. Le premier avait pour chefs MM. Gasco et Roméro Alpuente, le second obéissait à MM. Arguelles et Galiano; ce dernier l'emporta, les chefs des modérés furent obligés de quitter Cadix, et d'aller chercher un refuge à Gibraltar, où l'ambassadeur d'Angleterre, sir William A'Court, avait fixé sa résidence.

Cependant à mesure que les vivres diminuaient, les murmures devenaient plus menaçants, et peut-être que les habitants de Cadix et la garnison auraient mis fin eux-mêmes à la captivité du Roi, si la famine s'était fait sentir plus long-temps; mais l'arrivée du convoi venu de Gibraltar ayant ôté aux soldats tout prétexte de mécontentement, leurs bonnes dispositions pour le Roi s'évanouirent, et ils ne songèrent plus qu'à combattre.

Les généraux constitutionnels résolurent alors de profiter de la confiance qu'inspiraient aux soldats l'arrivée récente des approvisionnements, et la nouvelle répandue à dessein de l'approche du général Ballestéros; ils se décidèrent à tenter une sortie générale, afin d'attaquer notre ligne sur plusieurs points avant que les travaux des ouvrages fussent plus avancés. Neuf à dix mille hommes de leurs meilleures troupes furent destinés à cette expédition, et se divisèrent en quatre colonnes.

Le 16 juillet, à cinq heures du matin, ces troupes commencèrent leur mouvement: la première colonne était forte de deux mille hommes; elle passa le canal de Santi-Pétri auprès de son embouchure dans la mer, et se forma ensuite sous la protection des batteries du fort Santi-Pétri et de l'île de Léon. La seconde colonne, protégée par le feu de quelques chaloupes canonnières, passa le canal au pont de Suazo. Elle était forte de cinq mille hommes, qui se partagèrent en trois divisions. Son mouvement fut protégé par quelques chaloupes canonnières et par plusieurs pièces d'artillerie de campagne qui lui étaient attachées. La troisième colonne forte de mille à douze cents hommes partit de l'arsenal de la Carracca, pour venir débarquer auprès de la Venta-Nuéva. Enfin la quatrième colonne forte de quatorze à quinze cents hommes sortit à l'extrémité de la gauche de l'ennemi, du Trocadéro, et, appuyée par une batterie de quatorze pièces de gros calibre, et par le feu de cinq chaloupes canonnières, marcha sur la ville de Puerto-Réal où commençait la droite de notre ligne d'investissement.

Le général Bordesoulle prévoyant les mouvements de l'ennemi, avait donné sur tous les points les ordres nécessaires.

Puerto-Réal était occupé par les 1ᵉʳ et 2ᵉ bataillons du 36ᵉ régiment d'infanterie de ligne, et par le 8ᵉ régiment de dragons. A l'approche de la colonne sortie du Trocadéro, le général Gougeon ordonna à ces deux régiments de sortir de la ville et de prendre position à la droite. M. le chevalier de Monistrol, chef de bataillon du 36ᵉ, reçut l'ordre de prendre le commandement de tous les hommes qu'il trouverait disponibles, et de marcher à l'ennemi pour l'arrêter, et donner le temps aux deux régiments d'exécuter le mouvement qui leur avait été commandé. M. de Monistrol réunit en toute hâte une centaine d'hommes pris indistinctement dans toutes les compagnies de son bataillon (1), et s'avança vers la colonne ennemie qui, dirigée par le général O'Dali, s'approchait, en bon ordre, l'arme au bras. M. de Monistrol sans avoir égard à leur nombre, ordonna

(1) Grenadiers. 22
Voltigeurs.. 30
Fusiliers.. 48

Total. 100

Le bulletin rédigé d'après les premiers rapports, annonce à tort que les troupes qui arrêtèrent la colonne sortie du Trocadéro se composaient de deux compagnies d'élite.

à son détachement de la laisser approcher à trente pas. Il avait profité d'un accident du terrain et divisé sa troupe en deux pelotons, de sorte que quarante hommes, placés sur le flanc de la colonne ennemie, pouvaient croiser leur feu avec celui de soixante hommes qu'il avait gardés avec lui, et qui devaient tirer sur la tête de la colonne. Les Espagnols, encouragés par leurs officiers, s'avançaient avec assurance; au moment où ils se préparaient à charger à la baïonnette, une décharge du détachement français abattit une quarantaine d'hommes dans la tête de leur colonne, et jeta de la confusion dans les divisions en arrière. M. de Monistrol acheva leur dispersion en ordonnant à ses soldats de charger. L'effet de cette attaque vigoureuse fut tel, que l'ennemi se retira dans le plus grand désordre sous la protection de ses batteries, et rentra précipitamment dans le Trocadéro, après avoir éprouvé une perte presque égale en nombre au détachement qui l'avait repoussé (1).

L'habileté et l'intrépidité que M. de Monistrol montra dans cette occasion lui firent le plus grand honneur.

La colonne sortie de la Carracca, se dirigeait par la Venta-Nueva, sur la redoute Ruffin; mais

(1) Quatre-vingt-quatre hommes tués, blessés, ou prisonniers.

une compagnie du 34°, animée de la plus vive impatience de combattre, s'étant montrée, l'ennemi suspendit son mouvement offensif, et quoique les troupes qui occupaient la redoute eussent commencé à se replier, ainsi qu'elles en avaient l'ordre, il n'osa pas s'éloigner de la protection du feu de deux chaloupes canonnières et des batteries de la Carracca.

On a vu que la colonne sortie par le pont de Suazo s'était divisée en trois sections: l'une de ces sections, forte de quinze cents hommes, et appuyée par une chaloupe canonnière, attaqua le moulin d'Osio. La compagnie de voltigeurs du 34°, qui défendait ce retranchement, la reçut si vigoureusement, qu'elle joncha le terrain de ses morts et de ses blessés. La seconde section, forte également de quinze cents hommes, avait attaqué la redoute de Bellune; mais accueillie par le feu bien nourri de deux compagnies soutenues par deux bataillons échelonnés, elle se replia après une fusillade qui avait duré une demi-heure, et se joignit à la colonne qui attaquait le moulin d'Osio. La compagnie placée dans ce moulin redoubla de vigueur, et, malgré plusieurs attaques, réussit à conserver ses retranchements. Seule, elle arrêta par sa belle résistance trois mille Espagnols qui, après une heure de fusillade, et après avoir

2.

éprouvé des pertes considérables, furent forcés à rentrer dans l'île de Léon.

La troisième section de la colonne sortie par le pont de Suazo avait de l'artillerie, et présentait une force de plus de deux mille hommes; elle marchait sur Chiclana. Présumant que la maison crénelée située en avant de cette ville était abandonnée, elle s'avançait avec confiance et aux cris de *vive Riégo!* lorsque arrivée à vingt-cinq pas de cette maison, elle fut accueillie par le feu d'une compagnie du 20ᵉ qui l'occupait et des tirailleurs placés en arrière : elle voulut alors se déployer; mais M. le général comte de Bethisy, qui avait masqué dans un bois voisin deux bataillons et trois pièces d'artillerie de la garde royale, l'ayant fait mitrailler, et ayant marché sur elle, l'obligea à la retraite et la poursuivit jusqu'au canal en lui faisant éprouver de grandes pertes.

La colonne sortie de Santi-Pétri avait aussi marché sur Chiclana; mais arrivée non loin de cette ville, devant la chapelle Sainte-Anne, elle rencontra M. le maréchal de camp prince de Carignan, qui était en position sur ce point avec un bataillon du 20ᵉ; ce qui suffit pour arrêter sa marche. Le combat s'engagea aussitôt; protégé par quelques difficultés du terrain, l'ennemi se soutenait depuis une heure, lorsque M. le comte de Bethisy, qui venait de repousser la colonne de droite jusqu'au pont de Suazo, arriva avec un bataillon. Ce renfort décida la retraite de la colonne constitutionnelle, qui ne tarda pas à se mettre en désordre, et eut beaucoup de peine à regagner ses barques, sur lesquelles nos soldats voulaient s'élancer, malgré les feux croisés du fort Santi-Pétri, d'une batterie, et de deux chaloupes canonnières. Un fourrier du 20ᵉ régiment, emporté par son ardeur, fut tué auprès des barques.

Dans cette journée, où nos troupes donnèrent tant de preuves de bravoure et de dévouement, l'ennemi, malgré la supériorité du nombre et la grande quantité de ses bouches à feu (1), fut culbuté sur tous les points attaqués. Sa perte s'éleva à plus de mille hommes tant tués que blessés, la nôtre ne dépassa pas quatre-vingts hommes. L'ennemi aurait souffert beaucoup plus, si l'ardeur qui animait nos soldats eût permis d'exécuter les ordres du général Bordesoulle qui, pour augmenter l'assurance des constitutionnels et les entraîner hors de la portée de leurs batteries, avait ordonné à toutes les troupes, excepté à celles qui défendaient les postes fortifiés, de se replier à leur approche ; mais nos braves ne voulurent pas devant l'ennemi exécuter même une retraite simulée.

(1) Les pièces, tant des chaloupes canonnières que des batteries de terre, qui tirèrent pour protéger les colonnes constitutionnelles, s'élevaient à plus de soixante de gros calibre.

Le lieutenant-général vicomte Obert, qui eut un cheval blessé sous lui, et les maréchaux de camp Gougeon, de Carignan, et de Bethisy méritèrent les plus grands éloges; M. de Bethisy se distingua particulièrement, l'ennemi ayant dirigé ses plus vifs efforts contre lui; mais grace à la rapidité de ses mouvements et à ses sages dispositions, il n'eut pas besoin du secours des troupes qui étaient disposées pour le soutenir, il lui suffit de six bataillons pour obtenir par-tout de brillants succès (1).

(1) M. le lieutenant-général comte Bordesoulle cita dans son rapport, comme s'étant particulièrement distingués:

Dans le 20ᵉ de ligne: MM. le colonel marquis de Moncalm, le lieutenant-colonel Horric de Lamotte; les chefs de bataillon Lesueur de Lachapelle, et Humblot; les capitaines Deidier et Brusselle; les adjudants-majors Déjean et Blanc; les lieutenants Grenier et Fernel; le sous-lieutenant de grenadiers Cazeau, et le sergent Boucaut.

Dans le 27ᵉ de ligne: MM. le colonel O'Neill; le chef de bataillon Boarin.

Dans le 34ᵉ de ligne: MM. le colonel Veron de Farincourt; le capitaine de voltigeurs Barbette; le lieutenant Mallet; le sous-lieutenant Meunier; le sergent Fizchter, et le voltigeur Hameu.

Dans le 36ᵉ: MM. le colonel baron Maurin; le lieutenant-colonel Rullieres; le chef de bataillon Monistrol; les capitaines Couté, Petit-Jean, Perrotin, et Willemin; les lieutenants Demarle et Arthuis; le sous-lieutenant de voltigeurs Darbois; les sergents-majors Lardet, Bittergut, Rosset, et Christophe; le

Quelques transfuges avaient combattu dans les rangs ennemis. On crut pendant quelque temps qu'un officier général français, M. Lallemand, était au nombre des morts; mais il fut reconnu plus tard que rien de certain n'appuyait cette conjecture. Voici le fait qui y avait donné naissance.

Un homme, revêtu d'un uniforme d'officier général espagnol fut trouvé sur le champ de bataille. Deux grenadiers du 36ᵉ ayant voulu l'emporter pour le faire panser, il leur dit en français : « Mes amis, laissez-moi mourir, je suis un malheureux français, j'ai pris les armes contre la France, je ne mérite pas vos soins. » On le transporta malgré lui à l'hôpital, où il mourut une demi-heure après. On trouva dans une de ses poches un portefeuille sur lequel le mot *Souvenir* était écrit en français. Les prisonniers, interrogés sur le nom de cet offi-

---

sergent-fourrier Ricard; les sergents Pernetty et Frichet; le caporal Maurice; le grenadier Luider, et le voltigeur Lacroix.

Dans le 2ᵉ de dragons: M. l'adjudant sous-officier Chalmet.

Dans le 3ᵉ régiment du génie: M. le capitaine Lemaire.

Dans l'artillerie à cheval de la garde · MM. le chef d'escadron baron de Foucauld, et le lieutenant Beret.

Enfin, dans l'état-major: MM. le capitaine Duponey, aide-de-camp du général comte de Bethisy; le lieutenant de Montmorency, son officier d'ordonnance; le capitaine Rousselet, aide-de-camp du général prince de Carignan, et le lieutenant Brice, aide-de-camp du général Gougeon.

cier, répondirent qu'ils ne savaient rien autre chose de lui, sinon qu'il était un officier supérieur français, arrivé depuis peu à Cadix, et caché sous un nom supposé.

Le funeste résultat de cette journée jeta le découragement parmi les constitutionnels, et renouvela les murmures des habitants. Une trêve de trois heures ayant été accordée aux défenseurs de Cadix pour enterrer leurs morts, dont le nombre était considérable, donna lieu à quelques pourparlers qui furent suivis de désertions nombreuses. La désertion augmenta encore lorsque la nouvelle de la soumission de Morillo parvint dans l'île de Léon.

Cependant le général Bordesoulle profitait de l'abattement de l'ennemi pour accélérer l'achèvement des ouvrages fortifiés, destinés à completter et à protéger la ligne de blocus. L'escadre du contre-amiral Hamelin venait d'être renforcée de plusieurs vaisseaux de guerre et de quelques bâtiments légers, qui allaient rendre plus facile et plus rigoureux le blocus par mer; en outre une flotille de chaloupes canonnières, placée sous le commandement de l'amiral espagnol Villa-Vicencio, et organisée à Séville par les soins du général Bourmont, descendait le Guadalquivir pour venir coopérer aux opérations de l'attaque de Cadix et de l'île de Léon.

De son quartier-général de Séville, M. le comte de Bourmont protégeait les communications des troupes du blocus avec l'armée, faisait rassembler toute l'artillerie et toutes les munitions disponibles dans les arsenaux de l'Andalousie, et les dirigeait sur Puerto-Santa-Maria, quartier-général du comte Bordesoulle : il couvrait enfin le cours de Guadalquivir, et tenait en respect les débris du corps de Lopez-Baños, qui s'étaient retirés dans le comté de Niebla.

Ces débris, dont le noyau se composait de trois cents fantassins et de deux cents cavaliers de ligne, étaient commandés par le brigadier Ramirez, militaire habile et partisan hardi. Cet officier avait profité du moment de repos qui lui avait été laissé, pour travailler à tirer parti des ressources du comté. A couvert derrière le Rio-Tinto, il avait formé une junte d'armement et de défense au moyen de laquelle il frappait des contributions extraordinaires, ralliait les déserteurs et les fuyards, armait les milices locales, rassemblait toutes les ressources de la province et des provinces environnantes, en vivres et en argent, et les expédiait à Cadix par le port de Aya-Monte. Son quartier-général était à Gibraléon; il occupait Trigueros et les ports de mer, tels que Huelba, la Higuerita et Moguez, et s'appuyait sur le petit fort de Paymogo, où se trouvait, avec une garnison suffisante, le général du génie don Ramon d'Arocha.

M. le général Bourmont, jugeant qu'il serait dangereux de laisser Ramirez se fortifier davantage, et voulant faire rentrer le comté de Niébla sous l'obéissance de l'autorité royale, donna l'ordre au colonel marquis de Conflans, son chef d'état-major, aide-de-camp de S. A. R. MONSIEUR, de prendre le commandement d'une colonne mobile composée d'un bataillon du 9ᵉ d'infanterie légère et de cent cinquante chevaux des 7ᵉ et 9ᵉ dragons, et de marcher sur Trigueros, Gibraléon, et Aya-Monte, et d'en chasser l'ennemi.

Aussitôt que Ramirez eut connaissance du mouvement qui s'effectuait, il rappela autour de lui toutes les troupes qu'il avait disséminées dans le comté de Niébla. Un escadron de chasseurs de Numance, qui évacuait la ville de Niébla, fut rencontré par deux officiers d'état-major, MM. le capitaine Delarue de Saint-Léger, et le lieutenant d'Hédonville, qui avec deux dragons précédaient l'avant-garde française. A leur approche l'ennemi précipita la retraite; mais ces braves officiers, emportés par leur zèle et leur courage, piquèrent des deux, atteignirent l'arrière-garde ennemie, la chargèrent sans hésiter, et lui firent cinq prisonniers.

Ramirez s'était posté dans Trigueros, où il faisait minc de vouloir se défendre. M. le marquis de Conflans, arrivé avec l'infanterie, l'en délogea promptement, le poursuivit sur la route de Gibraléon, et le força à se jeter dans les montagnes. L'occupation de tous les ports du comté de Niébla eut lieu immédiatement, et toute communication entre ce chef révolutionnaire et Cadix fut ainsi interceptée.

Les constitutionnels avaient gagné le Portugal, où ils s'étaient, en partie, embarqués pour Gibraltar. Restait encore au pouvoir de l'ennemi, sur le territoire espagnol, le fort Paymogo. Ce fort fut abandonné à l'approche de nos troupes; la garnison effectuait sa retraite sur le Portugal; mais une reconnaissance de vingt-huit chevaux, commandée par M. le capitaine Delarue de Saint-Léger, s'étant mise à sa poursuite, l'atteignit après une longue et pénible marche, la culbuta, et l'obligea à mettre bas les armes. Soixante-quatorze prisonniers, parmi lesquels se trouvaient un général, un colonel, et cinq officiers, tombèrent ainsi en notre pouvoir (1).

Cette expédition, qui dura douze jours, débar-

(1) Les militaires qui se distinguèrent dans cette expédition, dirigée avec prudence et habileté par M. le marquis de Conflans, sont: MM. le vicomte du Couedic, lieutenant-colonel du 9ᵉ régiment de dragons; Cools-Desnoyers, chef de bataillon d'état-major; Despeujols, capitaine au 9ᵉ régiment d'infanterie

rassa toute la province de Niébla des révolutionnaires qui l'agitaient, et assura la droite de l'armée d'expédition d'Andalousie.

M. le marquis de Conflans eut occasion de communiquer sur la frontière avec les officiers portugais, et reçut d'eux, avec les témoignages d'amitié et de bon voisinage, l'assurance que les révoltés espagnols ne trouveraient aucun appui de leur côté. On sait que le roi de Portugal venait, quelque temps auparavant, de recouvrer sa liberté.

légère; Delarue de Saint-Léger, capitaine d'état-major; d'Hédouville, lieutenant au même corps; De Tocqueville, capitaine au 7ᵉ dragons; Choffart et Vérillon, maréchaux-des-logis au même régiment; et Garnier et Guidon, dragons.

M. le marquis de Conflans a été nommé maréchal-de-camp. M. Delarue de Saint-Léger a reçu la décoration de la Légion-d'Honneur.

CHAPITRE X.

SOINS PATERNELS DU PRINCE GÉNÉRALISSIME POUR L'ARMÉE. — REMISE DES DRAPEAUX. — DISCOURS DE M. DE MARTIGNAC ET DU MAJOR GÉNÉRAL. — RÉPONSE DE LA RÉGENCE. — ARRIVÉE DU MARQUIS DE TALARU. — DÉPART DE M. DE MARTIGNAC. — RÉSUMÉ DES SUCCÈS DE L'ARMÉE FRANÇAISE. — FORMATION DU 5ᵉ CORPS. — ORDRE GÉNÉRAL DE L'ARMÉE. — DÉPART DU DUC D'ANGOULÊME POUR CADIX.

La guerre d'Espagne avait fait en trois mois ce que trente ans de paix auraient eu de la peine à faire : elle avait rallié sous le drapeau blanc les soldats de Waterloo et ceux de la Vendée; la franchise des camps et l'honneur militaire avaient bientôt effacé jusqu'au souvenir de ces divisions politiques, sources de tant de malheurs; mais ce qui rattacha le plus à la cause légitime de nos rois les braves que d'anciens bienfaits et de vieux souvenirs en avaient quelque temps écartés, ce fut la conduite toute paternelle du Prince généralissime envers l'armée placée sous ses ordres.

De son quartier-général de Madrid, d'où elle dirigeait l'ensemble des mouvements militaires, S. A. R. veillait à tout ce qui pouvait améliorer la situation des soldats. Elle examinait tous leurs besoins, et, par de sages règlements, tâchait de leur rendre les fatigues de la guerre, dans un pays dont le climat est aussi brûlant, plus légères et plus supportables.

Les soins de S. A. R. tendaient aussi à diminuer pour les Espagnols les inconvénients d'une occupation militaire, et à entretenir avec nos alliés cette harmonie si nécessaire à l'heureuse issue de la guerre.

La cérémonie qui eut lieu le 1er juillet contribua puissamment à resserrer les liens qui unissaient les deux nations, et à satisfaire cet orgueil national qui, même parmi les royalistes espagnols, avait besoin d'une compensation pour la défaite des constitutionnels leurs concitoyens.

Dans le cours de la dernière guerre entre la France et l'Espagne, le sort des combats avait fait successivement tomber entre les mains de l'armée française quarante-huit drapeaux appartenant à l'armée espagnole. Ces drapeaux enlevés par le courage heureux à la valeur trompée avaient été transportés à Paris, où ils étaient demeurés comme les gages précieux de triomphes honorables pour nos armes.

Le Roi de France, uni de vœux et d'efforts à la brave et généreuse nation espagnole pour la délivrance de son Roi, voulut effacer jusqu'au souvenir des inimitiés qui avaient autrefois pu diviser les deux peuples. Il fit détacher de nos voûtes ces monuments de gloire et de discorde, et les envoya au Prince pacificateur pour être rendus au roi Ferdinand.

En attendant l'heureux jour où l'alliance et l'amitié des deux souverains et des deux nations pourraient être cimentées par cette restitution, le Prince pensa que ce dépôt ne pouvait être mieux placé que dans le palais des rois d'Espagne et sous la garde de la Régence du royaume.

S. A. R. ordonna, en conséquence, à M. le commissaire civil, d'annoncer à la Régence qu'elle desirait déposer dans le palais et confier à sa fidélité :

Les quarante-huit drapeaux pris dans les dernières guerres;

Les deux drapeaux enlevés aux ennemis communs dans la guerre actuelle;

Et les clefs de Valence, apportées autrefois à M. le maréchal duc d'Albuféra, par les magistrats de cette ville conquise.

Au jour fixé pour la remise et la réception de ces trophées, M. de Martignac, commissaire civil, et M. le comte Guilleminot, major-général, se rendirent au palais, suivis de cinquante sous-officiers et vieux soldats en grande tenue, portant chacun un drapeau, et qu'escortait un bataillon de la garde royale.

Une foule innombrable s'était pressée par-tout sur le passage de cet imposant cortége. La Régence le reçut dans le palais du souverain, dans la magnifique salle des colonnes, entourée des ministres, des officiers-généraux, et de plus de trois cents officiers supérieurs espagnols de tout grade.

Alors M. de Martignac, s'avançant le premier, et saluant la Régence, lui adressa ces paroles:

« Messieurs les membres de la Régence, au
« nom de S. M. T. C., et par ordre de S. A. R. Mgr le
« duc d'Angoulême, nous avons l'honneur de dé-
« poser dans les mains de V. A. S., et de confier
« à sa garde, les clefs de la ville de Valence, et
« tous les drapeaux espagnols que les hasards de
« la guerre ont fait tomber au pouvoir des armées
« françaises.

« La conquête de ces trophées obtenus sur de
« braves soldats a dû flatter sans doute l'orgueil
« militaire. Leur restitution est plus douce encore
« au cœur d'un Monarque pacificateur. Puisse
« Ferdinand VII, votre roi et l'ami du nôtre, dé-
« livré de ses fers et rendu à ses enfants, recevoir
« bientôt de vos mains, dans le palais de ses pères,
« le dépôt sacré que nous vous remettons pour
« lui, et puisse aussi la sincère amitié dont ce dé-
« pôt est le gage être éternelle pour le bonheur
« des deux rois et pour la prospérité des deux
« peuples! »

Après que M. le commissaire du roi eut parlé, M. le major-général, précédé de quatre officiers généraux, et suivi d'un brillant état-major, fit défiler les drapeaux devant la Régence, et, les faisant déposer avec les clés de Valence sur l'estrade préparée à cet effet, il dit :

« Au nom du Roi de France, et par ordre de
« S. A. R. Mgr le duc d'Angoulême, j'ai déposé
« dans vos mains ces gages d'une amitié sincère
« et durable, qui doivent être rendus à votre Roi.
« Je prie S. A. S. de nous donner acte de cette
« remise. »

M. le duc de l'Infantado répondit :

« M. de Martignac,

« S'il était possible que le roi Ferdinand VII,
« notre seigneur et maître, pût voir de sa prison
« de Cadix la solennité de ce jour, les chagrins
« dont il est dévoré seraient momentanément sus-
« pendus, et son cœur auguste se remplirait de
« reconnaissance et de joie ; de reconnaissance,
« en recevant cette nouvelle et généreuse preuve
« de l'amitié de S. M. Louis XVIII ; de joie, en la
« considérant comme un heureux présage que
« l'importante union et la concorde qui doivent
« pour toujours unir les deux nations ne seront
« plus interrompues.

« La Régence temporaire du Royaume, en re-
« cevant des mains de V. Exc. ce précieux dépôt,
« la prie d'assurer S. M. T. C. qu'elle le conservera

« avec fidélité jusqu'au jour heureux où elle
« pourra le remettre à son souverain. »

Immédiatement après cette réponse, des Gardes-du-corps du roi d'Espagne furent placés en faction auprès des drapeaux.

Alors se retirèrent le Commissaire civil et le Major-général, et les cris de *Vive Ferdinand! vive Louis XVIII! vive le duc d'Angoulême!* prononcés dans le palais avec une énergie que rien ne peut exprimer, trouvèrent au-dehors d'innombrables échos dans ce concours de citoyens et de soldats, dont cette nouvelle et touchante cérémonie avait encore plus vivement excité la reconnaissance que la curiosité.

Cependant M. le marquis de Talaru, que Sa M. T. C. avait nommé son ambassadeur auprès de la Régence royaliste, était arrivé à Madrid, et avait présenté ses lettres de créance. M. de Martignac, dont la mission, remplie avec autant de prudence que de fermeté, se trouvait ainsi terminée, dut quitter cette capitale pour revenir en France (1).

---

(1) M. de Martignac, avant son départ, qui eut lieu le 7 juillet, reçut de la Régence, en témoignage de sa reconnaissance, la grande croix de l'ordre de Charles III.

MM. Émile Barateau et Jogau, ses secrétaires, dont l'activité ne s'était jamais démentie, et qui avaient rendu de véritables services, furent nommés chevaliers du même ordre.

L'arrivée de l'ambassadeur français fut suivie de celle des ambassadeurs d'Autriche et de Prusse, qui protestèrent à la Régence de l'intérêt que leurs souverains prenaient aux efforts du peuple espagnol, pour la délivrance du roi Ferdinand, et des vœux qu'ils formaient pour le prompt accomplissement de cette glorieuse entreprise.

S. A. R. Mgr le duc d'Angoulême reçut à Madrid, par un officier général portugais envoyé de Lisbonne, les félicitations que l'Infant don Miguel lui adressa sur les succès des armées françaises dans la Péninsule.

Si les événements politiques et militaires n'offraient au Prince que des sujets de satisfaction, sa sensibilité fut douloureusement éprouvée par la mort d'un des officiers attachés à sa personne, et dont il avait pu mettre à l'épreuve, en diverses circonstances, la fidélité dévouée. Le 11 juillet, un des aides-de-camp de S. A. R., M. le marquis Amédée de Lur-Saluces, succomba aux suites d'une fluxion de poitrine, dont il avait été atteint, peu de temps avant la guerre, et dont son courage et son zèle ne lui avaient point permis d'attendre l'entière guérison pour rejoindre l'armée (1).

S. M. T. C. avait nommé M. de Martignac, comme preuve de sa royale satisfaction, ministre d'État et membre du conseil privé.

(1) M. de Lur-Saluces était à peine âgé de 36 ans. Il avait

Les courriers qui arrivaient des différents corps de l'armée française annonçaient chaque jour de nouveaux succès, tandis que les lettres écrites de Cadix s'accordaient toutes à présenter la garnison et les habitants de cette place, comme livrés à une anarchie complète et à un découragement général.

La cause des constitutionnels était par-tout aux abois. Morillo avait fait sa soumission, le corps de Mina était détruit, et ce chef fameux n'avait

passé ses premières années dans les cachots de la terreur et dans l'exil, auprès de sa mère, seul appui que les bourreaux n'eussent point enlevé à son enfance.

Lorsque Buonaparte eut usurpé le souverain pouvoir, l'habile despote ne négligea rien pour s'attacher les rejetons de ces antiques familles qui avaient si puissamment contribué à l'illustration de la monarchie. Issu d'une race toute militaire, et jaloux de conquérir sa part de gloire dans les prodigieux exploits des armées françaises, le jeune marquis de Lur-Saluces accepta un emploi d'officier dans un régiment de cavalerie. Fait prisonnier dans la campagne de Moscou, il ne dut sa liberté qu'à la restauration. Il devint en 1814, aide-de-camp de Mgr le duc d'Angoulême, le suivit à la Drôme en 1815, et demeura près de S. A. R., tant que dura le second interrègne. Parvenu de grade en grade à celui de colonel, doué d'une valeur brillante et du dévouement le plus actif, il aurait pu rendre de grands services dans la dernière campagne. Mais la Providence en avait autrement décidé. Il succomba, dans la fleur de son âge, victime de la plus noble imprudence, avec le regret profondément senti de n'avoir point trouvé la mort sur un champ de bataille.

trouvé de salut que dans une prompte fuite : Barcelone était investie, Cadix bloqué, la Corogne assiégée; Ballesteros enfin, qui avait encore sous ses ordres l'armée sur laquelle les Cortès fondaient leur plus sûre espérance, fuyait devant le corps du général Molitor, qui, après l'avoir battu à Alcira, venait de lui enlever Lorca, et se préparait à lui porter le dernier coup à Campillo.

La formation d'un 5ᵉ corps d'armée, destiné à agir sous les ordres de M. le maréchal Lauriston, et à faire le siège des places de l'Aragon et la Biscaye, assurait la tranquillité des provinces du Nord (1).

S. A. R. jugeant, d'après la situation des choses dans toutes les parties de l'Espagne, que sa présence à Madrid n'était plus nécessaire, se décida à venir se mettre à la tête de son armée d'Andalousie, pour encourager par sa présence la valeur de nos soldats, et vaincre la révolution sur les lieux mêmes qui l'avaient vue naître.

Le départ de S. A. R. fut fixé au 28 juillet.

Avant de quitter Madrid, le Prince donna, le 24 juillet, l'ordre général suivant, qui désigna les

---

(1) Ce corps avait été formé avec le 2ᵉ corps de l'armée de réserve. Il se composait de deux divisions, formant ensemble quatre brigades d'infanterie et une de cavalerie. (*Voyez le tableau général de l'Armée, à la fin de ce volume*)

commandants militaires de toutes les provinces de la Péninsule.

« Le maréchal duc de Reggio, commandant en chef le 1er corps d'armée, aura le commandement supérieur des provinces de la Castille-Nouvelle, de l'Estramadure, de Ségovie, de Léon, y compris les provinces de Salamanque et de Valladolid, de Galice et des Asturies. Son quartier-général sera à Madrid.

« S. A. S. le prince de Hohenlohe, commandant en chef le 3e corps d'armée, aura le commandement supérieur des provinces de Saint-Ander, de Burgos, de Soria, de Santo-Domingo, de l'Alava, et de la Biscaye. Son quartier-général sera à Vittoria.

« S. Exc. le maréchal marquis de Lauriston, commandant en chef du 2e corps de réserve, prendra le commandement supérieur des provinces de Guipuscoa, de Navarre, d'Aragon, et de l'Èbre inférieur. Son quartier-général sera à Tolosa.

« Le lieutenant-général comte Molitor, commandant en chef du 2e corps de l'armée, aura le commandement supérieur des royaumes de Valence, de Murcie, et de Grenade.

« Le général vicomte de Foissac-Latour, commandant en chef une colonne d'opérations, aura le commandement supérieur des royaumes de Cordoue et de Jaen.

« Enfin, le lieutenant-général comte de Bordesoulle, commandant en chef du 1er corps de réserve, aura le commandement supérieur du royaume de Séville et des opérations devant Cadix. Son quartier-général sera à Puerto de Santa-Maria.

« Cette division pourra recevoir des modifications selon les circonstances; mais, jusqu'à nouvel ordre, tous les généraux et commandants des troupes françaises et espagnoles devront correspondre avec les commandants supérieurs ci-dessus dénommés.

« Cet ordre général sera communiqué à S. A. S. la Régence du royaume d'Espagne, afin qu'elle donne les ordres nécessaires aux capitaines-généraux, commandants de province, etc...... »

Ainsi qu'il avait été annoncé, le 28 juillet. S. A. R. quitta Madrid, emmenant une réserve de trois mille hommes, et laissant au maréchal Oudinot le soin de veiller sur la capitale avec la faible partie du 1er corps qui restait auprès de lui, et à laquelle, après la pacification de la Galice, devait se joindre la division Bourck.

Nous verrons dans le livre suivant comment la présence de S. A. R. devant Cadix accéléra la délivrance du Monarque, et rendit, par la destruction du gouvernement révolutionnaire, la liberté au peuple espagnol.

LIVRE III.

CHAPITRE PREMIER.

DÉPART DU DUC D'ANGOULÊME POUR CADIX. — CAPITULATION DE BALLESTÉROS. — DÉCRET D'ANDUJAR. — ADDITION A CE DÉCRET. — ARRIVÉE DU PRINCE DEVANT CADIX. — CONSEIL DE GUERRE. — ON Y RÉSOUT L'ATTAQUE DU TROCADÉRO. — ENVOI D'UN PARLEMENTAIRE DANS CADIX. — ATTAQUE ET PRISE DE L'ILE VERTE. — TRAVAUX ET PRÉPARATIFS.

En quittant Madrid, S. A. R. accompagnée des trois mille hommes qui allaient renforcer l'armée d'Andalousie, s'avançait à grandes journées. Son voyage ressemblait à une marche triomphale; les habitants des provinces qu'elle traversait, venaient en foule sur son passage le saluer de leurs acclamations. Comme la grande chaleur l'obligeait à voyager pendant la nuit, les villes où elle passait étaient toutes illuminées. Le son des cloches, le bruit des boîtes et des pétards s'unissaient sur la route aux chants joyeux des habitants, aux cris de *Vive le duc d'Angoulême! vive le Libérateur de l'Espagne! vive la brave Armée française!* Les soldats étaient fiers de l'enthousiasme qu'inspirait leur généralissime. Témoins de son humanité, de sa bonté, de sa fermeté dans les fatigues, et de son affabilité avec tous, ils aspiraient au moment où ils pourraient lui prouver, en combattant sous ses yeux, qu'ils étaient dignes de l'avoir pour chef.

Le départ du Prince, l'impression que la nouvelle de sa prochaine arrivée devant Cadix causa sur les démagogues des Cortès, donnèrent un vif essor aux espérances de tous les bons Espagnols; le bruit même se répandit, en quelques jours, dans toute la Péninsule, que les révolutionnaires, redoutant l'arrivée du Prince français, et voulant paraître exécuter de leur plein gré ce que la valeur de nos soldats ne pouvait manquer de les contraindre à faire, avaient mis en liberté le roi Ferdinand. Cette nouvelle ne se confirma malheureusement pas : le Roi était toujours captif; et l'aveuglement des Cortès devait perpétuer la rébellion plus long-temps, afin que la délivrance du monarque espagnol ajoutât un laurier de plus à la couronne du héros de la Drôme.

Mgr le duc d'Angoulême apprit à la Carolina que, par suite de la victoire remportée par le général Molitor à Campillo-de-Arénas, le général Ballestéros avait fait sa soumission, ainsi que toutes les troupes sous ses ordres. Cet heureux événement permit de détacher une partie du 2e corps, pour renforcer l'armée du général Bordesoulle; six bataillons, commandés par le général Ordonneau reçurent l'ordre de marcher sur Cadix.

Ce fut deux jours après avoir reçu la nouvelle de cette importante capitulation (1), le 8 août, que S. A. R. rendit l'ordonnance connue sous le nom d'Andujar, et qui, diversement jugée par

(1) Voici le texte de cette capitulation. Nous ferons connaître plus loin les évènements auxquels donna lieu son exécution.

Convention conclue entre le lieutenant-général Molitor, et le général Ballesteros.

ARTICLE PREMIER.

« Le général Ballesteros et la seconde armée sous ses ordres, reconnaissent l'autorité de la Régence d'Espagne, établie à Madrid durant l'absence du Roi.

ART. 2.

« Le susdit général ordonnera aux autres généraux et gouverneurs des places situées dans l'étendue de son gouvernement de reconnaître également la Régence.

ART. 3.

« Les troupes qui sont aux ordres du général Ballesteros seront cantonnées dans les endroits qui seront fixés de concert avec le général Molitor.

ART. 4.

« Les généraux, chefs et officiers, appartenant au second corps d'armée espagnole conserveront leurs grades, emplois, distinctions, et la solde correspondante auxdits emplois.

ART. 5.

« Aucun individu de ladite armée ne pourra être inquiété,

les partis, offre un témoignage éclatant de l'esprit de modération dont était animé, en Espagne, le Prince qui avait naguère fait entendre aux Français ces mots consolateurs *Union* et *Oubli*, et des efforts que S. A. R. faisait continuellement pour arriver plus tôt au but de son expédition, la délivrance du Roi et la pacification de l'Espagne.

poursuivi, ni molesté pour ses opinions antérieures à cette convention, ni pour les faits analogues, excepté ceux qui sont de la compétence de la justice ordinaire.

ART. 6.

« La solde sera payée par le trésor d'Espagne en la forme dite, et en cas de retard ou d'impossibilité, on continuera de donner aux troupes les rations d'étape dans les cantonnements qui leur seront assignés.

ART. 7.

« Les individus de la milice, faisant partie de la susdite armée, qui desireront retourner dans leurs foyers, pourront le faire librement, et trouveront sûreté et protection.

« En conséquence de la présente convention, les hostilités cesseront immédiatement de part et d'autre.

« Fait à Grenade, le 4 août 1823.

« *Signé*, le général MOLITOR.—Pour le général Ballestéros, et avec ses pleins pouvoirs, le premier adjudant-général de l'état-major, JOSEPH GUERRO DE TORRES. »

« Pour copie conforme,
» Le major-général comte GUILLEMINOT. »

Voici le texte de cette ordonnance, qui, si elle eût été convenablement exécutée, ne pouvait que contribuer à entretenir la bonne amitié entre l'armée française et les royalistes espagnols; comme aussi à accélérer dans la Péninsule la fusion de tous les partis en un seul, jaloux du bonheur national, et dévoué à la monarchie légitime (1).

Nous LOUIS-ANTOINE D'ARTOIS, fils de France, duc d'Angoulême, commandant en chef l'armée des Pyrénées :

Considérant que l'occupation de l'Espagne par l'armée française sous nos ordres nous met dans l'indispensable obligation de pourvoir à la tranquillité de ce royaume et à la sûreté de nos troupes ;

Avons ordonné et ordonnons ce qui suit :

ARTICLE PREMIER.

Les autorités espagnoles ne pourront faire aucune arrestation sans l'autorisation du commandant de nos troupes, dans l'arrondissement duquel elles se trouveront.

---

(1) Au moment où le 2⁵ corps reçut communication de cette ordonnance, le chef d'état-major du général Ballestéros, qui se trouvait au quartier-général du comte Molitor, s'écria en entendant la lecture : *Voilà qui fera ouvrir plus de places que tous les siéges et les combats possibles.*

ART. 2.

Les commandants en chef des corps de notre armée feront élargir tous ceux qui ont été arrêtés arbitrairement, et pour des motifs politiques, notamment les miliciens rentrant chez eux.

Sont toutefois exceptés, ceux qui, depuis leur rentrée dans leurs foyers, ont donné de justes motifs de plainte.

ART. 3.

Les commandants en chef des corps de notre armée sont autorisés à faire arrêter ceux qui contreviendraient au présent ordre.

ART. 4.

Tous les journaux et journalistes sont placés sous la surveillance des commandants de nos troupes.

ART. 5.

La présente ordonnance sera imprimée et affichée par-tout.

Fait à notre quartier-général d'Andujar, le 8 août 1823.

LOUIS-ANTOINE.

Par S. A. R. le général en chef,
Le major-général,
Comte GUILLEMINOT.

S. A. R. sut remédier, peu de temps après, aux difficultés qu'éprouvait l'exécution de cette ordonnance, toute conciliante et toute pacifique, par l'instruction suivante, adressée aux généraux en chef des différents corps, par M. le major-général. Cette instruction, datée du port Santa-Maria, le 26 août, forme le complément naturel du décret d'Andujar.

« Mgr le duc d'Angoulême, informé que diverses autorités locales ont mal interprété son ordre du 8 août, S. A. R. me charge de vous faire différentes observations sur ce sujet.

« En même temps que S. A. R. témoigne le desir de faire cesser toutes les mesures arbitraires, elle reconnaît aussi l'utilité d'assurer le pouvoir des autorités espagnoles, tant municipales que judiciaires, afin de contenir les délits qui, par leur impunité, compromettraient la tranquillité publique, dont la conservation fut l'objet de cet ordre. Jamais l'intention de S. A. R. ne fut d'arrêter le cours de la justice dans ses poursuites sur des délits ordinaires, sur lesquels le magistrat doit conserver toute la plénitude de son autorité.

« Les mesures prescrites dans l'ordre du 8 août n'ont d'autre objet que d'assurer les effets de la parole du Prince, par laquelle il garantit la tranquillité de ceux qui, sur la foi des promesses de

S. A. R., se séparent des rangs de l'ennemi ; mais en même temps, l'indulgence pour le passé assure la sévérité avec laquelle les nouveaux délits seront punis, et conséquemment les commissaires français devront, non seulement laisser agir les tribunaux ordinaires auxquels il appartient de punir, suivant la rigueur des lois, ceux qui à l'avenir seront coupables d'infractions, de désordre, et de désobéissance aux lois, mais encore ils devront agir, d'accord avec les autorités locales, pour toutes les mesures qui pourront intéresser la conservation de la paix publique.

« Quant à la disposition de l'article 4, qui met les journaux sous la surveillance des commandants des troupes françaises, on ne doit pas supposer qu'il ait un autre objet que d'empêcher d'insérer dans les papiers, comme cela arrive fréquemment, des articles qui peuvent aigrir les partis ou empêcher l'effet des mesures prises par S. A. R., au moyen de personnalités inconvénantes, soit sur ce qui touche les opérations militaires, soit pour ce qui est relatif à la pacification de l'Espagne et à la liberté de S. M. C., objet principal des efforts de S. A. R.

« MM. les commandants français doivent s'entendre avec les autorités espagnoles, afin que ces sortes d'articles ne soient point insérés dans les journaux ; et dans le cas où, contre toute apparence, les autorités ne feraient point cas de leurs observations; il est naturel et juste que, travaillant dans l'intérêt des opérations de l'armée, ces commandants s'opposent à de semblables insertions.

« Veuillez bien faire connaître aux autorités espagnoles, tant civiles que militaires, qui sont dans votre arrondissement, ainsi qu'aux commandants français sous vos ordres, les explications ci-dessus, lesquelles ne doivent point laisser de doute sur les véritables intentions de S. A. R.

« *Le major-général,*

« Comte Guilleminot. »

S. A. R., impatiente d'arriver devant Cadix afin d'activer, par sa présence, les préparatifs commencés pour réduire ce dernier boulevart de la révolution, se sépara à Cordoue des troupes qu'elle emmenait de Madrid, et se rendit en poste au quartier-général du comte Bordesoulle.

Mgr arriva le 16 août au port Santa-Maria, où fut établi son quartier-général.

Dès son arrivée, S. A. R. se fit rendre compte de la position des troupes et de l'état des travaux; elle témoigna sa satisfaction à l'armée d'Andalousie du zèle et du dévouement qu'elle avait montrés jusqu'alors.

Le 18, le Prince assembla son conseil.

Le major-général, le lieutenant-général comte Bordesoulle, commandant en chef l'armée d'expédition; le lieutenant-général Tirlet, commandant en chef l'artillerie de l'armée; le lieutenant-général Dode, commandant en chef le génie; le contre-amiral Hamelin, commandant l'escadre, en faisaient partie.

Chacun des membres, après avoir fait connaître les ressources que son arme pouvait offrir, fut appelé à donner son avis sur trois projets d'attaque mis en délibération: la descente dans l'île de Léon, le bombardement de Cadix, et l'attaque du Trocadéro.

Les opinions étaient encore incertaines, lorsque le Prince, ayant reconnu que la descente entraînerait de longs délais, et sachant que la flottille de bombardement n'était pas encore réunie à l'escadre, voulant d'ailleurs, dès son arrivée, frapper le moral de l'ennemi par un coup d'éclat, et profiter de l'ardeur des troupes, se décida pour l'attaque du Trocadéro, dont l'occupation était de la plus haute importance, en ce qu'elle devait nous rendre maîtres de la rade intérieure, et offrir un point plus facile et plus rapproché pour un débarquement ultérieur dans l'île de Léon.

Les nombreux travaux par lesquels l'ennemi avait fortifié le Trocadéro, séparé de la terre-ferme par une coupure (la *Cortadura*), la nature du terrain qu'il fallait franchir avant d'arriver à la *Cortadura*, l'incertitude où l'on était du point où le passage pouvait être tenté, déterminèrent S. A. R. à faire ouvrir une tranchée pour arriver à couvert jusqu'au pied de la ligne ennemie. Les ordres furent donnés pour commencer ce travail la nuit suivante (celle du 19 au 20).

Mais avant de faire verser le sang de ses soldats, le Prince voulut tenter la voie des négociations. Ne pouvant pas traiter avec un gouvernement qu'elle ne voulait pas reconnaître, ce fut au Roi lui-même que S. A. R. adressa sa lettre. Un de ses aides-de-camp (M. le vicomte de Lahitte) fut chargé de la porter. Monté sur le canot de l'amiral, il se présenta le 19 en parlementaire devant Cadix. On refusa d'abord de le recevoir; ayant fait connaître ses titres, il fut admis dans la place avec des égards qui prouvaient que la sagesse et la générosité du Prince généralissime forçaient ses ennemis même à l'admiration et au respect. Mais le parti exalté qui commandait encore dans Cadix, aveuglé par les défenses naturelles de cette place, son dernier refuge, et comptant sans doute sur une diversion que le général Riégo allait tenter dans le royaume de Grenade, avait juré de se défendre jusqu'à la mort: il était facile de prévoir la réponse que ce parti dicterait au monarque captif. S. A. R. donna alors ses ordres pour presser les travaux, afin de prouver aux révolutionnaires que les menaces comme les promesses d'un Bourbon sont toujours suivies de leur effet.

Les généraux Tirlet et Dode, commandant en chef l'artillerie et le génie de l'armée, répondaient à la confiance de S. A. R., et faisaient tout disposer pour que les travaux dont ces deux armes allaient être chargées n'éprouvassent aucun retard.

Le génie, ayant reçu des renforts, rassemblait les matériaux que ces ouvrages nécessitaient : l'artillerie faisait arriver le matériel destiné à ses batteries, et organisait l'équipage du pont qui devait être jeté sur la *Cortadura*.

Pendant que tout se préparait pour de grands événements, S. A. R. recevait la nouvelle que la frégate *la Guerrière*, appuyée par les troupes sous les ordres du général comte de Lauriston, venait de s'emparer d'Algésiras, et d'assurer ainsi toute la côte qui s'étend de Gibraltar à l'île de Léon.

On a vu que la garnison de Cadix tirait ses approvisionnements du comté de Niébla et de la place de Gibraltar. Les ressources qu'elle trouvait dans le comté de Niébla venaient de lui être enlevées récemment par l'expédition du marquis de Conflans; restait le port de Gibraltar, où la cupidité de quelques marchands anglais, peu intéressés au maintien de la tranquillité européenne, avait réuni des ressources en vivres et en munitions de guerre, qui étaient vendues au poids de l'or aux révolutionnaires espagnols. Comme l'escadre française manquait de bâtiments légers nécessaires à la surveillance des côtes, les caboteurs constitutionnels sortis du Rio-de-Santi-Pétri, arrivaient en rasant le rivage jusque dans Gibraltar, y formaient leurs chargements et revenaient ensuite par la même voie apporter ces secours précieux aux révoltés de Cadix. Les places de Tarifa et d'Algésiras, et le fort de l'île Verte, qui est voisin de cette dernière ville, pouvaient leur servir de refuge dans le cas où les chaloupes canonnières françaises auraient essayé d'inquiéter leur voyage. Ces trois places étaient encore au pouvoir des soldats constitutionnels. L'importance de leur occupation fut sentie par les généraux français, et afin d'assurer le blocus par mer de Cadix, et le littoral de l'Océan, entre l'île de Léon et de Gibraltar, on résolut de s'en emparer : en conséquence, et tandis que le général Bordesoulle adressait au comte de Lauriston, placé, avec sa brigade, en observation dans les montagnes de Ronda, l'ordre d'attaquer Algésiras par terre, le capitaine de vaisseau Lemarant était envoyé par le contre-amiral Hamelin, avec les frégates *la*

Guerrière et *la Galatée*, pour attaquer par mer l'île Verte et Tarifa.

La Guerrière, où commandait M. Lemarant, portait soixante pièces de canon : quarante-quatre pièces formaient l'armement de *la Galatée*, commandée par M. Drouault, capitaine de vaisseau.

Les deux frégates arrivèrent, le 13 août, en vue d'Algésiras; elles réussirent à s'embosser à bonne portée devant le fort de l'île Verte, et commencèrent, à quatre heures du soir, une canonnade terrible contre les batteries du fort, qui leur répondaient vivement. Le feu dura deux heures et demie, pendant lesquelles les frégates tirèrent plus de deux mille coups de canon de trente-six. Tous les édifices de l'île étaient presque ruinés; la plupart des batteries étaient démontées, et un grand nombre d'hommes avaient été tués ou blessés. Les frégates avaient perdu peu d'hommes, mais leurs gréements et leurs mâtures avaient beaucoup souffert; ceux de *la Guerrière* particulièrement étaient fort endommagés.

La nuit fit cesser le feu de part et d'autre. Le lendemain, à la pointe du jour, M. Lemarant se disposait à recommencer l'attaque, lorsqu'il reçut, par un aide-de-camp, l'avis que M. le comte de Lauriston venait d'occuper Algésiras, dont la garnison s'était réfugiée dans l'île Verte. Il se rendit

aussitôt à terre pour concerter avec cet officier-général les moyens de rendre la nouvelle attaque décisive; mais au moment où ces mesures se discutaient, un officier espagnol, envoyé par le commandant de l'île Verte, annonça que, désespérant de se défendre plus long-temps, la garnison demandait à capituler. Il fut convenu qu'elle serait prisonnière de guerre, et que tout le matériel qui se trouvait renfermé dans le fort serait livré aux troupes françaises. En vertu de cette capitulation, le lendemain, 15 août, à huit heures du matin, le fort de l'île Verte fut occupé par nos soldats.

Tarifa ne tarda pas à suivre le sort d'Algésiras, et arbora aussi le drapeau royal d'Espagne. Cette expédition fit le plus grand honneur à M. Lemarant, qui fut parfaitement secondé par son collègue, M. Drouault, et qui trouva un appui utile et nécessaire dans les troupes commandées par le comte de Lauriston.

Cependant l'envoi du parlementaire à Cadix ayant retardé le commencement des travaux, la tranchée ne fut ouverte que dans la nuit du 20 au 21. Elle partait d'auprès de Puerto-Réal, de la batterie d'Angoulême, et se dirigeait vers la gauche de la ligne ennemie.

Dans le même temps, une batterie de quatre pièces de vingt-quatre s'élevait à l'autre extrémité du Rio-de-Santi-Pétri, et devait battre l'embouchure de ce canal dans l'Océan: la nature du terrain tout sablonneux opposait de puissants obstacles à la prompte exécution des travaux.

Des préparatifs d'embarquement avaient aussi lieu sur un autre point de la ligne occupée par les troupes françaises. Les six bataillons du 2ᵉ corps, arrivés à Xerès le 19 août, avaient été aussitôt dirigés sur Rota, où ils avaient été rejoints bientôt par les cinq bataillons de la garde royale, qui étaient partis de Madrid avec S. A. R. Mgr le duc d'Angoulême.

Cent vingt barques, pouvant porter chacune cinquante hommes, devaient être réunies à Rota, où les troupes qui se trouvaient cantonnées étaient chaque jour exercées aux manœuvres d'embarquement et de débarquement.

Cinq cents hommes de la brigade Ordonneau avaient été embarqués à bord de la flotte, qui s'était augmentée d'une frégate française (*la Cibèle*), d'un brick français (*la Bretonne*), et de trois bâtiments de guerre portugais.

La flottille, composée de chaloupes canonnières et des bombardes, s'élevait déja à trente-six bâtiments; les constructions commencées devaient en peu de temps en porter le nombre à quarante, parmi lesquels se devaient trouver dix bombardes.

S. A. R. Mgr le duc d'Angoulême était par-tout, et visitait tous les travaux : sa présence entretenait l'activité que son arrivée avait fait naître, et les soldats, heureux de le voir au milieu d'eux partager leurs fatigues et leurs périls, conservaient cette ardeur terrible qui guide les Français au combat, et en fait autant de héros.

CHAPITRE II.

DESCRIPTION DU TROCADÉRO. — TRAVAUX DE LA TRANCHÉE. — SORTIE REPOUSSÉE. — RECONNAISSANCE DE LA CORTADURA. — INTRÉPIDITÉ DU CAPITAINE PETIT-JEAN. — PRÉPARATIFS D'ATTAQUE. — ATTAQUE ET PRISE DES RETRANCHEMENTS DE LA CORTADURA ET DU MOLINO DE GUERRA. — ESCARMOUCHE NAVALE. — DÉTAILS SUR LA FLOTTILLE ET SUR L'ESCADRE FRANÇAISE. — ATTAQUE ET PRISE DU VILLAGE DU TROCADÉRO ET DE L'ÎLE SAINT-LOUIS. — BELLE CONDUITE DU PRINCE DE SAVOIE-CARIGNAN. — MENTIONS HONORABLES.

Le Trocadéro, contre lequel allait se diriger la première attaque des troupes françaises, occupe une presqu'île qui, comme nous l'avons dit, a été séparée de la terre par une coupure; cette coupure, large de plus de quarante-cinq toises, est remplie par les eaux de la mer. Les premières fortifications de l'ennemi, celles qui couvraient tout le front du Trocadéro, étaient armées de quarante-cinq bouches à feu de gros calibre; outre ces fortifications, l'isthme renfermait un fort, le fort Saint-Louis, destiné à défendre les magasins de la marine, situés à l'extrémité du Trocadéro, en face le fort de Puntalès, dans le village de Saint-Joseph; dix-sept cents hommes d'élite, dévoués à la cause révolutionnaire, et commandés par un membre des Cortès, le colonel Garcès, défendaient ces ouvrages, dont ils s'occupaient sans relâche à perfectionner les moyens de résistance; les flancs et les abords du Trocadéro étaient en outre protégés par un grand nombre de chaloupes canonnières.

Mgr le duc d'Angoulême vint, dès la première nuit de la tranchée, visiter et encourager les travailleurs; l'ardeur des soldats redoubla à l'aspect de leur auguste généralissime.

Les travaux de la deuxième nuit firent arriver la tranchée jusqu'au Rio-San-Pédro, à deux cent soixante toises de la Cortadura, hauteur de la première parallèle. Le silence et l'ordre qui régnaient dans l'armée laissèrent l'ennemi dans l'ignorance de ces préparatifs redoutables; aussi pendant ces deux premières nuits n'inquiéta-t-il pas nos travailleurs; mais le 22, à la pointe du jour, ayant aperçu dans la plaine la ligne formée par le mouvement des terres, il commença un feu terrible sur nos ouvrages.

Le 23, cent hommes choisis parmi les plus déterminés de la garnison du Trocadéro, guidés par un officier intrépide et intelligent, traversèrent la Cortadura sur des barques, et se présentèrent à la tête de la tranchée avec l'intention de la reconnaître et de la détruire. La compagnie de voltigeurs chargée de la garder suffit seule pour les arrêter, et pour les obliger à regagner leurs embarcations.

Le 25, la tranchée était arrivée à la hauteur de la deuxième parallèle, à quinze toises de la Cortadura.

Le 27, elle était presque achevée.

L'artillerie avait établi ses batteries, et s'occupait de leurs armements; elle pressait avec activité, dans le Rio-San-Pédro, la construction d'un équipage de pont destiné à être jeté sur la Cortadura, après que nos braves auraient pénétré dans les premiers retranchements. Déja arrivés à la deuxième parallèle, une distance de quinze toises les séparait seulement encore du canal qu'ils devaient franchir pour arriver à l'ennemi; mais il fallait trouver le vrai point de passage, et les renseignements des paysans, la mort de quelques déserteurs de la garnison, qui, en cherchant à traverser la Cortadura, étaient restés dans la vase, tout jetait sur les recherches la plus grande incertitude. Cependant les défenses que l'ennemi rassemblait sur la gauche de sa ligne, au point où la Cortadura se jette dans le Rio-San-Pédro, faisaient croire que ce point devait être le plus favorable.

Le capitaine Petit-Jean (du 36ᵉ régiment de ligne), excellent nageur, s'offrit pour le reconnaître, et fut chargé de cette honorable mission. Il descendit à la nage le Rio-San-Pédro, et entra dans la Cortadura; puis remontant une partie de ce canal, il y cherchait le point où le fond solide, la profondeur modérée de l'eau, et des abordages faciles, permettraient de tenter le passage, lorsque l'ennemi, l'ayant aperçu, fit sur lui un feu très vif de mousqueterie, et l'obligea à terminer cette première exploration. Ce ne fut qu'en plongeant, et à la faveur de la nuit, qu'il put échapper aux dangers imminents qui le menacèrent pendant le retour. Sa reconnaissance, qui prouvait un héroïque dévouement, ne fournissait malheureusement encore aucun renseignement favorable et positif; on acquit seulement l'assurance que le passage ne pouvait pas s'effectuer sur la gauche, ainsi qu'on l'avait espéré; l'eau y avait offert une profondeur de cinq à six pieds, et la marée avoit peu à descendre; d'ailleurs des chevaux de frise et des grilles en fer, placés au fond du canal, rendaient sur ce point les approches inabordables.

Cependant le feu continuel des batteries ennemies, le grand vent qui régnait et qui enlevait le sable que les travailleurs jetaient sur les épaulements, les tourbillons de poussière qui les aveuglaient, et que le jour rendait encore plus pénibles, l'ardeur du soleil, rien ne put arrêter les travaux (1).

---

(1) Le soldat souffrait sur-tout de la soif : il trouvait de l'eau en creusant sous ses pieds, mais cette eau saumâtre rendait plus sensible le besoin qu'il éprouvait.

Le 29, la seconde parallèle était achevée, l'artillerie avait armé ses batteries, l'équipage du pont était prêt.

La veille, S. A. R. était venue visiter les ouvrages jusqu'à la deuxième parallèle.

Dans la nuit du 29, trois braves (1), desirant partager les dangers et la gloire du capitaine Petit-Jean, demandèrent à l'accompagner dans la nouvelle reconnaissance qu'il devait faire.

Descendus, à la faveur de la nuit, de la deuxième parallèle dans le canal, ils en sondèrent les différentes parties, et reconnurent que, vers le milieu de notre deuxième parallèle, et entre les deux batteries du centre de l'ennemi, le passage était praticable. Le canal offrait à ce point moins de profondeur. Le fond, quoique vaseux, présentait assez de résistance, et enfin, par un heureux hasard, les chevaux de frise étaient interrompus pendant environ quinze toises.

Cette reconnaissance ne laissant plus d'incertitude, S. A. R. fixa l'attaque à la nuit suivante; et, dans le but de tromper, de fatiguer l'ennemi, de rendre une surprise plus facile, elle ordonna à l'artillerie de commencer son feu dès le matin.

Le 30, à six heures du matin, la batterie d'An-

(1) Le capitaine Borne, de l'état-major; le lieutenant Grooters, du 34ᵉ régiment, et le caporal de sapeurs, Hue.

goulême, où S. A. R. s'était rendue, donna le signal. Aussitôt commença le feu des batteries avancées : l'ennemi, fatigué des travaux de la nuit, se livrait au repos. Les premiers coups jetèrent l'alarme dans son camp, il osait à peine riposter ; mais après une vive canonnade de deux heures, nos batteries ayant reçu l'ordre de cesser le feu, celui de l'ennemi devint général. C'était sur-tout sur la batterie d'Angoulême, où il avait reconnu l'état-major nombreux dont S. A. R. était suivie, que ses coups étaient dirigés.

La population de Cadix, attirée sur les remparts, et témoin de ce spectacle, ajouta foi à la nouvelle que les chefs répandirent dans la ville, que les Français avaient été complétement repoussés.

L'attaque du Trocadéro devait avoir lieu pendant la nuit, à l'heure de la basse marée ; les ordres furent donnés avec une parfaite précision, et le secret le plus absolu fut gardé sur cette importante et périlleuse opération.

A dix heures du soir, les troupes désignées pour l'attaque furent réunies en arrière de la batterie d'Angoulême, et formées en trois colonnes.

La première (colonne d'attaque) était placée sous les ordres du général Gougeon : elle se composait de quatorze compagnies d'élite, dont six des bataillons de guerre des 3e, 6e et 7e régiments de la garde royale, six, du 34e de ligne, et de deux du 36°. M. de Mirmont, chef de bataillon du 3° régiment de la garde royale, commandait les six compagnies de la garde. M. le chevalier de Monistrol, chef de bataillon du 36°, commandait les huit compagnies de la ligne.

Une compagnie de sapeurs, et une compagnie d'artillerie à pied de la garde, suivaient immédiatement la première colonne.

La deuxième colonne était formée des compagnies du centre des bataillons de la garde; M. le comte d'Escars les commandait.

La troisième colonne, avec laquelle marchait le lieutenant-général vicomte Obert, commandant l'attaque, était formée des bataillons du 34° régiment de ligne.

Enfin le 3° bataillon du 36° régiment de ligne marchait en réserve.

Les officiers qui, dans la nuit précédente, avaient reconnu avec tant d'intrépidité les passages les moins difficiles du canal devaient guider chaque colonne.

A minuit et demi, les troupes entrèrent dans la tranchée, et la suivirent jusqu'à la deuxième parallèle ou en face du point de passage. M. le lieutenant-colonel du génie Dupan, qui avait dirigé les travaux avec autant d'intelligence que d'activité, avait disposé le terrain pour qu'elles pussent se former par division, et sortir avec facilité.

Là, les troupes qui avaient marché avec tant d'ordre et de silence que l'ennemi ne s'apercevait point encore de l'attaque, furent formées en une seule colonne. Il leur était ordonné de franchir le canal et de marcher rapidement, et sans tirer, aux retranchements; l'obstacle surmonté, les premières divisions devaient se diriger par la droite et par la gauche pour s'emparer des batteries, et le reste de la colonne se porter au-delà des retranchements, pour agir ensuite suivant les circonstances.

Le moment de l'attaque avait été primitivement fixé à deux heures et demie du matin, heure où la marée devait être assez baissée pour que le passage pût s'effectuer sans trop d'inconvénient. Mais l'ardeur des soldats fut telle, qu'à deux heures et quart, le général donna l'ordre d'avancer. Ce léger changement aux ordres primitifs eut d'heureux résultats; car si d'un côté le passage du canal présenta plus de difficultés, la mer étant plus haute; de l'autre, l'ennemi qui, à la basse marée avait coutume de prendre les armes, n'était point encore sur ses gardes, et fit par conséquent une résistance moins meurtrière. Ce ne fut qu'au moment où les premières divisions entrèrent dans l'eau qu'il s'aperçut de l'attaque et commença à tirer.

Les ordres du Prince furent exécutés avec in

trépidité; la première colonne s'avança avec tant d'impétuosité qu'en quinze minutes, malgré le feu de l'ennemi, la largeur du canal, la profondeur de l'eau qui, en quelques endroits, avait encore plus de quatre pieds, elle pénétra dans les ouvrages ennemis au cri de *Vive le Roi!* qui avait été donné pour ralliement. Les divisions se séparèrent aussitôt, ainsi qu'elles en avaient reçu l'ordre: la garde royale se dirigeant vers la gauche de l'ennemi, et les compagnies de la ligne vers sa droite. Nos soldats avaient à se venger des injures que les constitutionnels n'avaient pas cessé de leur prodiguer pendant les travaux de la tranchée; aussi ceux qu'ils atteignirent dans le premier moment furent-ils percés de coups de baionnette. Tous les artilleurs espagnols furent tués sur leurs pièces (1); et les quarante-cinq pièces de canon qui garnissaient la ligne, tombées en notre pouvoir, furent à l'instant tournées contre l'ennemi.

Pendant toute cette première attaque, M⁽ᵈᵉ⁾ le

(1) On a vu plus haut que la Cortadura a quarante-cinq toises de largeur. Les retranchements ennemis étaient peu élevés au-dessus de terre: deux gabions, chacun d'environ quatre pieds de haut, remplis de sable et superposés par degrés, en formaient toute la hauteur. Des embrasures avaient été ménagées pour l'artillerie. Ce fut par ces embrasures que nos soldats pénétrèrent dans l'intérieur.

duc d'Angoulême était resté avec son état-major au bord de la Cortadura, derrière l'épaulement formé près du débouché de la tranchée.

La seconde colonne, appuyant la première, après avoir franchi tous les obstacles avec la même vigueur, se dirigea sur le moulin de la Guerra, enleva cet important réduit, et fit la garnison prisonnière.

La troisième colonne suivait de près; mais l'ennemi culbuté, poursuivi, fuyait déjà dans toutes les directions, et cherchait au milieu de l'obscurité à regagner les maisons du Trocadéro. L'épouvante et la confusion étaient extrêmes; et l'on serait entré avec lui dans ses derniers retranchements, si la difficulté de se diriger de nuit dans des sentiers inconnus, traversés par des coupures, et hérissés d'obstacles, l'état humide des armes et des cartouches, n'eussent décidé le général d'Escars, qui se trouvait à la tête des troupes, à les arrêter et à les faire se reformer pour attendre le jour.

Dès les premiers coups de fusil, nos batteries avaient appuyé de leurs feux la marche de nos soldats; mais elles le cessèrent aussitôt que la tête de la colonne fut entrée dans les ouvrages ennemis : une fusée, tirée alors de la batterie de Saint-Louis, servit de signal à l'équipage de pont qui, arrêté en arrière de la première parallèle, descendit le Rio-San-Pedro, entra dans la Cortadura, et fut jeté avec une grande promptitude.

S. A. R., qui attendait sur la rive, passa le premier; son arrivée dans la position enlevée fit éclater les transports de toutes les troupes: « *Notre Prince est-il content?* » s'écrièrent les soldats ! Mgr le duc d'Angoulême leur répondit avec cette franchise remplie de grace et d'effusion qui est particulière aux Bourbons: « *Mes amis, je sens tout mon bonheur de commander à des braves comme vous.* »

Après avoir fait reconnaître les approches du village, S. A. R. donna ses ordres pour en préparer l'attaque.

Le génie détruisait les ouvrages enlevés et disposait les passages.

L'artillerie retournait les pièces de l'ennemi et les pointait sur le village.

L'infanterie renouvelait ses cartouches et préparait ses armes; enfin tout se disposait pour ce second assaut, quand, des retranchements du Trocadéro, nos troupes furent témoins d'un petit combat naval.

Le Prince avait donné l'ordre à la partie de la flottille qui avait été organisée dans le port de Santa-Maria, et qui se composait de onze canon-

LIV. III. CHAP. II. 69

nières ou bombardes (1), de se rallier à l'escadre française (2); cette flottille avait appareillé dès le matin; mais au sortir du Guadalété, quinze

(1) La flottille destinée à agir contre Cadix se composait :
De trente chaloupes canonnières portant chacune un canon de fort calibre ;
De dix bombardes portant chacune un mortier ;
Et enfin de six obusières portant chacune un obusier.
Outre ces bâtiments destinés à agir offensivement, il fut préparé pour le débarquement dans l'île de Léon :
Quarante-six bateaux non-pontés pouvant porter chacun environ trente soldats ;
Cinq barques destinées au transport des chevaux, et pouvant en porter chacune vingt-trois,
Et enfin trois bateaux destinés au transport des munitions de guerre et autres approvisionnements.
Les travaux de construction et de réparation avaient été exécutés d'abord à Séville, sous les ordres du brigadier-général espagnol don Juan Garranza ; puis, à San Lucar, à Santa-Maria, et à Rota, sous la direction de M. Auriol, sous-ingénieur du génie maritime, officier rempli d'instruction, de zèle, et d'activité.
Les constructions exécutées à Séville, faites d'après le système espagnol, et trop précipitamment, ne purent être d'aucun service: de vingt-neuf canonnières qui avaient été armées dans le Guadalquivir, six seulement furent réunies à la flottille.

(2) L'escadre française devant Cadix s'est composée de trente-trois bâtiments de divers rangs, savoir :
Trois vaisseaux : *le Centaure*, de 80 canons ; *le Colosse*, et *le Trident*, de 74 ;
Onze frégates : *la Guerrière*, portant du 36 ; *la Vénus*, portant du 24 ; *l'Hermione*, *la Néréide*, *la Fleur-de-Lis*, *l'Anti-*

chaloupes canonnières, détachées de la flottille ennemie, voulurent s'opposer à son passage. Nos braves marins ne consultant que leur zéle et leur ardeur engagèrent le combat malgré la supériorité numérique de l'ennemi. La lutte durait depuis quelque temps et nos chaloupes canonnières avançaient toujours, lorsque le feu des batteries de la côte, et l'arrivée du brick *la Lilloise*, commandé par le lieutenant de vaisseau Lemarant (1), forcèrent les Espagnols à se retirer, et permit aux marins de notre flottille de remplir les ordres de S. A. R. *La Lilloise* poursuivit les canonnières ennemies jusque sous les batteries de Cadix, et lâcha même quelques bordées sur cette ville.

Le Prince, après avoir fait achever toutes ses dispositions, donna l'ordre d'attaquer le village du Trocadéro (Saint-Joseph). La colonne chargée de cette expédition se mit aussitôt en mouve-

---

gone, *la Thémis*, *l'Eurydice*, *la Galatée*, *la Cybèle*, et *la Magicienne*, toutes portant du 18;

Cinq corvettes: *L'Égérie*, *l'Isis*, *la Sylphide*, *la Bayadère*, et *la Moselle*;

Huit bâtiments légers: *le Rusé*, *le Dragon*, et *le Zèbre*, bricks; *la Gazelle*, goelette-brick; *le Lynx*, brick-aviso; *l'Artésienne*, et *la Dauphinoise*, goelettes; *la Lilloise*, canonnière-brick; et enfin six gabares. *la Prudente*, *la Zélée*, *le Chameau*, *la Bretonne*, *le Marsouin*, et *la Lamproie*.

(1) Frère de M. le capitaine de vaisseau Lemarant, qui a fait capituler l'île Verte; voyez le chapitre précédent, pages 52-55

ment; elle était commandée par le colonel de Farincourt, et se composait des bataillons du 34ᵉ régiment de ligne, et du 5ᵉ bataillon du 36ᵉ; un bataillon de la garde marchait pour l'appuyer: nos soldats encore plus animés par les succès de la nuit se présentèrent avec intrépidité.

Avant d'arriver à l'ennemi, la colonne se partagea en deux divisions. La première, composée du détachement du 36ᵉ, sous les ordres de M. le capitaine Couté, était chargée de l'attaque du centre de la position ennemie: les deux bataillons formant la seconde division du 34ᵉ appuyaient son mouvement.

Cette attaque offrait de grandes difficultés: il fallait, pour arriver aux retranchements des constitutionnels, suivre une chaussée longue et étroite défendue par une batterie et un épaulement, derrière lequel ceux-ci s'étaient massés, et d'où ils faisaient un feu terrible.

Les braves soldats du 36ᵉ, malgré leur impétueuse résolution, n'avaient pas réussi à déloger l'ennemi de sa position. Exposés à découvert à la mitraille et à la fusillade, leur perte en tués et en blessés était considérable. Le capitaine Couté, contraint par une blessure grave de quitter le commandement avait été remplacé par le chef de bataillon de Monistrol, et le combat se soutenait sans avantage pour nous, lorsque les bataillons du 34ᵉ, appuyant sur leur droite, franchirent avec audace les marais qui couvraient la gauche des constitutionnels, tournèrent leur position, et après une assez longue résistance les forcèrent à mettre bas les armes.

Le village de Saint-Joseph, le fort de Saint-Louis, et les magasins du Trocadéro, tombèrent ainsi en notre pouvoir avec toute la garnison constitutionnelle, dont une très petite partie seulement réussit à gagner les barques ennemies et à échapper à notre poursuite. Plusieurs de ces barques sommées de se rendre regagnèrent le bord, et ceux qu'elles portaient furent faits prisonniers.

Parmi les traits de bravoure auxquels donna lieu ce brillant coup de main, il convient de citer celui du jeune Édouard Cerfberr, grenadier au 34ᵉ de ligne, qui entra un des premiers dans les retranchements ennemis, à l'attaque de la Cortadura; pénétra aussi un des premiers dans l'intérieur du Trocadéro, et y fit prisonnier le colonel Garcès, député aux Cortès, et commandant supérieur (1).

---

(1) Après avoir remis entre les mains de son chef de bataillon, le colonel qu'il venait de faire prisonnier, le jeune Cerfberr se précipita à la mer pour ramener une barque de fuyards, sur laquelle il fit prisonnier le capitaine Faustino. Ces deux prisonniers, pénétrés de reconnaissance pour ses bons procédés, le pressèrent vainement d'accepter leurs ceintures

LIV. III. CHAP. II.　　　　73

Les résultats des deux affaires qui eurent lieu le 31 août et le 1ᵉʳ septembre, sous les yeux et sous la direction de S. A. R. Mᵍʳ le duc d'Angoulême, furent l'occupation entière du Trocadéro, de l'île et du fort Saint-Louis, de l'ancien fort de

pleines d'or. Le colonel détacha alors ses trois décorations, et le capitaine Faustino lui offrit son anneau: l'un et l'autre le prièrent de conserver ces deux gages de leur estime. Le jeune Édouard Cerfberr comptait à peine dix-neuf ans d'âge et un an de service. Enrôlé volontairement le 11 septembre 1822, il a reçu la croix un an après, le 11 septembre 1823, des mains de S. A. R. Mᵍʳ le duc d'Angoulême. Ce jeune homme appartient à une famille dévouée depuis long-temps à la dynastie des Bourbons, et qui a fourni à l'état plus d'un militaire distingué.

M. Cerfberr, son grand-père, possédait un million de rentes qui lui ont été enlevées par les événements de la révolution.

Deux de ses frères ont été militaires: l'un d'eux, M. Maximilien, est encore aujourd'hui capitaine au corps royal d'état-major, et aide-de-camp de M. le général comte de Rottembourg. Il a fait l'avant dernière guerre d'Espagne comme lieutenant au 52ᵉ de ligne, et s'est distingué dans la mémorable défense de Pampelune. L'autre, M. Alphonse Cerfberr, élève de l'école Polythecnique, a fait, à l'âge de vingt ans, comme capitaine d'artillerie, la campagne de Russie. Privé par le froid des dix doigts des pieds, blessé d'un coup de lance et de deux coups de feu, il a obtenu sa retraite avec la croix de la Légion-d'Honneur, et se trouve aujourd'hui un des administrateurs du théâtre de S. A. R. MADAME duchesse de Berri; enfin, pour terminer l'énumération de cette honorable famille, M. Lehmann, leur beau frère, chevalier de la Légion-d'Honneur, et trésorier du 2ᵉ régiment d'artillerie à cheval, a fait avec distinction la guerre d'Espagne et de Portugal.

Matagorda, la prise de cinquante-trois pièces d'artillerie et d'approvisionnements considérables de toutes espèces. La garnison, composée de mille et sept cents hommes d'élite, fut entièrement détruite : elle eut cent cinquante hommes tués, trois cents blessés, laissa mille ou onze cents prisonniers en notre pouvoir : un très petit nombre s'échappa ; parmi ceux qui cherchaient à se sauver la plupart s'enfoncèrent dans les marais, où ils se noyèrent.

De notre côté les attaques furent repoussées avec tant de rapidité et de vigueur, que notre perte ne s'éleva pas à plus de cinquante hommes tués et cent cinquante blessés (1).

(1) Voici en quels termes le bulletin officiel de la prise du Trocadéro, écrit sous les yeux du Prince généralissime, dispensa les éloges aux braves qui s'étaient faits remarquer par leur conduite.

« Pendant que ces brillantes affaires avaient lieu, toutes les troupes, tant à Chiclana que sur le reste de la ligne, étaient sous les armes et l'éclairaient sur tous les points, partout les meilleures dispositions furent faites par M. le comte Bordesoulle. On ne saurait donner assez d'éloges à la manière dont il a fait exécuter les ordres de Mgr dans cette journée si glorieuse pour les armes françaises. Il a été parfaitement secondé par le lieutenant-général vicomte Obert, qui commandait immédiatement sous lui, et par les maréchaux de camp comte d'Escars et baron Gougeon, commandant les échelons, et qui sans cesse à la tête des troupes ont su tirer le plus grand parti de leur ardeur. Tous les corps ont fait leur

S. A. le prince de Savoie-Carignan, qui depuis le commencement de la campagne ne laissait échapper aucune occasion de s'illustrer, se fit remarquer parmi les braves qui se signalèrent dans les deux actions. Averti, à Puerto-Réal, que l'attaque devait avoir lieu pendant la nuit, le prince, devançant les officiers de sa suite, parcourut rapidement la tranchée, et arriva au débouché au mo-

devoir; les voltigeurs de la garde royale suisse ont rivalisé de zèle et de valeur avec ceux de la garde française. M{{gr}} témoigna à tous sa satisfaction. Les noms des militaires de tout grade qui se sont distingués seront mis sous les yeux de S. A. R.; mais on doit citer ici la brillante valeur de S. A. S. le prince de Carignan, qui, ayant sollicité de M{{gr}} de marcher avec les premières troupes, s'est toujours trouvé aux endroits les plus périlleux, ainsi que ses officiers, M. le maréchal de camp marquis de Faverges, le lieutenant-colonel d'Isasca, et le capitaine Costa, tous au service de S. M. Sarde.

« Il est dû aussi des éloges particuliers au colonel de Montferré, du 3{{e}} régiment de la garde; au colonel Farincourt du 34{{e}}; aux chefs de bataillon de Miremont, du 3{{e}} régiment de la garde; et de La Seinie, du 6{{e}} de la garde; au chef de bataillon de Monistrol, du 36{{e}}; au capitaine Couté, commandant les compagnies du centre du 3{{e}} bataillon de ce régiment, qui s'est distingué à l'attaque des maisons du Trocadéro, où il a été blessé, et au capitaine de Montferré du 3{{e}} de la garde, qui, entré le premier dans les retranchements ennemis, a reçu deux coups de baïonnette et a été un moment prisonnier.

« Il est juste de citer aussi de la manière la plus honorable MM. Petit-Jean, capitaine au 36{{e}}; Borne, capitaine d'état-major; Grooters, lieutenant au 34{{e}}, et le caporal Huc, de l'arme du

ment où les premières colonnes allaient en sortir. Là, trouvant sur le revers de la tranchée, à un endroit exposé à toute la mitraille de l'ennemi, un officier qui était chargé de diriger les troupes, M. le comte de Lennox, il alla à sa rencontre, se fit indiquer par lui le point de passage, et se précipita dans la coupure avec les premières divisions. Il fut aussi un des premiers à l'escalade des retran-

génie, qui tous quatre avaient sondé et reconnu les passages du canal, et ont servi de guides aux troupes dans leur vigoureuse attaque. S. A. R. a remarqué l'intelligence avec laquelle MM. les aides-de-camp, officiers d'ordonnance et d'état-major du comte Bordesoulle, ont exécuté les ordres de leur général : MM. de Rosanbo, de Labouère, et Campredon de Gontelas, ont été cités particulièrement.

« Il en est de même des aides-de-camp et officiers d'ordonnance des généraux Obert, d'Escars, et Gougeon ; MM. Waille, de Lennox, de Saint-Brice, de Chevigné, Couloumé, de Lorge, et de Ligniville. Ce dernier s'est sur-tout distingué en dirigeant à travers les marais les voltigeurs du 34e, lors de l'attaque des maisons du Trocadéro.

« Enfin, M. le colonel vicomte de La Hitte, chargé du commandement de l'artillerie, a donné de nouvelles preuves de son zèle. Il a été parfaitement secondé par tous les officiers de cette arme, notamment par le capitaine Damens et le lieutenant Vuilleret (tous deux du régiment d'artillerie à pied de la garde). S. A. R. a été très satisfaite de la manière dont le lieutenant-colonel du génie Dupau a dirigé les travaux de la tranchée et de sa conduite pendant l'affaire. Le lieutenant-général Dode a été cité comme ayant servi très utilement le capitaine de sapeurs Giclat, ainsi que le lieutenant de Tonnac. »

chements. Un grenadier du 6ᵉ régiment de la garde, le voyant dans un grand danger, le tira à lui par son habit et le renversant, *Monseigneur! lui dit-il, vous prenez ma place.—Camarade*, répondit le Prince, *je suis volontaire royal;* et il remonta sur-le-champ à l'assaut en s'aidant, pour franchir l'escarpement, de la hampe du drapeau du bataillon de la garde, auprès duquel il se trouvait.

La première pièce d'artillerie tournée contre l'ennemi a été servie par le prince de Carignan. Il avait témoigné à ses camarades, car c'est ainsi qu'il se plut à nommer les soldats de la garde, sa joie d'avoir partagé leurs dangers et d'avoir été témoin de leur valeur. Ces braves lui avaient exprimé à leur tour dans leur langage simple, mais énergique, toute leur admiration pour un prince si digne d'être par-tout au premier rang.

Le lendemain, jour que S. A. R. le Prince généralissime avait choisi pour passer la revue des troupes, et pour distribuer lui-même les récompenses méritées dans les deux journées précédentes, les grenadiers du 6ᵉ régiment de la garde demandèrent à offrir au prince de Carignan le signe de la vaillance, ce signe qui fut toujours dans l'armée Française la marque de l'intrépidité et de l'honneur : leur demande fut accueillie, et les deux plus anciens grenadiers s'étant avancés présentèrent au Prince des épaulettes de grenadier, les mêmes qui avaient appartenu à celui de ces braves qui le premier avait été tué en montant à l'assaut. S. A. R. les reçut avec bonté, promettant de les porter tous les ans à l'anniversaire de la prise du Trocadéro. Quelques jours après, S. A. R. ajouta à cette première faveur celle de permettre que son nom fût inscrit sur les contrôles de la compagnie de grenadiers.

La distribution des récompenses se fit sur les lieux mêmes où l'ennemi avait éprouvé le courage de nos braves, au milieu des remparts qu'ils avaient enlevés, parmi les débris du combat : la cérémonie reçut un nouvel intérêt de cet appareil de victoire. Les cris de *Vive le Roi! vive le duc d'Angoulême!* portés par les vents jusqu'à Cadix, rappelèrent au petit nombre des défenseurs du Trocadéro, qui avaient réussi à regagner cette ville, les cris qu'ils avaient entendus pendant le combat, et firent craindre à la garnison de Cadix d'entendre bientôt de plus près ces acclamations d'amour et de respect, qui animent dans une mêlée l'ardeur de nos soldats, et deviennent alors si terribles pour leurs ennemis; car, malgré les fanfaronnades que la rage inspirait aux chefs révolutionnaires, les habitants de Cadix et les troupes constitutionnelles prévoyaient que les remparts qu'ils avaient jusqu'alors considérés comme imprenables n'étaient point une défense suffisante contre la valeur des soldats français, conduits au combat par un petit-fils de Henri IV.

CHAPITRE III.

SUITE DES OPÉRATIONS DU 2ᵉ CORPS. — ENTRÉE A GRENADE. — DESCRIPTION DE GRENADE. — CAPITULATION DE BALLESTEROS. — PRISE D'ALMERIA. — EXPÉDITION SUR LA CÔTE. — PRISE DE MALAGA. — EXPÉDITION DE RIÉGO. — AFFAIRE DE VELEZ-MALAGA. — AFFAIRE DE MONTEFRIO. — MAUVAISE ISSUE DE LA TENTATIVE DE RIÉGO SUR LES CANTONNEMENTS DE L'ARMÉE CAPITULÉE. — SA DÉFAITE A JAEN. — COMBAT DE JODAR. — PRISE DE RIEGO. — NOTE SUR CE GÉNÉRAL, SA VIE ET SA MORT. — DESTRUCTION ET PRISE DES DÉBRIS DE SA DIVISION. — CONDUITE ET ADMINISTRATION DU GÉNÉRAL MOLITOR DANS LE ROYAUME DE GRENADE.

Après la bataille de Campillo, le comte Molitor porta son quartier-général à Grenade, dont ses troupes avaient pris possession à la suite d'une capitulation avec le général constitutionnel Zayas qui s'était retiré vers Malaga.

Grenade, capitale de l'ancien royaume de ce nom, est située au pied de la Sierra-Nevada (montagnes de neige), et bâtie sur deux coteaux, qui sont séparés par le *Darro;* le *Génil* baigne ses murailles; ces deux rivières sont formées par la fonte des neiges, dont les montagnes environnantes sont souvent couvertes. Le *Darro* charrie, dit-on, des paillettes d'or : suivant quelques écrivains, le nom de cette rivière vient de *Dat Aurum.* Lorsque Charles V, vint à Grenade en 1515, avec l'impératrice Isabelle, la ville lui fit présent d'une couronne faite de l'or qu'on avait retiré du Darro. Le Xenil roule avec ses eaux des paillettes d'argent. La campagne des environs de Grenade est un jardin délicieux qui produit tous les fruits de l'Europe, et une grande partie de ceux de l'Afrique.

Cette ville fut la dernière dont les Maures espagnols conservèrent la possession. C'est la seule que leurs descendants, réfugiés en Afrique, regrettent des grandes pertes qu'ils ont faites en Espagne. Encore aujourd'hui, tous les vendredis, à leur prière du soir, ils demandent au ciel de pouvoir rentrer dans leur chère Grenade. On conserve même dans quelques unes des familles mauresques, originaires de l'Espagne, les clefs des maisons qu'habitaient leurs ancêtres. Au milieu du siècle dernier, un ambassadeur maure, que l'empereur de Maroc envoyait au roi d'Espagne, obtint la permission de visiter Grenade. A l'aspect des murs et des palais qui avaient été témoins de la gloire et des malheurs de ses aïeux, il ne put retenir ses larmes : « O mes pères, s'écria-t-il, pourquoi vous êtes-vous laissé prendre notre patrie ! » Ce qui contribue sur-tout à faire regretter aux Maures la possession de Grenade, c'est une vieille croyance répandue parmi eux, que cette ville est située précisément sous le paradis de Mahomet.

Grenade avait autrefois vingt portes : la première, celle d'*Elvire*, qui existe encore ; la seconde, celle de *Bibal-Mazar*, ou de la Conversation, parcequ'elle était pour les Maures un lieu de rendez-vous où les affaires se traitaient : c'était une espèce de bourse ; la troisième, celle de *Vivarambla*, ainsi appelée parcequ'elle conduisait à la place fameuse qui a le même nom ; la quatrième, celle de *Bid-Racha* (1), ou des provisions ; la cinquième se nommait *Bivataubin*, c'est-à-dire la porte des Hermites, parcequ'elle conduisait aux solitudes habitées par les derviches ; la sixième s'appelait *Bibemitre*, ou *Biblacha*, porte du Poisson ; la septième était la porte des Moulins ; la huitième, la porte du Soleil, elle s'ouvrait du côté de l'Orient ; la neuvième était la porte de l'*Alhambra*, les Maures l'appelaient *Bid-Luxar;* la dixième était celle de *Bid-Adam*, ou porte des Ossements des fils d'Adam ; la dixième, *Bid-Cieda*, la porte de la Noblesse : du temps des Maures cette porte resta long-temps fermée, parcequ'une vieille tradition

---

(1) Le mot *Bid* ou *Abud* dans la langue des Maures espagnols signifiait *porte*.

avait prédit que, pour s'emparer de la ville, les ennemis entreraient par *Bid-Cieda*; la treizième est celle de *Faxalauza*, ou de la colline des Amandiers; la quatorzième, la porte du Lion, en arabe *Bid-Aicei;* la quinzième, la porte de la Côte, nommée par les Maures *Alacabar;* la seizième, *Bid-Albonut*, ou de Bannières, aujourd'hui porte de la Magdeleine; la dix-septième, la porte de *Darro;* la dix-huitième, de *Mosayca;* la dix-neuvième, celle qu'on nomme aujourd'hui de l'*Ecce-Homo;* et la vingtième, voisine de l'Alhambra, qui est aujourd'hui murée.

La ville mauresque était divisée en quatre quartiers: *Grenada*, *Alhambra*, *Albayzin*, *Antiquerula*. Cette division peut être regardée comme subsistant encore. Grenade est la partie de la ville la plus belle, la plus importante, la plus agréable, la mieux bâtie, et la mieux habitée. Elle occupe la tête de la plaine, et une partie des vallons entre les deux montagnes; elle est ornée de beaucoup de fontaines, de grands jardins, de belles places, de beaux édifices; la noblesse, le clergé, la magistrature, les négociants et les bourgeois les plus aisés sont ses habitants; elle renferme les marchés. Le quartier de l'*Alhambra* n'est qu'une grande forteresse située sur une montagne appelée Sierra del Sol, ou du

Soleil; c'était le séjour des rois maures (1). Leur palais renferme encore de grandes beautés. L'*Albayzin* est comme un faubourg élevé sur une colline ; muni autrefois d'une forteresse qui

(1) On trouve à *Grenade* des restes superbes de la magnificence des rois Maures, de leur luxe, du bon goût, de l'élégance recherchée et de l'habilité de leurs artistes. *L'Alhambra* seul en réunit un grand nombre de très précieux. Ce lieu était autrefois une vaste forteresse, dont les approches étaient défendues par une double enceinte de murs qui enfermaient la colline où il se trouvait placé, cette colline est encore embrassée de tous côtés par les eaux du Darro et du Xénil. Les rois maures avaient construit un palais dans la forteresse, au sommet de la hauteur. De ce palais, on jouit d'une vue superbe, les regards plongent sur la ville de Grenade, dont ils aperçoivent à-la-fois l'ensemble et les détails, et sur la belle *Vega*, (plaine) qui avoisine la ville ; cette plaine est couverte de riches productions de toutes espèces, et de promenades délicieuses. Une partie de l'*Alahmbra* a été détruite pour faire place à un nouveau palais que Charles V voulut y faire construire.

On arrive à l'Alhambra par une belle allée d'ormeaux, qui monte en tournant, et qui est coupée par plusieurs ruisseaux et ornée d'une fontaine de marbre jaspé, d'où l'eau jaillit plus haut que le sommet des arbres. On trouve d'abord le palais bâti par Charles V : il est situé sur une grande place. C'est un bâtiment isolé ; il est carré et construit en pierres de taille, chacune de ses façades a un portail diversement décoré ; le principal portail (en marbre jaspé) est orné de colonnes et de trophées ; les bandeaux des fenêtres sont en marbre noir, et les dessus couverts de têtes d'aigles et de mufles de lions qui tiennent de grosses boucles de bronze. On trouve dans l'in-

commandait et protégeait la ville, il en est séparé par un rempart : on y compte environ quatre mille maisons. *Antiquerula* est également comme un autre faubourg bâti dans la plaine,

térieur une grande tour ronde, autour de laquelle sont deux rangs de beaux portiques, l'un sur l'autre, soutenus par 32 colonnes de marbre jaspé, faites chacune d'un seul morceau. Les pièces de l'intérieur ont été richement ornées. Aujourd'hui, ce palais, où ne viennent jamais les rois d'Espagne, est fort négligé. On prétend même qu'il l'était déja avant d'être fini : on le laisse tomber en ruines.

On aperçoit ensuite ce qui reste du palais des rois maures : avant d'y arriver, on rencontre les statues du roi Ferdinand Ier et de la reine Isabelle son épouse, conquérants de Grenade. Ce palais ne présente extérieurement que l'apparence d'un vieux château. Il est bâti en énormes pierres de taille carrées, et est environné de hautes murailles flanquées de fortes tours et de bastions. On y entre par une porte pratiquée dans une grosse tour carrée, et qui fut appelée autrefois *porte du jugement* : cette porte est surmontée d'une clef sculptée sur le marbre, au-dessus de laquelle est une main ; c'est un hiéroglyphe qui, dans le sens des Maures, signifiait que les ennemis prendraient le palais, lorsque cette main prendrait la clef.

La première cour est un carré long, pavé en marbre blanc et entouré d'un portique, dont les arcs sont soutenus par des colonnes de marbre ; les murs et les voûtes de ce portique sont couverts d'ornements en mosaïque, de festons, d'arabesques peints, dorés, ciselés en stuc, d'un travail très délicat ; les cartouches y sont multipliés ; ils sont remplis par des inscriptions, qui, presque toutes, sont des passages de l'alcoran. Au milieu de la cour est un long bassin, rempli d'eau courante et assez profonde pour y nager ; il est bordé de chaque côté de

qui fut peuplé par une colonie venue d'Antequera; il est habité principalement par des teinturiers et des ouvriers en soie.

Quelques géographes ont prétendu que Gre-

plates-bandes de fleurs et d'allées d'orangers; il servait de bains à l'usage des personnes attachées au service du palais des rois maures.

La *cour des Lions* forme aussi un carré long de 100 pieds sur 50; elle est entourée d'une galerie soutenue par des colonnes de marbre blanc, accouplées deux à deux et trois à trois, fort minces et très déliées, d'un goût singulier; mais élancées avec une légèreté et une grâce merveilleuses. Les murs sont revêtus d'ornements arabesques en stuc, en peinture, en dorure, exécutés avec délicatesse. Deux coupoles fort élégantes, de 15 à 16 pieds en tous sens, s'avancent en saillie dans l'intérieur aux deux extrémités du carré; des jets d'eau s'élèvent au dessus Un vaste bassin occupe le milieu de la cour; une superbe coupe d'albâtre, de 6 pieds de diamètre, s'élève au milieu du bassin: on prétend qu'elle fut faite sur le modèle de la mer de bronze du temple de Salomon; elle est portée par douze lions de marbre et surmontée d'une coupe plus petite; une grande gerbe d'eau s'élançait du centre de cette dernière; elle retombait d'une cuve dans l'autre et ensuite dans le grand bassin, formant ainsi plusieurs cascades, dont la dernière était grossie par des flots d'eau limpide que les mufles des lions jetaient sans cesse. C'est dans cette cour devenue fameuse que les Abencerrages furent massacrés.

Les pièces de l'intérieur du palais sont très nombreuses. On y voit les salles d'audiences ou de justice; les chambres de la famille royale; les bains du roi, ceux de la reine, ceux de leurs enfants; un salon de musique, le cabinet de toilette de la reine. Les chambres ont toutes des alcoves, rafraîchies par des fon-

nade est la plus grande ville de l'Espagne. Depuis la conquête, la population de cette ville a considérablement diminué ; cependant elle se monte encore à plus de 50 mille habitants. Au temps des Maures, cette population était d'environ 400 mille individus.

Nous avons fait connaître, dans un des chapitres précédents, qu'après la bataille de Campillo de Arenar, le général Ballestéros avait envoyé,

taines, près desquelles les lits étaient placés sur des estrades de faience. Le salon de musique a quatre tribunes exhaussées, et un bassin d'albâtre. On voit dans le cabinet où la reine faisait sa toilette, une dalle de marbre percée d'une infinité de petites ouvertures destinées à laisser exhaler l'odeur des parfums qu'on y brûlait sans cesse.

La plupart de ces pièces sont voûtées, et leurs voûtes sont souvent découpées à jour avec une hardiesse et une délicatesse infinies. Les voûtes, les plafonds, les poutres, les lambris sont peints ou dorés, dans beaucoup de pièces ils sont incrustés en marbre, en jaspe, en porphyre ; ils sont presque par-tout couverts d'inscriptions, d'hiéroglyphes et de divers ornements en mosaïque.

Une maison de plaisance des rois maures existe encore au-dessus de ce palais; elle porte le nom de *Xénéralife*. C'est un séjour délicieux. La situation en est ravissante; l'air y est doux et pur, les jardins, les bosquets, les vergers, s'y succèdent et s'y multiplient; les fontaines y sont variées à l'infini : il y en a une dont le jet est plus gros que le bras d'un homme, et s'élève au-dessus du faîte de la maison. Enfin une ancienne mosquée couronnait le sommet de la montagne; c'est aujourd'hui une église dédiée à sainte Hélène.

auprès du général Molitor, le colonel Joseph-Guerrero de Torrès, son chef d'état-major, afin de conclure une capitulation que les défaites éprouvées par l'armée espagnole rendaient nécessaire.

Cette convention, arrêtée le 4 août entre le général en chef du 2ᵉ corps et le colonel Guerrero de Torrès, fut approuvée par le général Ballestéros, et reçut ensuite la sanction de S. A. R. Mᵍʳ le duc d'Angoulême.

Nous croyons devoir reproduire ici le texte de cette pièce importante.

Convention conclue entre le général Molitor et le général Ballestéros.

Art. 1ᵉʳ Le général Ballestéros et la seconde armée sous ses ordres reconnaissent l'autorité de la Régence d'Espagne, établie à Madrid durant l'absence du Roi.

2. Le susdit général ordonnera aux autres généraux et gouverneurs des places situées dans l'étendue de son gouvernement de reconnaître également la Régence.

3. Les troupes qui sont aux ordres du général Ballestéros seront cantonnées dans les endroits qui seront fixés de concert avec le général Molitor.

4. Les généraux, chefs, et officiers, appartenant

au second corps d'armée espagnole, conserveront leurs grades, emplois, distinctions, et la solde correspondante auxdits emplois.

5. Aucun individu de ladite armée ne pourra être inquiété, poursuivi ni molesté pour ses opinions antérieures à cette convention, ni pour les faits analogues, excepté ceux qui sont de la compétence de la justice ordinaire.

6. La solde sera payée par le trésor d'Espagne en la forme dite; en cas de retard ou d'impossibilité, on continuera de donner aux troupes les rations d'étapes dans les cantonnements qui leur seront assignés.

7. Les individus de la milice faisant partie de la susdite armée, qui desireront retourner dans leurs foyers, pourront le faire librement, et trouveront sûreté et protection.

En conséquence de la présente convention, les hostilités cesseront de part et d'autre.

Fait à Grenade le 4 août 1823.

Signé le général MOLITOR.

Pour le général Ballestéros, et avec ses pleins pouvoirs, le premier adjudant-général de l'état-major, JOSEPH-GUERRERO DE TORRÈS.

Les places aux gouverneurs desquelles le général Ballestéros donna l'ordre de reconnaître l'autorité de la Régence furent celles de Carthagène, Alicante, Pampelune, Saint-Sébastien, Péniscola, Las Peñas-de-San-Pedro, Monzon et Venasque. Tous les gouverneurs, comme on le verra plus loin, n'obéirent pas sur-le-champ aux ordres de leur général en chef; il fallut la délivrance du Roi, ou de nouveaux efforts de la valeur française, pour les obliger à ouvrir leurs portes (1).

Le général Molitor permit, afin d'éviter toute indiscipline, que l'armée de Ballestéros restât réunie auprès et sous les ordres de son général. Elle devait occuper, comme cantonnements, les villages et villes de Cabra, Lucena, Montilla, Priego, Algarinejo, Ubeda, Cazorla et Quesada. Le quartier-général devait être établi à Priego. L'armée capitulée présentait encore à cette époque, malgré les désertions et les pertes qu'elle avait éprouvées, une force de neuf mille hommes, dont treize cents chevaux et sept mille sept cents hommes d'infanterie.

Le général Ballestéros écrivit à S. A. R. le prince

(1) Il fut reconnu plus tard que Saint-Sébastien n'était pas sous le commandement du général Ballestéros, mais bien sous celui de Morillo. Aucun ordre ne fut donc adressé par le général de la seconde armée espagnole à l'obstiné gouverneur de cette place.

généralissime, pour lui offrir de coopérer à la délivrance de Ferdinand VII. La tentative inattendue de Riégo, et la prompte reddition de Cadix, arrêtèrent les effets de ce dévouement qui, quoique tardif, pouvait être utile.

Le corps d'armée placé sous les ordres du général Molitor avait eu à fournir de nombreuses garnisons, afin d'assurer la tranquillité publique, et de prévenir les réactions populaires. Six bataillons, sous les ordres du général Ordonneau, venaient d'en être détachés et dirigés sur Cadix. Sa force numérique se trouvait être moindre que celle de l'armée constitutionnelle, dont malgré la capitulation, la prudence commandait de surveiller tous les mouvements. Le corps du général Molitor était, il est vrai, appuyé par les troupes du vicomte de Latour Foissac qui, placé dans la province de Cordoue, observait les derrières de l'armée de Ballestéros; mais les embarras du général en chef se trouvaient augmentés par la présence à Malaga de la division du général Zayas, dont Riégo venait de prendre le commandement, et par les tentatives audacieuses de Torrijos, gouverneur de Carthagène, que la capitulation de son général avait singulièrement exaspéré.

Riégo était parvenu à traverser, déguisé et sur un bateau de pêcheur, la flotille française qui bloquait Cadix : il était muni de pleins pouvoirs des Cortès. Son premier soin en arrivant à Malaga, le 19 août, avait été de prendre le commandement des troupes qui s'y trouvaient réunies, de faire arrêter le général Zayas, qui semblait disposé à suivre l'exemple de Ballestéros, de haranguer les soldats, et, afin d'exciter davantage leur enthousiasme, de leur distribuer les produits d'une contribution extraordinaire qu'il avait levée sur les plus riches habitants de la ville. Sa conduite furibonde répondit à ce début. Tous les officiers-généraux et supérieurs qui partageaient les sentiments du général Zayas, et qui ne purent pas réussir à s'échapper pour gagner Grenade, et y faire leur soumission, furent arrêtés. Les prêtres, les chanoines et les religieux qui se trouvèrent dans la ville subirent le même sort; et tous ces prisonniers furent, par son ordre, transportés à bord d'un navire qui devait les conduire à Cadix. Non content de ces violences, Riégo pilla l'argenterie des églises et les caisses des principaux négociants. S'il faut en croire les récits des royalistes espagnols, il poussa l'impudence jusqu'à faire frapper de la monnaie à son effigie pour la distribuer aux soldats qui lui étaient dévoués, et la fureur jusqu'à faire fusiller huit prêtres, dont le caractère sacré était le seul crime.

Cependant toutes ces mesures violentes produisaient leur effet: les bons sentiments de la masse étaient comprimés, et la hardiesse des révolutionnaires s'accroissait en raison de l'impuissance des gens de bien. Riégo était parvenu à réunir environ six mille hommes. De son quartier-général de Malaga, il pouvait à son gré se porter sur les montagnes de Ronda, où il aurait inquiété les derrières du corps qui bloquait Cadix; sur les cantonnements de Ballestéros, dont toute l'armée n'était pas animée par les mêmes sentiments de loyauté que son chef, ou sur la ville de Carthagène, où se réunissant à la garnison commandée par Torrijos, il aurait recommencé une guerre dont l'issue pouvait être défavorable aux Français, et, dans tous les cas, demeurant douteuse, reculait l'époque de la pacification.

Le général Molitor comprenait toutes les difficultés de sa position; il avait prévu les mouvements que Riégo pouvait tenter: il avait envoyé sur le littoral de la Méditerranée le général Bonnemains, avec la division d'avant-garde du 2e corps, pour fermer à Riégo la route de Carthagène (1). Le général Loverdo, avec cinq bataillons, deux régiments de cavalerie, et six bouches à feu, fut porté sur Antequera, d'où il couvrait

(1) Après la bataille de Campillo, la division Loverdo avait pris position à Guadix, et l'avant-garde du général Bonnemains était venue à Baza.

les cantonnements de Ballestéros, et la route du pays de Ronda, où se trouvait d'ailleurs le général Caro, avec un corps de royalistes espagnols. Les deux généraux français devaient ensuite marcher simultanément sur Malaga, pour y détruire le corps de Riégo, que le rapport des émissaires ne portait qu'à deux mille hommes, quoiqu'il s'élevât réellement à plus de six mille.

Le général Bonnemains était parti de Baza; après quelques jours de marche, il arriva devant Almeria. Cette place importante, et la seule qui, sur toute la côte, pût offrir un port aux bâtiments de la marine royale, dépendait, avec son arrondissement, du gouvernement de Malaga; elle était sous les ordres du brigadier Guendulain, dont les troupes avaient plus d'une fois cherché à inquiéter la ligne d'opération du 2ᵉ corps, et à se lier avec les détachements que Torrijos faisait sortir de Carthagène. Le général Bonnemains avait envoyé au brigadier Guendulain, un de ses aides-de-camp, M. de Tilly, pour lui donner connaissance de la convention conclue par Ballestéros, et il avait joint à son invitation d'imiter l'exemple de son général en chef, une lettre où celui-ci engageait le commandant d'Almeria à faire sa soumission; mais cet officier supérieur avait demandé quinze jours pour consulter les chefs de corps, et recevoir des instructions de Malaga. M. le général

Molitor donna ordre au général Bonnemains de ne pas s'arrêter à ces négociations.

Arrivé le 26 août à Gador, à deux lieues d'Almeria, le général y trouva un parlementaire du commandant de cette ville, porteur d'une convention à signer. Il lui répondit qu'il n'était plus temps, et qu'il fallait se rendre à discrétion. Le brigadier Guendulain s'y résigna, et se rendit prisonnier de guerre avec la garnison, qui se composait de sept cents hommes d'infanterie, dont cent quatre-vingt-dix officiers, et de cent soixante-treize cavaliers. Le général Bonnemains entra le 27 à Almeria, au milieu des acclamations de tous les habitants. L'évêque, les magistrats et toute la population s'étaient portés au-devant des Français, et faisaient éclater des transports d'autant plus vifs, qu'ils les manifestaient en présence de leurs oppresseurs prisonniers.

Depuis quelque temps une colonne mobile, forte d'environ quatre cents hommes, placée sous les ordres du colonel Salcedo, et détachée de la garnison constitutionnelle d'Almeria, était sortie de cette ville pour parcourir la province et lever des contributions. L'approche des troupes françaises l'engagea à se jeter dans les montagnes. Le général Bonnemains donna ordre au maréchal-de-camp Levavasseur, commandant le 8e léger, de la faire attaquer. Cent hommes du 8e léger, commandés par le chef de bataillon Talabot, furent chargés de cette expédition. L'ennemi atteint à Laujar, auprès d'Ujicar, fut culbuté et dispersé. Un officier et cinq soldats restèrent sur le champ de bataille, et deux lieutenants-colonels, un capitaine, cinq lieutenants, un aumônier et trente soldats tombèrent en notre pouvoir. Protégée par les montagnes, cette colonne aurait pu encore, malgré cet échec, inquiéter la communication de Murcie à Grenade; mais de forts détachements avaient été laissés à Guadix et à Baza, pour couvrir la route.

Cette mesure de précaution resta heureusement inutile. Le chef de bataillon Talabot, s'étant mis à la poursuite de la colonne ennemie qu'il venait de culbuter, parvint à lui faire mettre bas les armes, et lui fit trois cent cinquante prisonniers. Cet officier supérieur fit preuve dans cette expédition de beaucoup de bravoure et d'intelligence (1).

(1) Outre le chef de bataillon Talabot, M. le général Bonnemains cita dans son rapport, comme s'étant honorablement distingués, les officiers, sous-officiers et soldats du 8ᵉ léger dont les noms suivent:

MM. les capitaines Lachoux (des carabiniers), et Girardet (des voltigeurs); les lieutenants Duret et Jean; le sous-lieutenant Bernard; le sergent-major Gonnard; les sergents Lacand et Voyle; le fourrier Ferrière et le caporal Bonneton. Le colonel de Choiseul d'Aillecourt, du 19ᵉ régiment de chasseurs,

La prise d'Almeria et les circonstances qui l'avaient accompagnée et suivie, firent une grande sensation dans le royaume de Grenade. On avait toujours craint que Riégo ne parvînt à lier ses opérations avec celles de la garnison de Carthagène. La position du général Bonnemains sur le littoral de la mer, mettait fin à ces craintes, et chacun pensait que Riégo, réduit à ses propres forces, ne devait pas conserver de grandes chances de succès.

Le général Bonnemains renouvela les autorités d'Almeria, et organisa les royalistes armés du pays, (1) pour former la garnison de la ville, qu'il plaça sous les ordres du maréchal-de-camp Camps. Deux bâtiments furent armés, afin de croiser devant Malaga, et de couper toute retraite par mer à Riégo et à ses partisans. Ces deux bâtiments reçurent un équipage de royalistes déterminés. Après avoir tout organisé avec zèle, promptitude et intelligence, le général Bonnemains continua, en suivant la côte, son mouve-

fut aussi cité avec éloge, comme s'étant signalé dans l'expédition le long de la côte.

(1) Depuis l'arrivée des troupes françaises, dans le royaume de Grenade, les royalistes de la côte avaient pris les armes. Quelques chefs en avaient même réuni deux ou trois cents qui défendaient la rive de Rio-Almanzor, et protégeaient la province d'Almeria contre les excursions des constitutionnels.

ment sur Malaga. Dans le même temps, le général Molitor ayant reçu divers avis qui lui faisaient penser que Riégo avait l'intention de pénétrer par Antequera dans les cantonnements de Ballestéros, donna l'ordre au général Loverdo de se porter sur Malaga.

Le général Bonnemains, après avoir fait dans cette partie de son expédition mille cinquante prisonniers, dont deux cents officiers, et après avoir recueilli les cadres de quatre régiments de ligne qui s'étaient rendus volontairement, arriva le 4 septembre à Motril, sur les bords de la Méditerranée; et le même jour, au matin, l'avant-garde du général Loverdo entrait à Almogia, à une petite journée de marche de Malaga; mais Riégo, probablement instruit de ces mouvements, avait déja quitté cette ville, en y laissant une garnison, et s'était porté, avec environ six mille hommes, sur Velez Malaga. Il n'avait pas renoncé au dessein de pénétrer dans les cantonnements de Ballestéros; mais la marche du général Loverdo lui ayant fermé le chemin qu'il voulait suivre, il devait songer à s'ouvrir une nouvelle route. Peut-être comptait-il, dans le cas où il lui serait impossible, pour le moment, de joindre l'armée capitulée, se retirer sur Carthagène. C'est sans doute dans ce dernier but qu'il avait lancé à travers les montagnes qui se prolongent vers cette place une avant-garde commandée par le partisan Marconchini.

La garnison de Malaga, forte d'environ cinq cents hommes, était commandée par le général Porrès. Cet officier-général et les troupes sous ses ordres restèrent prisonniers, et dès le 4, à neuf heures du matin, le général Loverdo, précédé par le général Saint-Chamans, commandant son avant-garde, prit possession de la ville. L'arrière-garde de Riégo était encore à Velez Malaga. Le général Saint-Chamans envoya aussitôt à sa poursuite le colonel Tessier de Marouze avec le 20ᵉ régiment de chasseurs, appuyé par un escadron du 10ᵉ de dragons. Notre cavalerie atteignit celle de l'ennemi. Une action s'engagea entre le régiment constitutionnel des *dragons du Roi* (régiment renommé par son dévouement à la cause révolutionnaire), et nos braves chasseurs. L'ennemi poursuivi et chargé pendant près de trois lieues éprouva une perte assez considérable tant en tués que blessés, et laissa en notre pouvoir un colonel, un lieutenant-colonel, un chef d'escadron, seize officiers et cent quarante hommes montés. De son côté l'escadron du 10ᵉ dragons eut affaire avec un bel escadron d'artillerie à cheval, fort de plus de cent chevaux et le fit prisonnier en totalité (1).

(1) Le général Saint-Chamans cita avec éloge, dans le 20ᵉ ré-

Nous avons dit que Riégo avait embarqué les produits de son pillage et ses nombreuses victimes à bord de quelques bâtiments. Ces bâtiments, qui se composaient d'un brick, d'une barque canonnière armée, et de dix gros bateaux, avaient quitté le port de Malaga au moment où la division de Riégo s'éloignait des murs de cette ville. Un des premiers soins du général Loverdo fut d'envoyer à leur poursuite un brick et deux chaloupes canonnières qui réussirent, après leur avoir donné la chasse, à prendre la chaloupe ennemie, et huit des gros bateaux. Le reste du convoi parvint à s'échapper. Les bâtiments qui furent ramenés dans le port de Malaga, contenaient douze caisses remplies d'argenterie, qui furent provisoirement déposées chez le capitaine du port. Aussitôt que le général Molitor fut instruit de cette capture, il donna l'ordre de rendre l'argenterie prise sur

giment de chasseurs : le colonel Tessier de Marouze ; les capitaines de Ruffey, de la Moussaye, et Delpech ; le sous-lieutenant Kuntz ; l'adjudant Revy ; le maréchal-des-logis Barjollin.

Dans le 10ᵉ de dragons, le colonel Vilatte ; le lieutenant-colonel de Compiègne ; les sous-lieutenants Nebel et Dunand ; le maréchal-des-logis Beauché.

M. Flamand, chef de bataillon au 1ᵉʳ régiment de ligne, M. Dalpuget, aide-de-camp du général Saint-Chamans ; MM. de Saint-Sulpice et de Rouvray, officiers au corps-royal d'état-major, furent aussi honorablement cités.

l'ennemi aux églises et aux particuliers auxquels elle avait été enlevée.

Le général Loverdo, à son arrivée à Malaga, d'où venait de fuir Riégo avec son armée, trouva cette ville populeuse et commerçante dans la plus grande agitation : il était indispensable d'y rétablir l'ordre et les autorités royales, et principalement d'y désarmer plusieurs bataillons de gardes nationales organisées par Riégo. Tous ces soins importants ralentirent la poursuite contre l'ennemi, en retenant à Malaga, pendant la journée du 5, le général Loverdo avec ses troupes ; il fit néanmoins recommencer cette poursuite, dès le lendemain 6, par le général Saint-Chamans, avec deux bataillons et un régiment de cavalerie.

Riégo, profitant du repos de la journée du 5, tâcha de prendre de l'avance ; après avoir dépassé Velez Malaga, il prit la direction de Motril, en se portant à la Puebla de Nerja, où ayant appris l'approche du général Bonnemains, il abandonna tout-à-coup son dessein primitif de se diriger sur Carthagéne, et, marchant nuit et jour, traversa, en faisant quelques crochets, la Sierra de Alpujaras, et arriva dans la plaine de Grenade au village de Villa Nueva entre Loja et Santa-Fé Le général Bonnemains, qui eut le premier avis de son mouvement, s'élança aussitôt sur ses traces.

Le général Molitor, que la nécessité de diriger d'un centre commun tous les mouvements de son corps d'armée retenait à Grenade, fit sur-le-champ rassembler dans cette ville, afin d'y contenir les prisonniers nombreux qui y étaient réunis, et de se trouver à portée de marcher sur le point qui se trouverait menacé, le peu de troupes qui lui restaient disponibles. Le général Loverdo reçut aussitôt l'ordre de quitter Malaga, et d'accélérer, avec toutes ses troupes, son mouvement à la poursuite de Riégo. Le général en chef donna en même temps avis de ce qui se passait au vicomte de Latour Foissac, qui commandait à Cordoue, afin que cet officier-général se trouvât à portée d'agir suivant les circonstances.

Dans la position que Riégo occupait, il n'avait à choisir qu'entre trois partis : le premier était de suivre son premier projet, et de marcher sur Carthagène ; mais dans ce cas, la réserve du général Molitor lui en aurait fermé le chemin ; le second était de tenter de gagner Badajos par Alcala Real et Cordoue ; mais le général Latour Foissac, prévenu à temps, se serait opposé à ce mouvement ; enfin il pouvait essayer de se porter sur les cantonnements de Ballestéros, d'y faire arrêter le général en chef, et de prendre le commandement de cette armée qui était prête, croyait-il, à embrasser sa cause ; mais le général Molitor, dont la prudence avait prévu ces trois hypothèses, s'était assuré que le général Ballestéros resterait fidèle à la convention jurée. Toutefois, pour être encore plus sûr de ses dispositions, il pressait la marche des généraux Bonnemains et Loverdo.

Il était probable que Riégo choisirait le parti qui lui offrirait le plus d'espérances, car tous étaient également dangereux pour lui. Cependant, pensant dérober sa marche aux généraux français, et tromper plus facilement leur vigilance par une feinte direction, il prit la route d'Alcala Réal, comme s'il eût voulu marcher sur Andujar. De son côté, M. le général Molitor dirigeait le général Bonnemains de Santa-Fé, sur cette première ville; l'avant-garde du général Loverdo, composée de deux bataillons du 29ᵉ de ligne, et du 20ᵉ régiment, commandée par le général Saint-Chamans, suivait la route d'Alcala Réal par Loja. Le desir d'atteindre l'ennemi soutenait l'ardeur de nos soldats, qui supportaient avec gaieté la fatigue d'une marche pénible au milieu de montagnes escarpées, et pendant une saison brûlante.

Le 20ᵉ régiment de chasseurs ayant doublé les marches surprit, le 9 septembre, au village de Montefrio, Riégo et toute son armée. Le terrain n'était pas favorable à la cavalerie. Le colonel Tessier de Marouze manœuvra pour attirer les constitutionnels dans la plaine, et y exécuta une fort belle charge où l'ennemi laissa plusieurs morts et un grand nombre de blessés.

Le 20ᵉ régiment de chasseurs prit quinze hommes et quatre chevaux. Il eut de son côté trois officiers, un maréchal-des-logis et quatre chasseurs blessés par l'infanterie ennemie. Cette affaire fit le plus grand honneur à ce régiment, et sur-tout à son colonel M. Tessier de Marouze (1) qui venait d'en prendre récemment le commandement après la mort de M. de Sourdis (2).

(1) M. le colonel Tessier de Marouze qui déploya dans cette affaire beaucoup d'habileté et une bravoure brillante, cita avec éloges, parmi les braves qui l'avaient si bien secondé, M. de Lucker, chef d'escadron; de la Moussaye, capitaine (blessé); de Lusignan, lieutenant (blessé); Roll, sous-lieutenant; de Montigny, sous-lieutenant (blessé); et Guignes, maréchal-des-logis chef.

Dans le même temps sur un autre point (à Huelma), M. de Saint-Hyppolite, aide-major du corps royal d'état-major, attaché au 1ᵉʳ régiment de ligne, se fit remarquer par un trait d'audace qui fut admiré de toute l'armée. Cet officier chargea seul cinq officiers qui fuyaient pour aller rejoindre Riégo, et les obligea à se rendre.

(2) M. Ange-François-Théophile d'Escoubleau, comte de Sourdis, colonel des chasseurs du Var, chevalier de Saint-Louis, commandeur de la légion d'honneur, que la mort enleva à son régiment, le 23 août, était issu d'une famille dont l'origine remonte aux temps chevaleresques.

Le comte de Sourdis était élevé sous les yeux d'une mère tendre et pieuse, et sous ceux de M. le duc d'Avaray, son

L'affaire de Montefrio n'eut aucun autre résultat important, parceque manquait l'infanterie nécessaire pour débusquer l'ennemi des montagnes qu'il occupait, et à cause de la disproportion de nos forces.

Riégo comprenant qu'il allait avoir affaire à toute une division française, et convaincu, par l'attaque vigoureuse des chasseurs, que l'issue d'un combat ne pouvait guère lui être avantageuse, résolut de marcher sur-le champ vers les cantonnements de Ballestéros, où il comptait trouver des renforts : il prit la route de Priego, quartier-général du général en chef. Celui-ci avait peu de troupes dans le village, deux de ses brigades se trouvant à Carcabuey et à Lucena. Il n'hésita point cependant à opposer une résistance armée au chef constitutionnel.

grand-père, lorsque M. le marquis de Sourdis, son père, pour le soustraire à la conscription, le fit entrer dans les gendarmes d'ordonnance. Lors de la dissolution de ce corps, au mois de mars 1807, il entra dans les chasseurs de l'ex-garde, fit deux campagnes comme soldat, et donna, dès son début dans la carrière, les preuves d'une rare valeur. Fait officier sur le champ de bataille, à Wagram, il reçut ordre de rejoindre en Espagne le 9ᵉ régiment de hussards; là, son courage brilla encore dans plusieurs rencontres. Le 23 avril 1812, il commandait cinquante chevaux, formant l'avant-garde d'une colonne qui se portait à la recherche de Mina. Ayant appris que l'ennemi occupait le village de Robrès, avec des forces quadruples

Pour mieux faire connaître les événements de cette journée (du 10 septembre), nous croyons devoir donner ici un extrait littéral du rapport

de celles dont le commandement lui était confié, il s'y porta avec rapidité, surprit cette cavalerie, la tailla en pièce, fit prisonniers deux cents cavaliers avec leurs chevaux, et s'empara de plusieurs caissons. Mina, qui était retiré dans le village, faillit tomber au pouvoir du jeune vainqueur; mais un coup de pistolet, tiré à la porte de la maison qu'il occupait, l'avertit à-la-fois de l'arrivée des Français, de la défaite des siens, et des dangers qui le menaçaient; il n'eut que le temps de prendre la fuite, en se sauvant par une fenêtre. M. de Sourdis, qui avait reçu un coup de lance au bras gauche, fut mis pour cette glorieuse action à l'ordre de l'armée d'Aragon.

Successivement lieutenant et capitaine au 2e régiment de lanciers de l'ex-garde, M. de Sourdis devint, en 1814, sous-lieutenant des gardes-du-corps du Roi, première compagnie. Au mois de mars 1815, lorsque sa compagnie reçut l'ordre de licenciement commun à toute la maison du Roi, il détermina quatre-vingts gardes à suivre le monarque en exil, et conserva, pendant l'interrègne, le commandement de ces fidèles serviteurs. Nommé à l'âge de 26 ans, en septembre 1815, colonel des chasseurs du Var, il réussit en peu de temps à faire de ce corps un des plus beaux et des meilleurs de l'armée.

Il manquait à ce loyal et fidèle guerrier d'avoir combattu pour son Roi; il vit donc avec joie s'ouvrir de nouveau devant lui la carrière de la gloire. Cependant sa santé altérée par quatre blessures graves reçues dans un âge encore tendre, et par huit campagnes de la guerre la plus active, faisait redouter pour lui l'issue de celle qui allait commencer; mais jaloux de suivre dans les combats le petit-fils d'Henri IV, il rejeta toute proposition qui tendait à le priver d'une si chère espérance.

adressé aux généraux français par le général Ballestéros. Tous les détails en ont été confirmés par les officiers de Riégo lui-même.

« Dans la matinée du 10, j'eus avis que le gé-
« néral Riégo s'approchait de cette commune,
« et je pris en conséquence la résolution de m'op-
« poser de vive force à son passage, ainsi qu'il
« avait été convenu avec le général Molitor, le 4
« du mois dernier. Je me suis avancé vers le
« point appelé *el arroyo del conejo*, à environ
« une demi-lieue d'ici, avec à-peu-près douze
« cents hommes d'infanterie et cent chevaux.
« J'attaquai hardiment. Mes chasseurs enlevèrent
« une colline avec la plus grande valeur ; en même
« temps j'ordonnai à un bataillon de tourner par
« le flanc gauche la position de l'ennemi. Quoi-
« que nos troupes observassent la plus grande

A Campillo-de-Arenas, le 28 juillet, quoique depuis deux jours il ne pût déja plus suivre son beau régiment qu'en voiture, il ordonna qu'on le mît à cheval pour prendre part au combat. Satisfait et touché de son courage, le prince généralissime lui envoya le cordon de commandeur de la légion d'honneur. Lorsque la nouvelle de cette récompense parvint à M. de Sourdis, toutes ses pensées étaient déja tournées vers le ciel. Sa mort était imminente, il l'attendit avec fermeté, et la résignation d'un guerrier et d'un chrétien, et expira à Grenade, le 23 août, dans les bras de M. le comte d'Avaray, son cousin, et de M. le vicomte de Chaunac, son oncle, tous les deux officiers dans son régiment.

« précision dans leur mouvement, je remarquai
« cependant quelque mollesse, et un peu de tié-
« deur dans leur feu, et qu'ils le faisaient avec
« beaucoup de répugnance contre des troupes
« nationales. M'étant porté à la tête de la co-
« lonne d'attaque, je ne cessai de les encourager
« par mon exemple. Cependant le feu des tirail-
« leurs continua d'être languissant en compa-
« raison de leur nombre. Sur ces entrefaites, les
« ennemis s'approchant de nos rangs, et jetant
« leurs armes, entourèrent mes soldats de toutes
« parts, et moi-même, en criant: *Nous sommes*
« *tous des frères; vive la nation libre! vive la con-*
« *stitution! vive le général Ballestéros!* Mes sol-
« dats ne peuvent résister à l'impression de ce
« premier mouvement, et mêlèrent leurs em-
« brassements et leurs voix à ceux des camarades
« avec lesquels, peu de temps auparavant, ils
« avaient été unis par les mêmes intérêts et les
« mêmes devoirs. Riégo, ses aides-de-camp et son
« état-major m'environnèrent, en me félicitant,
« et me proclamant leur général, et me priant
« en même temps de me charger du commande-
« ment des deux armées. Les troupes, une fois
« mêlées, se dirigèrent sur Priégo, en répétant
« le cri de *Vive la constitution!* et me proclamant
« leur général. Riégo voulait que je les haran-
« guasse; je lui répondis qu'il fallait attendre et

« laisser passer ce moment. Enfin j'entrai dans la
« ville après Riégo, et les habitants m'accueilli-
« rent avec enthousiasme. Je me rendis à mon
« logement, où j'assemblai tous les généraux et
« chefs de corps, et leur exposai l'état des choses,
« en leur faisant connaître le cas extraordinaire
« où nous nous trouvions, et la surprise dont on
« avait usé à notre égard, au moyen d'un strata-
« gème difficile à prévoir, et plus difficile en-
« core à éviter ; mais que l'armée et moi, nous
« ne pouvions manquer à la parole donnée, et
« que je périrais plutôt que de souscrire à l'igno-
« minie de violer la foi jurée. Tous les chefs fu-
« rent unanimes, et partagèrent mon opinion ;
« je leur ordonnai de faire sortir à l'instant même
« les troupes de la ville, pour éviter tout contact
« avec celles de Riégo. Ils exécutèrent mon or-
« dre. Riégo vint alors chez moi, et nous eûmes en-
« semble une longue conférence en présence de
« quelques généraux et des chefs de l'armée ; il
« exagéra, et c'était naturel, les avantages *im-*
« *menses* qui résulteraient pour la patrie de la
« réunion des deux armées. L'obligation où nous
« étions, selon lui, de consentir à cette réunion ;
« l'irrégularité de notre convention, parcequ'elle
« avait été faite sans le consentement du gouver-
« nement établi à Cadix ; et enfin la gloire dont
« je me couvrirais en me mettant à la tête des

« troupes réunies. Je lui répondis que je ne man-
« querais d'aucune manière aux promesses que
« j'avais faites solennellement et librement, et
« que j'affronterais plutôt la mort (ainsi que cela
« m'était arrivé avec joie le matin du même jour),
« plutôt que de violer le traité que j'avais conclu.
« Riégo, chagrin et étonné, me quitta. Il voulut
« aller haranguer les troupes; mais les chefs de
« ces troupes, déjà revenus de leur première sur-
« prise, ne se laissèrent pas approcher. Riégo
« retourna à Priégo, fit désarmer la garde de vingt
« hommes, qui était à mon logement, et y plaça
« une compagnie entière de ses troupes, pour en
« garder toutes les avenues. Dès ce moment, je
« fus observé comme un prisonnier. Le lieute-
« nant-général don Martin Gonzales de Men-
« chaca, le général chef d'état-major don Felipe
« Montes, l'adjudant-général Guerrero de Torres,
« le colonel Hubert, sous-inspecteur d'infanterie;
« mon aide-de-camp le capitaine don Ambrosio
« Doz; mon neveu, le capitaine don Pio Balles-
« téros, adjoint à l'état-major-général; le capitaine
« don Gaspard Aguilera, qui était venu la nuit
« précédente avec des dépêches du général comte
« Molitor; le fils du général Menchaca, et quel-
« ques autres officiers qui étaient entrés par hasard
« dans mon logement, ne purent pas en sortir. A
« six heures et demie du soir, Riégo me signifia que

« j'étais prisonnier, au nom de la patrie, avec les
« officiers qui m'accompagnaient, et que nous
« partirions dans la nuit même pour un château
« fort. Pendant ce temps, quelques uns des ba-
« taillons de mon armée, exaspérés et furieux de
« la conduite que Riégo avait employée à mon
« égard, et de la perfidie dont il avait usé envers
« eux, voyant revenir les soldats de ma garde
« sans leurs armes, voulaient venir l'attaquer cette
« nuit même, sans remarquer l'énorme dispropor-
« tion de leurs forces. Je les empêchai d'en agir
« ainsi, et ils se contentèrent d'envoyer un offi-
« cier pour demander énergiquement à Riégo ma
« prompte liberté, le menaçant de l'attaquer avec
« toutes leurs forces réunies, s'il ne l'accordait
« à l'instant, et lui annonçant qu'ils périraient
« tous avant d'abandonner leur résolution. Riégo
« trouva sans doute que sa situation était critique,
« et à une heure du matin, au moment où nous
« étions prêts à nous mettre en route pour la
« captivité qu'il nous destinait, il nous annonça
« que nous étions libres. Pendant cette même
« nuit, il avait imposé une contribution de deux
« cent mille réaux *sur les habitants de Priégo;*
« mais malgré la rigueur qu'il a employée, il n'a
« pu en recueillir que la moitié. Il partit au point
« du jour, et prit la direction d'Alcaudète; de-
« puis lors plusieurs de ses officiers, et un grand

« nombre de ses soldats se sont présentés pour
« s'incorporer dans mon armée, et aujourd'hui il
« en est venu d'autres qui appartiennent presque
« tous à l'arme de la cavalerie. Plus de deux cent
« cinquante déja se sont réunis à mes troupes,
« et l'on compte dans ce nombre les deux forts
« escadrons de *Numance* et d'*Espagne*. De mon
« armée il n'a pas déserté un seul homme. »

On voit par ce récit que, trompé dans les espérances qu'il avait en marchant sur Priégo, le chef constitutionnel, après avoir épuisé toute l'éloquence des menaces, et essayé tous les moyens de persuasion, voyant qu'au lieu d'entraîner à la révolte les troupes de Ballestéros, il avait perdu par la défection l'élite de sa cavalerie, prit son parti, et se mit en marche vers Alcaudète, avec les troupes qui lui restaient.

La colonne du général Bonnemains, en arrivant à Santa-Fé, se composait des 4° et 8° légers, des 10° et 19° de chasseurs à cheval, et de deux pièces d'artillerie de montagne. Mais ces régiments étaient fort affaiblis; ils comptaient un grand nombre de malades, et avaient en outre laissé de forts détachements à Grenade, à Guadix et à Baza. A Santa-Fé, la division d'avant-garde fut renforcée d'un régiment de cavalerie (le 4° de chasseurs), et de deux bataillons d'infanterie (du 1er et du 39° de ligne); ce qui porta les forces de la colonne à environ 2,000 hommes d'infanterie et 550 chevaux.

Le général Bonnemains quitta Santa-Fé le 11 septembre, le jour même où Riégo, déjoué dans ses desseins, abandonnait les cantonnements de Ballestéros; il n'avait pas alors connaissance de ce mouvement; et, craignant l'effet de la jonction, à Priégo, des troupes constitutionnelles et de l'armée capitulée, il se dirigea rapidement sur ce point. Le soir, à Palanjares, un aide-de-camp du général Ballestéros, envoyé à sa rencontre, lui donna connaissance de ce qui s'était passé, et de la nouvelle direction qu'avait prise le chef constitutionnel. Le général Bonnemains se décida dès-lors à suivre sur Jaën les traces de l'ennemi. Après avoir marché toute la journée du 12, et une partie de la nuit (1), il arriva le 13, vers neuf heures du matin, devant Jaën. Le 19ᵉ chasseurs, qui marchait en tête, enleva les postes avancés, et un troupeau considérable qui paissait à peu de distance de la place, sous la garde d'un fort détachement; mais notre avant-garde ne put pas entrer dans la ville, ceinte de hautes murailles,

---

(1) Le dévouement des troupes pour le roi, et la confiance que leur avait inspirée leur général, purent soutenir leur ardeur dans ces marches pénibles, pendant une saison brûlante, et dans un pays hérissé de montagnes

et protégée par un château fort en assez bon état.

Le général Bonnemains, afin d'atteindre plus promptement l'ennemi, avait composé son avant-garde de toute sa cavalerie, et n'avait avec lui d'autre infanterie que les six compagnies de voltigeurs des bataillons de sa division; encore ces compagnies, réduites par les hommes qu'elles avaient laissés en arrière dans leur marche rapide, à la suite de la cavalerie, ne présentaient-elles pas un total de plus de cent-cinquante hommes. Le reste de l'infanterie, qui, depuis deux jours, marchait sans s'arrêter que le temps nécessaire pour recevoir ses vivres, était disséminé sur la route en arrière (1).

Dans les premiers moments de la surprise, le général Riégo, qui ne pensait pas qu'il pût être atteint, et qui, suivant sa coutume, était occupé à lever des contributions, s'était empressé de garnir d'infanterie les murailles et le château. Sa cavalerie, soutenue par deux bataillons, sortit de la ville, et se forma à droite en arrière auprès de deux petites chapelles situées sur la route de

(1) Le général Bonnemains marchait avec la cavalerie, et ne s'arrêtait que pour attendre l'infanterie; après quoi, laissant de nouveau l'infanterie continuer seule sa marche, il recommençait à courir en avant avec sa cavalerie. Cette marche était si rapide, que les soldats n'avaient pas le temps de préparer la soupe.

Mancha-Réal. Cette position, dont la gauche s'appuyait sur la ville de Jaën, et dont la droite s'étendait vers la rivière (Rio de Jaën), était protégée par l'escarpement des collines et par un ravin qui s'étendait sur leur front, entre la ville et la rivière. Un grand nombre de tirailleurs furent jetés dans les jardins qui se trouvaient attenants aux murs de la ville.

Le premier soin du général Bonnemains fut de placer ses compagnies de voltigeurs derrière les rochers qui couronnaient deux mamelons voisins de la porte, afin de contenir l'ennemi, et de s'opposer à ses sorties, s'il en tentait quelques unes. Le 4ᵉ et le 8ᵉ légers, toujours pleins d'ardeur malgré leur extrême fatigue, arrivèrent presque aussitôt que l'avant-garde ; un bataillon du 8ᵉ fut sur-le-champ dirigé sur une hauteur qui domine le fort, afin de contenir l'ennemi dont les principales forces étaient rassemblées sur ce point, et qui aurait pu, à l'aide d'une sortie vigoureuse, s'emparer des hauteurs par lesquelles la route de Martos est dominée, et couper la colonne française un peu disloquée par la marche. Le deuxième bataillon du 8ᵉ fut formé en colonne serrée entre le point occupé par les voltigeurs et celui qu'occupait le premier bataillon. Les deux pièces d'artillerie de montagne furent pointées de droite et de gauche de la route sur la porte de la ville, afin de contenir totalement l'ennemi; une partie des voltigeurs fut embusquée derrière un petit mur à hauteur d'appui, situé directement en face de la porte de Jaën. Notre droite étant ainsi assurée, le colonel de Choiseul reçut l'ordre de se porter sur la gauche avec le 4° et le 19° de chasseurs, afin d'observer la route de Mancha-Réal. Le 10° appuyait ce mouvement. Ces régiments, arrivés au pied des hauteurs, essuyèrent un feu très vif. Une manœuvre de l'ennemi l'ayant rapproché de nos chasseurs, leur position devint critique; ils étaient exposés au feu des deux bataillons espagnols qu'ils ne pouvaient pas charger à cause du ravin qui les séparait. Mais ayant heureusement, par un mouvement sur la droite, occupé un terrain sur lequel ils pouvaient agir, l'ennemi se trouva dans l'impossibilité de les séparer de l'infanterie, ce qui aurait pu avoir lieu, s'ils étaient restés dans leur première position.

Pendant que cette manœuvre s'exécutait sur ce point, les troupes de la place avaient tenté une sortie qui avait été promptement repoussée par les voltigeurs. Le général Buchet arriva alors avec deux bataillons de ligne; et le général Bonnemains, qui attendait ces troupes avec impatience, afin de pousser vivement l'attaque commencée depuis deux heures, et cependant encore sans aucun résultat, envoya sur-le-champ l'ordre au général Levavasseur, commandant le 4ᵉ léger (ce régiment qui avait enlevé Alcira et Lorca), de faire débusquer par ses voltigeurs les tirailleurs espagnols logés dans les jardins, et de s'avancer vers le centre de la position de l'ennemi, entre les jardins et les chapelles. Il fit également avancer une des pièces de montagne dont les premiers coups furent si bien dirigés sur la cavalerie ennemie, qu'elle quitta sa position, et se porta en arrière des chapelles, auprès desquelles Riégo massait une grande partie de son infanterie qui, en voyant le mouvement du 4ᵉ léger, avait abandonné le château, et n'avait laissé dans la ville qu'une forte arrière-garde, laquelle, après avoir tenté, sans succès, une nouvelle sortie, barricada la porte, afin de mieux assurer sa retraite.

Aussitôt que le 4ᵉ léger fut en ligne avec les chasseurs, le général Bonnemains donna l'ordre d'attaquer sur tous les points.

Le premier bataillon du 8ᵉ léger tourna le château et la ville. Le maréchal-de-camp Buchet, avec le 2ᵉ bataillon du même régiment et celui du 39ᵉ pénétra dans la place par une poterne, et en chassa l'arrière-garde constitutionnelle (1). De son

---

(1) Une forte colonne, commandée par le brigadier Puig, chef d'état-major de Riégo, protégeait l'arrière-garde laissée

côté, le brave 4° léger, dirigé par le général Bonnemains lui-même, et soutenu par le bataillon du 1ᵉʳ de ligne, conduit par le maréchal-de-camp Levavasseur, enleva à la baïonnette la position des chapelles. Riégo, chassé de ce point, se retira avec une partie de son bataillon sur des mamelons entre lesquels passe la route de Martos. Sa cavalerie fut déployée un peu en arrière, son infanterie couronna les hauteurs, et sa droite, appuyée sur le Rio de Jaën, fut soutenue par une forte réserve d'infanterie.

Le général Bonnemains fit aussitôt attaquer cette nouvelle position. Le 10ᵉ chasseurs devait forcer le défilé où passe la route de Mancha-Réal; le 4ᵉ léger attaquait les hauteurs de droite (gauche de l'ennemi); le bataillon du 1ᵉʳ de ligne celles de gauche (droite de l'ennemi); enfin le 19ᵉ chasseurs, soutenu par le 4ᵉ, devait, débordant notre gauche, tourner la hauteur de droite

---

dans la ville. Cette colonne fut attaquée par le général Buchet, coupée et obligée de se jeter dans les montagnes, où elle fut poursuivie avec ardeur par le colonel Bois-David, du 39ᵉ, qui lui fit éprouver de grandes pertes. Cette colonne, qui se composait de 600 hommes, fut attaquée trois jours plus tard par le chef de parti Abelda, officier royaliste rempli de bravoure et d'activité. Cent hommes et le brigadier Puig tombèrent en son pouvoir. Le reste, comme on verra plus loin, fut pris par le colonel espagnol Moreno.

de l'ennemi, et charger la cavalerie espagnole formée en bataille derrière la hauteur.

L'ennemi défendait avec opiniâtreté sa nouvelle position; cependant notre infanterie, qu'aucun obstacle, qu'aucun danger ne pouvaient arrêter, était sur le point d'atteindre les sommets des mamelons, lorsque le colonel de Choiseul, à la tête du 19ᵉ chasseurs, qui alors ne comptait pas plus de 80 chevaux dans ses rangs, passe intrépidement sous le feu croisé des constitutionnels, entre la réserve et le mamelon de gauche, charge les escadrons espagnols forts d'environ 300 chevaux, les culbute, et les met dans la plus grande déroute. Dès ce moment, l'ennemi effrayé ne se défend plus sur aucun point : cavalerie, infanterie, tout fuit en désordre.

Riégo parvient cependant à rallier quelques bataillons et une partie de sa cavalerie sur les hauteurs, de l'autre côté de la petite rivière de Jaen, dont il essaie de faire défendre le passage par des tirailleurs; mais ils sont aussitôt repoussés, et le bataillon du 1ᵉʳ de ligne, que dirige le général Bonnemains en personne, passe la rivière sans hésiter, et s'avance dans le meilleur ordre vers ces hauteurs. Il est soutenu à son tour par le 4ᵉ léger.

La vue de ce mouvement, et l'attaque de front des tirailleurs soutenus par le 8ᵉ léger, et dont l'impétuosité est irrésistible, ôtent aux Espagnols tout espoir de tenir dans cette dernière position; ils l'abandonnent, et se mettent en pleine fuite sur la route de Mancha-Réal; le général les poursuit avec sa cavalerie (1) flanquée par plusieurs compagnies de voltigeurs, et soutenue par toute l'infanterie marchant échelonnée par bataillons.

L'ennemi fit encore mine de vouloir se défendre dans un petit bois, à l'entrée de Mancha-Réal, mais l'arrivée de l'infanterie lui fit changer de sentiment, et nos troupes entrèrent dans cette ville à onze heures du soir, après un combat qui avait duré quatorze heures, et une marche de soixante-douze heures.

Riégo qui, avant d'engager l'action, avait encore auprès de lui de 4,500 à 5,000 hommes, n'en rallia pas plus de 1,200, après sa sortie de Mancha-Réal: le reste fut tué, dispersé ou fait prisonnier (2).

---

(1) Cette poursuite, où l'on fit un grand nombre de prisonniers, ne fut pas poussée avec autant de vigueur qu'on aurait desiré; les chevaux étaient harassés, et les inégalités de la route s'opposaient aux mouvements de la cavalerie.

(2) Le général Bonnemains se loua beaucoup dans son rapport de la coopération des généraux Buchet et Levavasseur; il cita en outre, comme s'étant particulièrement distingués;

Dans le 19ᵉ de chasseurs : MM le colonel comte de Choiseul

On a vu que la ligne des cantonnements de Ballestéros s'étendait depuis Lucéna jusqu'à Ubéda. Cette position avait été adoptée pour placer les

d'Allecourt, nommé depuis maréchal-de-camp; le lieutenant-colonel de la Fresnaye; les chefs d'escadron Gauchet et Raoul; les capitaines Gontier (blessé très grièvement), Fillion, adjudant-major, Longpré; le lieutenant de Poutier; les sous-lieutenants de Colbert, de Fitz-James; l'adjudant Bruneau, les maréchaux-des-logis Romain, Vasselin, Petit-Jean; les brigadiers Robert, Lecomte; les chasseurs Michel et Michaud.

Dans le 10ᵉ chasseurs: MM. le colonel comte de Seran (proposé pour le grade de maréchal-de-camp); M. le colonel de Chateaubodeau; le capitaine Anceaux; le sous-lieutenant de Vallongue, le chasseur Laure;

Dans le 4ᵉ chasseurs: MM. le colonel marquis de Castries; les chefs d'escadron chevalier de Panisse et Mathey; les capitaines de Guillomont, de l'Aigle; les lieutenants de Courcy, Bardini, d'Auger; les sous-lieutenants Bellemain, Richard, Poyféré; les sous-officiers Navarre, Dubois, Chevaux; le Chasseur Legout;

Dans le 4ᵉ régiment d'infanterie légère MM. le colonel baron Pineton de Chambrun; les chefs de bataillon Cousin, Roveda; les adjudants-majors Maistre-Boussanelle, et Rey, officier plein de valeur (qui chargea avec les chasseurs du 19ᵉ); le chirurgien-major Lancome (le même qui s'était fait remarquer en pansant, au milieu du feu, les blessés sur les champs de bataille de Lorca et de Campillo); les capitaines Deleuze, Allard; les lieutenants Coste, Tarigo, Pigeyre; le porte drapeau Julien; les sous-lieutenants Pajot (frère de l'officier de ce nom, tué à la prise de Lorca), Buffière; l'adjudant Rocher, les sergents-majors Meyssonier (des carabiniers), Andevous, Piallet Gaillard; les sergents Arlaud (mort de ses blessures), Peyron-

troupes capitulées entre le 2ᵉ corps et les troupes du général vicomte de Latour-Foissac, commandant supérieur de la province de Cordoue. La direction que prit Riégo après sa défaite à Jaën laissait douter s'il n'avait pas encore le dessein d'aller essayer s'il serait plus heureux dans ses tentatives de défection auprès des troupes cantonnées à Ubéda, qu'il ne l'avait été à Priégo. M. le gé-

nard, Roussel, Maurin, Quétiez, Boule, Savoie, Chausson ; le fourrier Bourdonnèque ; le tambour - maître Trichet ; les caporaux Planchamp (des sapeurs), Rivière, Maurin, Chardon, Lavaud, Didier, Isard, le sapeur Plagniat ; le tambour Peron ; les carabiniers Barathier, Blanchard, Jay ; les voltigeurs Palisse, Sauteyrand ; les chasseurs Blaizac, Criand, Azema, Reymiol, Baison, Coursière, Terrasson ;

Dans le 8ᵉ d'infanterie légère : MM. le lieutenant-colonel Daix, les chefs de bataillon Fouque, Talabot ; le capitaine Girardet, les lieutenants Delagrange, Duret ; le caporal des sapeurs Brunaud ;

Dans le 1ᵉʳ régiment de ligne : MM. les capitaines Abadie (commandant le bataillon), La Batie, Guerdin, Laffoly, Amat ; le lieutenant Odiardi ; le sous-lieutenant Curmer ; les sergents Féant, Ruth, Dubreuil ;

Dans le 39ᵉ de ligne : MM. le colonel baron de Bois-David ; le capitaine adjudant-major Cuffia ; le lieutenant d'Escalles ; le sergent Liasse ;

Dans la 1ʳᵉ compagnie du 6ᵉ régiment d'artillerie à pied · M. le capitaine Bourguignon ; les sergents Nathis et Gouverneau,

Dans l'état-major : MM. le chef de bataillon de Lonlay ; les capitaines de Tilly et Guyot (tous les deux proposés pour le grade de chef de bataillon), et le lieutenant Dupont.

néral Molitor, encourageant le général Bonnemains à continuer une poursuite qu'il avait si bien commencée, dirigea une colonne de Grenade sur Guadix, afin de s'opposer au chef constitutionnel, dans le cas où il tenterait de marcher par Baza sur Carthagène : dans le cas où il pousserait jusqu'à Ubéda, cette colonne devait réunir ses efforts à ceux du général Bonnemains, afin d'achever la destruction de l'ennemi.

Mais heureusement la tentative de Riégo sur l'armée de Ballestéros n'avait pas eu un résultat plus avantageux que l'échauffourée de Mina sur Figuières. Les deux chefs constitutionnels avaient éprouvé le même désastre. Les efforts de Riégo s'étaient brisés à Priégo contre la loyauté du général Ballestéros qui avait été parfaitement secondé par les officiers-généraux de son armée, et notamment par le général Balanzat. Entamé à Velez-Malaga, et à Montefrio, Riégo avait été complètement battu à Jaen, et le début d'une expédition qui avait à peine duré huit jours, lui avait déjà coûté plus de deux mille quatre cents prisonniers, parmi lesquels on comptait quatre cents officiers. Le rôle politique et militaire *du premier auteur de la révolution espagnole* ne devait pas tarder, comme on va le voir, à finir par une catastrophe complète.

Vers la fin du mois d'août, M. le vicomte de

Latour-Foissac, lieutenant-général, gouverneur des provinces de Jaën et Cordoue, avait transféré son quartier-général d'Andujar à la capitale de cette dernière province. Il n'avait laissé dans Andujar que le régiment de chasseurs de la garde avec trois compagnies d'infanterie. Ce fut peu de temps après ce mouvement qu'il reçut l'avis de l'apparition de Riégo dans le royaume de Grenade, et de sa marche sur les cantonnements de l'armée capitulée. Comme il se trouvait chargé de garder la communication du quartier-général de l'armée française avec Madrid, et qu'un convoi considérable d'argent était en route pour le camp de Cadix, il donna aussitôt au colonel des chasseurs, M. le comte d'Argout, l'ordre de venir le rejoindre avec ses escadrons pour marcher de concert à l'ennemi. Cet ordre laissait toutefois au colonel la liberté d'agir de la manière qu'il croirait la plus avantageuse, d'après les notions qu'il recueillerait lui-même sur les projets de Riégo.

M. le comte d'Argout ayant appris, avec certitude, que l'ennemi, au lieu de tenter de couper la route de Cadix, se dirigeait sur Ubéda, où se trouvaient les cantonnements du général Carondelet, dans le but de soulever et de réunir à sa troupe cette division capitulée, et pour se jeter ensuite sur l'Estramadure, se décida à lu barrer le chemin. Après avoir envoyé M. Touffet, lieutenant aide-major de son régiment, auprès du lieutenant-colonel Cisneros, qui occupait avec quatre cents chevaux et deux pièces d'artillerie le village d'Arjona, afin d'engager ce chef royaliste à tenir le plus long-temps possible dans cette position qui couvre Andujar, le colonel d'Argout se porta avec trois escadrons et cent cinquante hommes d'infanterie sur Bessicar, point où l'ennemi pouvait traverser le Guadalquivir. De là, après avoir laissé, pour garder le passage, vingt-cinq chasseurs et toute son infanterie, il s'avança rapidement, suivi de trois cents chevaux, vers Ubéda, où il comptait rencontrer Riégo.

Son attente ne fut point trompée. Les chasseurs de la garde, partis de Bessicar à huit heures du matin, arrivèrent à deux heures à une demi-lieue de Jodar, laissant sur leur gauche, à une portée de fusil, le quartier-général de Carondelet; de son côté, Riégo, suivi des débris qu'il avait ralliés après sa défaite de la veille à Jaën, était arrivé depuis deux heures à Jodar, où il avait fait rafraîchir ses troupes. Il commençait de nouveau son mouvement de retraite, lorsque les chasseurs arrivèrent. A leur vue, l'arrière-garde constitutionnelle, qui se composait d'environ deux cents hommes d'infanterie et de cent chevaux, se divisa : les cavaliers allèrent donner l'alerte, et les fantassins se jetèrent en tirailleurs dans un bois d'oliviers qui dominait la route. Le colonel d'Argout, sans s'arrêter à riposter à leur fusillade, et après s'être assuré que le bois ne renfermait pas d'autres troupes, continua sa marche sur le village. Riégo, renonçant à marcher sur Ubéda, se disposait à diriger sa retraite vers Cazorla. Une de ses colonnes d'infanterie était déjà en marche; M. le chef d'escadron Mouzin de Bernecourt, ayant aperçu son mouvement, en donna avis à son colonel qui le chargea d'attaquer cette troupe. En tournant Jodar, il partit avec le premier escadron commandé par M. le capitaine Saint-Victor. Le reste du régiment, conduit par le lieutenant-colonel de Châteaubriand, rejoignit le comte d'Argout qui s'était avancé pour reconnaître le village, et pour chercher un passage vers la plaine.

Le premier escadron déboucha à une portée de canon au-delà de Jodar, dans une petite plaine située entre la route de Cabra et celle de Cazorla. L'infanterie qu'il poursuivait avait gagné le pied des montagnes, et se trouvait hors d'attaque; mais elle était suivie de tout le corps de Riégo. La cavalerie constitutionnelle, forte d'environ quatre cents chevaux, marchait au centre. L'infanterie s'avançait en colonnes par pelotons. Le général ennemi qui ne s'attendait pas à être attaqué par son flanc gauche, n'avait couvert sa retraite par des tirailleurs que du côté de Jodar. A l'aspect du premier escadron, la colonne qui marchait en queue essaya de se former en carré, et commença un feu assez vif, mais peu meurtrier. Nos braves tombèrent sur ce bataillon, et l'enfoncèrent. Les constitutionnels essayèrent en vain de se rallier. Le sous-lieutenant Legal, suivi seulement de quelques hommes, acheva de les disperser : ils mirent bas les armes.

Ce mouvement fut si rapide, que la cavalerie ennemie n'eut pas le temps de s'y opposer. Elle se retirait en bon ordre, longeant un mamelon où Riégo s'était arrêté avec le bataillon d'avant-garde qu'il avait aussi formé en carré. Encouragé par le succès de sa première charge, le premier escadron continuait sa course, sans être intimidé par un feu bien nourri, tiré à demi portée. Il atteignit la cavalerie au bas du mamelon, et la culbuta. Les autres escadrons de la garde qui parurent alors l'empêchèrent de se rallier.

Le colonel d'Argout, dont l'intention avait d'abord été de traverser le village, avait changé d'avis en entendant la fusillade. Craignant que le premier escadron n'eût affaire à trop forte partie, il avait pris la même route que lui pour le soutenir. Il avait aussi essuyé le feu de l'infanteric de Riégo, qui tenait toujours, quoiqu'elle fût débordée par le premier escadron lancé à la poursuite des fuyards, et qui se retirant en suivant la crête de la montagne, ne se dispersa que lorsque son chef, désespérant, après cette nouvelle défaite, de rallier aucun corps capitulé, se décida à abandonner les malheureux qu'il avait entraînés à une désastreuse expédition, et à chercher son salut dans une fuite isolée. Riégo partit, suivi seulement de quelques cavaliers qu'il quitta même bientôt. Le soin de se sauver lui fit oublier le devoir sacré qui oblige tout général à partager en tout le destin des soldats qui se sont confiés à sa fortune ou à son génie, et qui ont versé leur sang pour obéir à ses ordres.

Cet abandon fut cruellement puni ; Riégo fut arrêté le lendemain à Arquillos par des paysans royalistes. Il avait craint d'éprouver le sort des prisonniers de guerre ; il subit celui des criminels d'état (1).

(1) Raphael del Riégo, né dans les Asturies vers la fin de 1788, eut pour père un gentilhomme propriétaire, qui lui fit donner une bonne éducation. Les études du jeune Riégo, d'abord assez brillantes, furent interrompues en 1808, lorsque commença cette guerre fameuse où le patriotisme des Espagnols lutta si long-temps contre les soldats qui avaient vaincu l'Europe. Riégo s'enrôla comme volontaire dans les bataillons que formèrent alors les élèves des principaux collèges de la

Tous les chasseurs de la garde firent dans l'action de Jodar preuve d'une bravoure au-dessus de tous éloges. M. le capitaine Saint-Victor eut besoin d'arrêter une partie de son escadron qui,

péninsule, et se fit remarquer sur-le-champ par son activité, son intelligence, et sa bravoure. Sa carrière militaire n'eut cependant pas une longue durée. Peu de temps après son admission dans les bataillons des universités, il en sortit pour devenir officier dans le régiment des Asturies; il combattit avec son régiment, fut fait prisonnier, conduit en France, et y demeura jusqu'à la paix.

Le temps de sa captivité fut employé à achever ses études interrompues. Il y a lieu de croire qu'il puisa alors dans les écrits de quelques auteurs français, et dans les conversations de quelques partisans de notre révolution, ces idées d'une liberté démagogique qui lui firent employer au bouleversement de son pays des talents, un courage et une énergie qui auraient pu rendre son nom fameux, si les efforts en avaient été dirigés vers le bonheur de la patrie.

Riégo se trouvait, au moment de la révolution de 1820, chef de bataillon dans un des régiments de l'armée d'expédition d'Amérique. On a vu dans l'introduction de cet ouvrage quel rôle les circonstances le mirent à même de jouer; quelles furent les tentatives où s'engagea son esprit aventureux; quelle fut l'issue de son expédition dans les montagnes de l'Andalousie, et comment, par l'effet de la révolution de Madrid, il se trouva admis au partage des honneurs, des dignités et des richesses que les révoltés eurent à se distribuer entre eux.

Nous venons de raconter quel désastre suivit son échauffourée sur Priégo, les détails de son arrestation et de son voyage à Madrid; ceux de son jugement et de sa mort compléteront l'histoire de cet homme dont le nom se rattache d'une ma-

après avoir culbuté un carré d'infanterie et toute la cavalerie constitutionnelle, allait, malgré la disproportion du nombre, se ruer sur le bataillon

nière si funeste à tous les évènements de la révolution espagnole.

Après sa défaite à Jodar, Riégo erra quelque temps dans les montagnes avec environ vingt de ses compagnons d'armes, dont quinze étaient des officiers supérieurs, compromis comme lui pour la cause révolutionnaire. Épuisé de fatigue et de faim, il rencontra l'ermite de la Torre de Pedrogil, et un habitant de Vilches, nommé Lopez-Lara. Il les prit à l'écart, et leur dit : « Mes amis, vous avez maintenant l'occasion de « faire votre fortune et celle de vos familles; il ne s'agit « que de me conduire, sans être vu de qui que ce soit, à la « Caroline, à Carboneras, et à las Navas de Tolosa. J'y ai « des amis qui me procureront un guide pour l'Estramadure, « où je desire me rendre. » L'ermite et son compagnon refusèrent; mais Riégo les fit arrêter, et les força à monter sur deux mules, en leur déclarant en même temps que, bon gré, mal gré, ils serviraient de guides à sa troupe. Lorsqu'il fut nuit, ils se mirent en route. Une conversation imprudente fit connaître aux deux guides que l'homme qu'ils accompagnaient était le fameux général Riégo. Dès ce moment, Lopez-Lara songea aux moyens de le remettre entre les mains de la justice. Au jour, ils se trouvèrent près de la ferme de Baquevizones, non loin d'Arquillos. Riégo annonça qu'il allait demander un asile. Lara frappa à la porte, et le sort voulut que ce fût un de ses frères, nommé Mateo, qui vint ouvrir.

Riégo, craignant qu'une escorte trop nombreuse ne le trahît, ne voulut permettre qu'à trois de ses compagnons d'entrer avec lui. Un de ceux-ci était un colonel anglais qui, plein de crainte et de méfiance, ferma promptement la porte derrière

de Riégo. Ces braves, non moins soumis à la discipline qu'intrépides devant l'ennemi, se reformèrent sous le feu des constitutionnels.

M. le sous-lieutenant Warin ayant reçu l'ordre d'aller, avec vingt-cinq chevaux du troisième es-

lui, et s'empara de la clef. Ils donnèrent l'avoine à leurs chevaux, et se reposèrent dans l'étable, l'épée nue à côté d'eux. Riégo, en s'éveillant, ordonna à Lopez-Lara de faire ferrer son cheval : « Fort bien, répondit celui-ci, je vais le faire « ferrer à Arquillos. » Riégo refusa, et manifesta le desir que son frère Mateo se chargeât de cette commission, non pas en conduisant le cheval à Arquillos, mais en allant chercher un maréchal-ferrant. Lopez n'eut que le temps d'annoncer secrétement à son frère que Riégo était chez lui, qu'il fallait qu'il en donnât avis aux magistrats, et qu'il pouvait dire qu'ils étaient prêts à faire leur devoir. Riégo se mit à table aussitôt qu'il eut appris de Mateo que le maréchal-ferrant s'approchait ; mais l'Anglais, toujours méfiant, ne quittait pas la fenêtre d'où, avec une lunette d'approche, il examinait tous les environs. Tout-à-coup il s'écria : « Général, nous sommes perdus ! « voilà des hommes armés qui s'approchent. »

Aux armes ! cria Riégo ; mais dans le même moment, Lopez et Mateo saisirent des carabines, et les couchèrent en joue, en disant : « Le premier qui fait un mouvement est mort. » Riégo ne put ou n'osa pas résister : il se laissa attacher les mains derrière le dos, et engagea seulement Lopez à dire à la troupe qui arrivait, de ne pas leur faire de mal, puisqu'ils étaient prisonniers.

L'alcade entra suivi de la force armée ; Riégo le supplia de nouveau de ne point le maltraiter, et de l'embrasser : ce fut avec peine que l'alcade y consentit. Riégo offrit alors à la troupe l'argent qu'il avait sur lui, pour qu'on le traitât avec

cadron, à la rencontre d'un peloton de cavalerie ennemie, qui se présentait sur les derrières pour s'emparer des chevaux de main, le chargea et le prit presque en entier.

humanité; mais l'alcade défendit de rien accepter, et dit aux prisonniers que la justice déciderait de leur sort.

Un instant après, le commandant civil d'Arquillos arriva avec une garde à cheval, et emmena les prisonniers.

A son arrivée à Andujar, le peuple voulait mettre en pièces Riégo. Quand il fut arrivé sur la place, en face du balcon d'où il avait naguère harangué le peuple, il se retourna vers un officier français qui l'accompagnait, et lui montrant la foule qui les environnait, il lui dit :

« Ce peuple que vous voyez aujourd'hui si acharné contre
« moi; ce peuple, qui sans vous m'aurait déjà égorgé, l'année
« dernière me portait ici même en triomphe; la ville me força
« à accepter, malgré moi, un sabre d'honneur. Toute la nuit
« que je passai ici, les maisons furent illuminées, le peuple
« dansa sous mes fenêtres, et m'assourdit de ses cris. »

Riégo fut déposé dans la prison d'Andujar, où une garde française fut posée pour le préserver des fureurs de la populace.

Le capitaine-général de la province de Grenade, sous la juridiction duquel est placé le village d'Arquillos où Riégo avait été arrêté, se proposait de le réclamer pour le faire juger, non pour délits politiques, mais comme brigand et assassin (Riégo, pendant son séjour à Malaga, avait pillé les caisses publiques et particulières, et fait fusiller plusieurs chanoines, dont le seul crime était d'être prêtres), lorsqu'arriva l'ordre de l'envoyer à Madrid.

Riégo partit escorté par des troupes françaises. Avant qu'il ne fût arrivé dans les prisons de Madrid, la Régence avait rendu un décret *ad hoc*, en date du 2 octobre, portant qu'il

M. Cassin, sous-lieutenant, envoyé avec un peloton sur les traces des constitutionnels fugitifs, se distingua et revint avec plusieurs prisonniers.

La perte de l'ennemi fut de soixante hommes tués ou blessés; le total des prisonniers se monta à sept cent soixante, dont quatre-vingt-sept of-

serait jugé, comme député aux Cortès, pour avoir voté, dans la séance du 11, la translation du Roi à Cadix, et, d'après le refus de S. M., la déchéance que prononcèrent les meneurs de cette assemblée, et qu'en conséquence on lui appliquerait les dispositions de l'article 5 du décret du 23 juin.

Ce décret, que l'on trouve dans le *Restaurador* du 27 octobre 1823, porte, article 5 :

« Tous les députés aux Cortès qui ont pris part à la délibé-
« ration dans laquelle a été résolue la destitution du Roi, notre
« seigneur, sont, par ce seul fait, déclarés criminels de lèse-
« majesté : les tribunaux leur appliqueront, sans autres for-
« malités que la preuve d'identité, la peine prononcée par les
« lois pour cette sorte de crime. »

En envoyant copie de ce décret aux autorités royalistes, le président de la Régence leur prescrivit néanmoins, dans le cas de l'arrestation de quelqu'un des députés compris dans cette catégorie, de ne point l'envoyer au supplice sans en avoir informé le gouvernement, et sans avoir reçu de nouvelles instructions.

Riégo déclina d'abord lui-même la compétence de la seconde chambre des *Alcades de la Maison et de la Cour royales*, alléguant pour motif qu'il ne pouvait être jugé que par une commission militaire; mais le Roi, qui venait d'être délivré, ayant, par deux décrets subséquents, reconnu et confirmé la compétence de cette chambre, toutes les pièces du procès, qui dès lors devenait très simple, furent remises, dès le 8 octobre.

ficiers, entre autres un officier-général, deux colonels, quatre lieutenants-colonels, etc.; un drapeau, une caisse contenant 36,000 fr., et pres-

au fiscal, lequel dressa sur-le-champ l'acte suivant d'accusation.

Madrid, le 10 octobre.

Accusation criminelle contre don Raphael Riégo, dans la procédure intentée contre lui, et portée aujourd'hui devant le deuxième tribunal des Alcades de la Maison royale et de la Cour.

« Sérénissimes seigneurs, si le magistrat chargé de la procédure intentée au traître Riégo, était obligé d'énumérer tous les crimes et tous les forfaits qui remplissent l'histoire de sa vie, et auxquels il a mis le comble par le crime de haute trahison dont il est accusé, plusieurs jours ne lui suffiraient pas pour les rapporter tous. La concision qui est imposée à ce ministère, le peu de temps pendant lequel le procureur a eu entre les mains la procédure, parcequ'il n'a consulté que les intérêts de la vindicte publique, ne lui permettent pas d'être diffus dans son exposé; il faut que le plus grand et le plus atroce des crimes reçoive un prompt châtiment. D'après ces motifs, et attendu encore que cette cause doit être jugée sans délai, le magistrat qui en est chargé se voit forcé de circonscrire l'accusation, et de la réduire à un seul des nombreux crimes imputés à l'accusé, le crime de *haute trahison*. Le loyal peuple espagnol tout entier demande vengeance de tous les forfaits qui se sont commis en Espagne pendant la révolution: la société et le peuple demandent que Riégo soit puni comme un des plus coupables révolutionnaires, qui, après s'être révoltés

que tous les bagages tombèrent en notre pouvoir. Le régiment des chasseurs de la garde n'eut à regretter que deux hommes tués. Il eut une vingtaine d'hommes blessés, dont quatre qui

contre le gouvernement légitime de nos Rois, ont causé tant de malheurs à cette généreuse et noble nation espagnole.

« L'infame Riégo, profitant de la lâcheté des soldats destinés à pacifier l'Amérique, oubliant les devoirs que lui imposait la mission dont il était chargé, et proclamant une constitution abolie par son souverain comme destructive de ses droits sacrés, et comme base d'un gouvernement anarchique, destructeur des lois fondamentales de la monarchie, de nos mœurs, de nos habitudes, et de notre sainte religion ; l'infame Riégo, dis-je, est l'auteur de tous nos maux. C'est lui qui a fait couler des yeux d'un Roi juste et magnanime des larmes sur les malheurs qui accablaient l'Espagne ; c'est lui qui a foulé aux pieds les plus saints devoirs, qui a violé les serments qu'il avait prêtés devant les drapeaux du Roi, son maître, au moment où il entra dans la carrière honorable des armes ; c'est Riégo enfin qui, non seulement a publié cette proclamation, mais qui, se mettant à la tête d'une soldatesque effrénée, a violé le territoire espagnol, forçant les habitants, par la terreur des armes, à partager avec lui la trahison et le parjure, il a destitué les autorités légitimement constituées, en les remplaçant par des autorités constitutionnelles composées de factieux et de rebelles, ce qui lui valut le surnom de *héros de las Cabezas*; il a forcé le Roi, notre seigneur, a accepter cette odieuse constitution, source de tant de maux pour l'Espagne.

« Depuis ce temps, Riégo n'a cessé d'être un objet de scandale pour la péninsule, en se présentant sur les places publiques, et aux balcons de toutes les maisons où il a logé, prêchant la rébellion, et faisant triompher le fatal système con-

succombèrent à leurs blessures. Vingt chevaux furent tués, presque tous du premier escadron; encore cette perte fut-elle aussitôt amplement réparée. Quarante-trois chevaux, choisis parmi

stitutionnel, et autorisant les plus grands crimes, résultat inévitable d'une révolution qui abreuve d'amertume et d'outrages la personne auguste et sacrée de sa majesté.

« Si votre fiscal, sérénissimes seigneurs, usant du droit que lui donne son ministère, voulait rassembler toutes les charges qui s'élèvent contre Riégo, il produirait au grand jour une série de crimes de toute espèce, qui ont tellement indigné le noble peuple espagnol, que, de toutes les parties de la péninsule, il s'est spontanément écrié : *Meure le traître Riégo!* Dans l'ardeur de son zèle, il mêla à ce cri celui de *Vive le Roi absolu!*

« Sans doute le motif de la mise en cause de Riégo, motif développé dans le décret royal du 2 de ce mois, impose à votre fiscal l'obligation de fonder spécialement l'accusation sur l'horrible attentat que ce traître a commis comme député des prétendues Cortès, en votant pour la translation du Roi et de la royale famille à Cadix, en employant la violence et les menaces contre la résistance de sa majesté, qui refusait énergiquement d'obéir à une semblable mesure, et en poussant l'audace jusqu'à dépouiller le monarque, déjà captif, de l'autorité éphémère que la révolte avait consenti à lui abandonner.

« Mais dans la cause dont il s'agit, nous avons dans les mains tous les documents, toutes les preuves qui, dans toute autre cause d'une nature moins grave, sont indispensables pour faire une application juste et proportionnelle des peines aux délits. Ici le délit est dans la violence employée contre le Roi, notre seigneur, pour le forcer à adhérer, malgré sa résistance,

ceux qui avaient été pris à l'ennemi, ajoutèrent à l'effectif du régiment.

Après l'action, le régiment des chasseurs s'arrêta à Jodar, où il recueillit encore un grand

a sa translation dans l'île de Cadix, crime sans exemple dans les annales du peuple espagnol ; il est dans la création d'une Régence, par suite de la proposition qui en fut faite dans ces mêmes Cortès par le député Galiano, autre traître, complice de Riégo ; et tous ces actes de violence et de révolte constituent évidemment le crime de lèse-majesté que nos lois punissent de la peine de mort, et d'autres peines infamantes, conformément au titre II de la septième *partida*, d'accord sur ce point avec la *Recopilacion*.

« Nous reconnaissons comme atteint et convaincu de cet horrible attentat le susnommé Raphael Riégo, l'un des députés par qui fut adoptée l'odieuse proposition de Galiano. La preuve de sa culpabilité résulte, non seulement des informations prises par la cour royale, audience de Séville (chambre criminelle), et qui se trouvent corroborées par tous les journaux de cette époque, qui rendirent un compte fidèle et très circonstancié de la scandaleuse séance du 11 juin dernier, mais encore des propres aveux du coupable, aveux qui font briller sur toutes les preuves matérielles que nous avons recueillies, une lumière vive, qui est celle de l'évidence.

« Par toutes ces considérations, le fiscal requiert que le traître don Raphael Riégo, atteint et convaincu du crime de lèse-majesté, soit condamné au dernier supplice, que ses biens soient confisqués au profit de la commune, que sa tête soit exposée à las Cabezas de San Juan, et que son corps soit partagé en quatre quartiers, dont l'un sera porté à Séville, l'autre à l'île de Léon, le troisième à Malaga, et le quatrième sera exposé dans cette capitale aux lieux accoutumés, ces

nombre de fuyards qui vinrent se rendre de toutes parts.

Totalement découragés par la prise de leur chef, à la suite de l'affaire de Jodar, les débris

villes étant les points principaux où le traître Riégo a soufflé le feu de la révolte, et manifesté sa perfide conduite. Ainsi le requiert le fiscal dans l'intérêt de la vindicte publique, dont la défense lui est confiée, et en vertu des droits qui lui sont commis en sa qualité de procureur du Roi...... »

Nonobstant toute la célérité qu'on avait portée dans cette affaire, et les dispositions précises de l'article 5 du décret de la Régence, Riégo ne fut mis en jugement que vingt-quatre jours après.

Durant cet intervalle, Ferdinand VII avait rendu le décret suivant :

DÉCRET DU ROI.

« Le Roi, notre seigneur, a adressé au président du conseil le décret royal suivant :

« Mon cœur paternel desirait fixer, dans les premiers moments de ma liberté, le sort futur de tous mes sujets, pour qu'ils s'avancent, dans les chemins sûrs, les uns aux récompenses dues à leur fidélité et à leur loyauté, et que les autres, obtenant l'oubli de leurs méfaits passés, se rendent dignes de ma bienveillance royale. Je voulais vous désigner en même temps les principaux coupables, qui, indignes de pardon, devaient subir les peines qu'ils ont encourues selon les lois Mais une résolution aussi importante, et qui doit faire époque dans les annales de la restauration religieuse et monarchique, exige une méditation profonde. Entouré à Madrid des lumières

constitutionnels, fuyant de toutes parts, cherchèrent à gagner les murailles de Carthagène, où Torrijos, encore fidèle à la cause de la révolution, continuait ses proclamations incendiaires et ses démonstrations menaçantes. Afin de réussir plus facilement dans leur fuite, ils avaient formé un

que mon conseil répandra sur les faits, avec réflexion et maturité, je publierai ma royale volonté, qui sera conforme à ma clémence naturelle, à la tranquillité de mes peuples, à la sécurité de mon trône, et aux rapports qui doivent m'unir étroitement à mes puissants alliés. Ma souveraine volonté sera publiée dans toutes les contrées de la monarchie. »

D'après les intentions du Roi, on croyait que le jugement de Riégo serait retardé encore, ou qu'au moins son exécution, s'il était condamné, serait différée jusqu'au moment où Ferdinand ferait connaître sa royale volonté.

Il n'en a pas été ainsi : malgré le décret du Roi susmentionné, la procédure fut jugée être à son dernier terme le 26 octobre, et la séance, appelée *Vista*, eut lieu le lendemain. Cette audience avait attiré une foule considérable, Riégo devait y assister, il avait ce droit ; mais il persista à décliner la compétence de la seconde chambre des Alcades, et ne voulut point se rendre devant ses juges.

La séance n'en eut pas moins lieu : elle commença par la lecture des pièces du procès, de laquelle il est résulté que, malgré le grand nombre de crimes que l'on rattachait à la vie politique de Riégo, la Régence avait décidé qu'il serait simplement jugé comme député aux Cortès, et d'après l'article 5 du décret du 23 juin.

Le procureur du Roi prit alors la parole pour lire l'acte d'accusation qu'il avait dressé contre Riégo le 10 octobre.

C'était ensuite le tour de l'avocat : aucun de ceux de Ma-

bataillon qui se trouvait composé d'environ cinq à six cents des plus déterminés, et qui, par allusion au fameux bataillon qui avait suivi Riégo lors de son expédition révolutionnaire en 1820, avait pris le nom de *Bataillon sacré.* Mais le général Molitor, qui pensait que, pour l'honneur du 2ᵉ corps, et la tranquillité du royaume de Grenade,

drid n'avait osé ou voulu se charger de la défense de l'accusé, la chambre fut obligée d'en nommer un d'office.

Ce défenseur commença par nier la compétence du tribunal qui venait de le désigner, et ce, nonobstant le décret de la Régence et ceux du Roi. Passant ensuite au point principal d'accusation, il établit que Riégo, dans la séance du 11 juin, avait agi dans l'hypothèse d'un gouvernement de fait déja existant, d'après le serment qu'il avait prêté, et même conformément à son mandat comme député. Le défenseur voulut ensuite soutenir le principe de la souveraineté du peuple, mais ses doctrines excitèrent un mécontentement dans la salle, tel que les magistrats eurent beaucoup de peine à le contenir.

Le procureur fiscal prit la parole pour réfuter les raisonnements de l'avocat, et à peine eut-il cessé de parler, que la salle retentit de ce cri : *Meure l'infame, le traître Riégo !*

Le président rétablit l'ordre, et déclara la *Vista* terminée.

Il ne restait plus alors que la sentence à prononcer, et, d'après le décret de la Régence, il n'y avait point d'autre peine à appliquer à Riégo que celle infligée aux criminels de lèse-majesté.

Cependant le procureur fiscal avait requis qu'après sa mort Riégo fût écartelé, et que chacun de ses membres fût exposé en un lieu différent. La chambre condamna Raphael Riégo à perdre

il ne devait s'échapper aucun des aventureux compagnons de Riégo, avait pris ses mesures pour fermer toute voie à leur retraite ; déja le commandant de Lorca était prévenu ; le général Vincent, commandant de Murcie, avait reçu des ordres ; le maréchal-de-camp Saporta fut dirigé sur Baza ; le général en chef était en outre certain que le général Bonnemains continuerait sa poursuite avec la même activité qu'il avait montrée jusqu'alors.

la vie sur un gibet ; mais elle rejeta les autres conclusions du fiscal, excepté celle de la confiscation des biens.

Cette sentence ne fut lue à Riégo que le 5 novembre ; il l'écouta avec le plus grand calme.

Bientôt après, il fut transféré de la prison dans une chapelle ardente, où il resta jusqu'au lendemain.

Le 7 novembre, vers neuf heures du matin, on le dépouilla de ses habits pour le revêtir d'une espèce de chemise blanche et d'un bonnet vert ; on lui mit en outre une ceinture de corde ; et, après l'avoir fortement garrotté, on l'étendit dans une espèce de corbeille de paille, attelée d'un âne. C'est ainsi qu'il fut traîné au supplice jusqu'à la place de *Cebada*, où l'on avait dressé une potence d'une hauteur démesurée.

Six frères de la congrégation grise soutenaient la corbeille traînée par l'âne ; un prêtre était auprès du condamné ; devant lui un clerc portait une grande croix ; à son côté, un autre clerc agitait une cloche ; quelques soldats de la Foi accompagnaient ce funèbre cortège. Aucun Français ne parut à cette exécution : nos soldats n'assistent à la mort de leurs ennemis que sur le champ de bataille où ils les combattent.

Dans toutes les rues que Riégo traversa, la foule resta si-

Dans le même temps, le partisan Marconchini, qui, lors de la marche de Riégo sur les cantonnements de Ballestéros, s'était jeté dans la Sierra de Alpujarras, songeait à gagner Carthagène. Jusqu'alors il avait pu tenir contre les royalistes armés qui gardaient les rives du Rio-Almanzor; mais la défaite de Riégo, et le mouvement général des troupes du 2ᵉ corps vers Carthagène, lui prouvaient qu'en restant plus long-temps en campagne, il compromettrait le sort des partisans qui étaient sous ses ordres; il songea donc à regagner Carthagène. En conséquence, après

lencieuse. Il semblait que la punition si prochaine du crime eût fait sortir de tous les cœurs la haine du criminel.

Arrivé au pied de l'échafaud, Riégo fut enlevé de la claie, et placé sur la première marche, où il se confessa ; ensuite on le leva presque au haut de l'échelle ; et tandis que le bourreau lui attachait la corde autour du cou, le prêtre parlait aux spectateurs, et demandait pour le condamné le pardon de ceux qu'il pouvait avoir offensés, comme il pardonnait à ses ennemis. On commença l'acte de foi, et Riégo fut lancé de dessus l'échelle. Parmi quelques milliers de spectateurs, quelques centaines seulement crièrent une fois *Vive le Roi!* et un très petit nombre répéta le même cri une seconde fois. Dans la foule se trouvait un homme qui fut assez cruel pour frapper le corps ; c'est la seule insulte qui ait été faite à ce malheureux.

Le soir, les restes mortels de Riégo furent transportés dans l'église voisine, et enterrés dans le Campo-Santo, par la confrérie de la Charité.

avoir donné avis de son dessein au commandant
de cette place, il descendit les montagnes, se
porta sur le rivage de la mer, et traversa le Rio-
Almanzor à Vera. Mais, prévenus de son mouvement, le commandant de Lorca, M. de Lasbordes, s'était porté à Pulpi, et le général Vincent s'était avancé jusqu'à Almazarron. Au moment où Marconchini descendait dans la plaine,
il fut rencontré par la garnison de Lorca. M. de
Lasbordes n'hésita point à l'attaquer : l'ennemi se
rejeta aussitôt dans les montagnes, où nos tirailleurs le suivirent; et, après quelques escarmouches, parvinrent à le repousser sur le général
Vincent, qui, s'avançant de son côté, engagea
une action à la suite de laquelle trois cents hommes d'infanterie, vingt officiers, et vingt-cinq cavaliers montés, tombèrent en notre pouvoir. Le
reste de la cavalerie de Marconchini, au nombre
d'environ cent-cinquante hommes, s'échappa
d'abord; mais tous ne tardèrent pas à être atteints et pris.

Tandis que Marconchini opérait son mouvement et éprouvait cette défaite, la garnison de
Carthagène faisait des tentatives pour recueillir
les débris de la division de Riégo, et les partisans constitutionnels des Alpujarres. Almazarron
fut choisi comme point de débarquement, et le
17 septembre, une escadrille, composée d'un

brigantin, d'une polacre, d'un balachero et de dix felouques, vint y mettre des hommes à terre. Le général Vincent, instruit de ce mouvement, fit aussitôt marcher des troupes avec du canon, qui repoussèrent vigoureusement les constitutionnels débarqués et occasionèrent un grand désordre dans l'escadrille. En même temps la garnison de Carthagène détachait par terre, le long de la côte, une colonne qui fut obligée de se retirer à l'approche des troupes du général Vincent.

Cependant le général Bonnemains continuait la poursuite des débris de Riégo, et le général Saporta arrivait à Baza. Les environs de cette ville venaient d'être témoins de la destruction totale d'une autre colonne constitutionnelle, celle du brigadier Puig. Ce chef d'état-major de Riégo, comme on l'a vu précédemment, avait été pris par le partisan Abelda; mais trois cents hommes environ, qui avaient échappé aux royalistes espagnols, s'étaient réunis en colonne, et, suivant les montagnes, évitant de passer dans les villages, avaient pris à travers champs la route de Carthagène. Le général Bonnemains, quoique particulièrement occupé de la poursuite du *Bataillon sacré*, ne perdit point cette colonne de vue, et, averti de sa marche par des émissaires dévoués, en prévint le colonel royaliste Moréno, qui se trouvait à Zujar, en avant de Baza, et qui, d'après les instructions transmises par le général français, réussit à faire toute cette colonne prisonnière.

Le *Bataillon sacré* s'était dirigé par Castril, Galera, Maria et Totana : il fut atteint le 19 septembre, entre ce dernier village, celui de Caravaca, et la ville de Lorca, par les troupes aux ordres du commandant Lasbordes, et par le 10ᵉ chasseurs, commandé par M. de Séran, flanqué par le 4ᵉ (colonel de Castries), formant l'avant-garde du général Bonnemains. La garnison de Lorca attaqua les constitutionnels en tête, tandis que les chasseurs les prenaient en queue. La colonne ennemie fut entièrement détruite. M. de Lasbordes fit, pour sa part, trois cent vingt prisonniers, et le 10ᵉ chasseurs, cent quarante; le reste, hors un petit nombre qui se dispersèrent, fut tué. Le 4ᵉ de chasseurs arrêta à Bullias quarante officiers qui venaient de prendre la fuite; les autres furent ramassés le lendemain à Chirivel et à Caravaca, par le partisan Abelda que le général Bonnemains avait envoyé sur ce point, pour empêcher l'ennemi de se rejeter dans les montagnes.

Dans l'engagement qui eut lieu avec le *Bataillon sacré*, le 10ᵉ de chasseurs prit un drapeau; un autre, celui du régiment de Soria, fut pris par les soldats de M. de Lasbordes. Le résultat de ces différentes affaires, qui eurent lieu presque simultanément (du 17 au 19 septembre), fut la prise d'environ douze à quatorze cents constitutionnels, et l'anéantissement to t des débris de la division de Riégo, ainsi que du corps commandé par Marconchini (1).

La position du général en chef du 2ᵉ corps de l'armée française, pendant tout le temps que dura l'expédition de Riégo, avait présenté d'immenses difficultés. M. le général Molitor, obligé d'établir une administration régulière et protectrice dans des provinces que le régime constitutionnel avait désorganisées, y réussit à force de ménagements, d'habileté et de prudence. Tout semblait s'opposer à ses efforts; l'entêtement des

---

(1) Tous les officiers-généraux et supérieurs firent dans ces circonstances preuve d'un zèle et d'une activité dignes de tous éloges. M. de Lasbordes cita, comme s'étant particulièrement fait remarquer, les capitaines Couraud, de Séglière, de Bouery et Reynaud; les sous-lieutenants de Cuverville et de Blacas; le sergent le Coudreux, tous du 39ᵉ régiment; M. de Beaumont, lieutenant au 11ᵉ régiment de ligne; enfin le colonel de Musso, don Pedro Mantara, commandant les miliciens royalistes, dont la coopération fut très utile. (Cet officier espagnol reçut une balle au travers de son chapeau.)

Le général Bonnemains cita, outre MM. les colonels de Castries et de Séran, le lieutenant Levasseur (du 10ᵉ chasseurs), et l'adjudant-major Julia du même régiment.

constitutionnels et l'effervescence des royalistes long-temps opprimés. Il sut faire exécuter les sages dispositions de l'ordonnance d'Andujar, et prévenir les réactions dont l'effet eût été de reculer l'époque de la tranquillité générale. Sa fermeté et sa justice satisfirent des habitants difficiles à apaiser; l'exacte discipline qu'il fit observer à ses troupes, et en même temps les égards qu'il témoignait à ceux qu'il avait vaincus, contribuèrent beaucoup à cet heureux résultat. Chargé d'observer des troupes capitulées, dont la contenance amicale était parfois moins rassurante que ne l'eussent été des dispositions hostiles; obligé de contenir la masse des constitutionnels que le voisinage des troupes non capitulées enhardissait au soulèvement, et de garder un grand nombre de prisonniers de tous rangs et de tous grades, qui témoignaient, par leurs discours et leur conduite, toute l'envie qu'ils avaient de briser leurs fers; il sortit victorieux de tous les embarras et de tous les obstacles. L'estime de ses ennemis et la confiance des royalistes furent le prix mérité de sa conduite.

Au nombre des moyens politiques qu'il employa pour exciter le zéle des partisans de la cause royale, et régulariser leurs efforts, on remarqua la distribution impartiale et judicieuse de la décoration du lis. Tous les Espagnols tenaient à honneur de porter ce signe de dévouement à la maison de Bourbon, et, en le décernant avec mesure et sans le prodiguer, M. le général Molitor le fit rechercher comme une faveur, et accepter comme une récompense.

La destruction du corps de Riégo, due aux habiles et prévoyantes dispositions du général en chef, à l'activité de ses lieutenants, et à la bravoure des troupes du 2ᵉ corps, enleva aux constitutionnels de l'Andalousie, et aux révolutionnaires de Cadix, tout espoir d'une diversion qui aurait pu troubler les opérations du siége, et prépara la soumission des garnisons qu'un enthousiasme aveugle attachait encore à la cause des geôliers de Ferdinand. La capitulation de Ballestéros et la défaite de Riégo furent deux des résultats les plus importants de la campagne dont nous avons entrepris de raconter l'histoire. Les services que le général en chef du 2ᵉ corps avait rendus à l'armée furent dignement appréciés par le Prince généralissime et par le Monarque. M. le général Molitor reçut de la justice royale, comme une noble récompense de ses succès, la haute dignité de pair du royaume, et le bâton de maréchal de France dont il s'était montré digne depuis long-temps sur tous les champs de bataille où la victoire avait conduit les soldats de notre patrie.

CHAPITRE IV.

POSITIONS RESPECTIVES DES TROUPES FRANÇAISES ET CONSTITUTIONNELLES EN CATALOGNE. — DÉPART DU GÉNÉRAL DONNADIEU. — DÉFAITE DE MILANS ET DE LLOBERA A CABRIANA ET A CALDÈS. — AFFAIRE D'ALTAFULLA. — RECONNAISSANCE DE TARRAGONE. — EXPÉDITION DES CONSTITUTIONNELS SUR FIGUÈRES. — COMBAT DE LLERS. — CAPITULATION DE L'ENNEMI. — PRISE DE FIGUÈRES.

Pendant que l'armée d'Andalousie, placée directement sous les ordres de S. A. R. le Prince généralissime, se couvrait de gloire devant les murs de Cadix, et tandis que le 2⁵ corps anéantissait si complétement la colonne de Riégo, renversant ainsi en peu de jours les audacieuses espérances que les révolutionnaires avaient fondées sur les talents militaires du *héros de las Cabezas*; le 4⁵ corps portait, en Catalogne, les derniers coups à l'armée de Mina. Une nouvelle tentative pour débloquer Figuères n'avait pas une issue moins désastreuse que la première, et les chefs constitutionnels aux abois prévoyaient déja avec rage le moment où Barcelonne devrait être forcée d'ouvrir ses portes aux soldats français.

Nous avons vu dans le VIII⁵ chapitre du II⁵ livre, que Milans et de Llobera, après leur défaite à Jorba (25 juillet), s'étaient retirés sur Tarragone, pour rallier les débris de leurs divisions.

Après cette affaire, M. le maréchal Moncey avait établi son quartier-général à Villafranca, afin d'être à portée de surveiller et de presser les opérations du blocus de Barcelonne, comme aussi d'observer la garnison de Tarragone.

Les troupes françaises qui bloquaient Barcelonne avaient été renforcées par la division Donnadieu, qui avait pris position à la droite de la division Curial, dans les villages de Sarria, San-Féliu, et l'Espitalet. Le général Donnadieu, tant qu'il avait eu à combattre à l'avant-garde du 4e corps, avait trouvé dans son zèle et dans son dévouement au Roi les moyens de soutenir toutes les fatigues, malgré une santé altérée par de nombreuses blessures et par d'anciennes campagnes: il voulut profiter de l'espèce d'inactivité que lui offraient les occupations du blocus pour se rendre aux eaux.

Voici la proclamation qu'il adressa, en quittant l'armée, aux troupes qui avaient combattu sous ses ordres.

« Soldats! en vous quittant, en m'éloignant de vous, je ne puis me refuser au besoin que j'éprouve, celui de vous témoigner la haute estime que votre noble et belle conduite m'a inspirée. Sur le champ de bataille, vous avez justifié les plus glorieuses traditions de notre antique histoire; et, par votre excellente discipline, vous avez honoré, élevé plus qu'il ne l'était encore, le beau nom de Français, que vous avez rendu aussi cher que respectable au peuple qui vous devra le bonheur et la paix.

« Mes plus doux souvenirs resteront au milieu de vous. Soldats! les liens formés sur le champ d'honneur ne se brisent jamais. Heureux de m'y trouver à votre tête, si de nouveaux combats vous attendent! D'esprit et de cœur je serai encore au milieu de vous. Soyez toujours les mêmes : Dieu et le Roi pour devise; et la France, enorgueillie de ses jeunes soldats, retrouvera par vous les hautes destinées où l'ont appelée ceux qui nous ont devancés dans la carrière. Adieu, compagnons, recevez mes vœux et mes regrets.

« Au quartier-général, à San-Féliu, près Barcelonne, le 7 août.

« *Signé* vicomte DONNADIEU. »

Les chefs constitutionnels avaient trouvé dans Tarragone l'ancien ministre des affaires étrangères, Évariste San-Miguel, qui, lors de l'entrée des Français en Espagne, avait quitté le portefeuille pour reprendre l'épée. Ils concertèrent avec lui une nouvelle expédition, dont le but était de marcher par Calaf (où se trouvait le baron d'Éroles) et les contre-forts des montagnes sur

Vich, et de là sur Figuères, de renouveler la garnison de cette place et d'en faire le centre d'une nouvelle guerre, transportée ainsi des rives du Llobregat sur les frontières de la France.

En conséquence, Milans et Llobera, après avoir réuni à Montblach la totalité de leurs forces, qui se montaient de cinq à six mille hommes, parurent d'abord se diriger sur le fort d'Urgel. M. le maréchal Moncey avait prévu leur mouvement, et avait fait ses dispositions.

Le colonel Salperwich reçut l'ordre de se porter de Vich, qu'il occupait avec deux bataillons du 8e de ligne, devant Urgel pour renforcer les troupes qui formaient le blocus de cette place.

Le lieutenant-général Curial resta chargé du commandement supérieur du blocus de Barcelonne; et M. le maréchal, avec le 18e de ligne, un bataillon du 1er léger, et l'escadron espagnol del Principe, se tint prêt à se porter, suivant les circonstances, à Tarassa ou à Granollers.

L'ennemi ayant changé tout-à-coup de direction, et s'étant rapproché de Manrésa, le baron d'Éroles dut quitter sa position de Calaf pour se réunir à Manrésa au général Tromelin. Ces deux officiers-généraux apprirent bientôt que les troupes constitutionnelles marchaient sur le pont de Cabriana. L'ennemi y fut atteint et vivement attaqué le 14 août. Une charge de cavalerie jeta d'abord quelque désordre parmi les troupes royales espagnoles; mais M. le lieutenant-colonel de Walz, du 6ᵉ de hussards, à la tête d'un escadron de ce régiment, et d'un escadron du 18ᵉ de chasseurs, arrêta l'ennemi et le força à la retraite (1).

Les troupes constitutionnelles, chassées de la position du pont de Cabriana, furent poussées par les troupes du baron d'Éroles, soutenues par la cavalerie française, jusqu'au village de Caldès. Là elles prirent de nouveau position et recommencèrent à combattre avec opiniâtreté.

Le village de Caldès est situé sur la route qui conduit de Mauréza à Vich; il est bâti sur le versant d'une montagne fort élevée. Des montagnes plus hautes encore le dominent à droite et à gauche; celles de gauche se lient à une chaîne de monts qui aboutit au Llobregat; celles de droite sont escarpées et se terminent à pic auprès d'une plaine de peu d'étendue: un ravin profond, sur lequel est construit un pont, protége encore le front de cette belle position. L'ennemi l'occupait avec toutes ses forces qu'il avait réparties à

---

(1) C'est ce que dit le rapport de M. le maréchal Moncey. Suivant l'historique d'un des régiments qui prit part à l'affaire de Cabriana, l'honneur de cette charge brillante appartient à deux pelotons du 6ᵉ hussards, formant seulement environ trente-cinq hommes, et commandés par le chef d'escadron Martin.

jetée en tirailleurs, traversa le ravin et balaya le bois avec beaucoup de vigueur.

L'ennemi voulut tenir à la ferme située sur le plateau de la première montagne; la compagnie de voltigeurs, soutenue de la 2° compagnie de fusiliers, et appuyée du reste du bataillon qui arrivait, l'en chassa.

Les constitutionnels allèrent s'établir en arrière et sur une montagne qui dominait celle de la ferme; Milans appela des troupes de sa droite pour renforcer sa gauche; le lieutenant-colonel Magnan résolut de s'emparer de cette seconde position avant que ces renforts ne fussent arrivés; il forma sa colonne d'attaque, et, précédé de sa compagnie de voltigeurs, il marcha à l'ennemi au pas de charge et aux cris de *Vive le Roi!* la position fut enlevée. L'ennemi voulut en prendre une troisième à Caldès même; mais le lieutenant-colonel Magnan l'y suivit, l'y culbuta, et l'en chassa. Maître de cette dernière position, il se trouvait derrière les régiments constitutionnels qui avaient combattu contre le 16°; aussi se hâtèrent-ils de faire une retraite qui était devenue nécessaire; ces trois positions furent si vigoureusement enlevées par le 1ᵉʳ bataillon du 60° régiment, qu'il ne perdit que onze voltigeurs tués ou blessés.

Pendant que ces événements se passaient à la droite, le colonel Monck d'Uzer avait porté le bataillon du commandant Schwich, à gauche, sur le terrain où avait combattu le 16°; il se disposait à attaquer de front la droite de l'ennemi, quand le succès obtenu sur l'aile opposée par le 1ᵉʳ bataillon décida la retraite des constitutionnels. Le 2ᵉ bataillon poussa l'ennemi devant lui et vint se réunir, à Caldès, au 1ᵉʳ bataillon qui prit aussitôt l'avant-garde, sous les ordres du lieutenant-colonel Magnan. De Caldès à Moya l'ennemi fut poussé l'épée dans les reins; par-tout où il voulut tenir il fut enfoncé. Les deux pièces de montagne qui suivaient les mouvements du 60ᵉ rendirent de grands services; les ravins, les bois, les vignes, les murs, les montagnes dont ce pays est couvert, sauvèrent seuls les constitutionnels d'une ruine totale, car notre cavalerie ne pouvait pas agir (1).

Si le 8ᵉ de ligne, qui était parti de Vich sur l'ordre du maréchal, se fût trouvé (comme le voulait son colonel et le prescrivaient ses instructions) sur le plateau de Moya, l'ennemi, pris entre deux feux, était réduit à capituler. Un officier de l'état-major-général avait pris sur lui de diriger le 8ᵉ de ligne sur un autre point. A la suite de

(1) Dans son rapport sur les militaires qui s'étaient distingués aux affaires de Cabrrana et de Caldès, le maréchal Moncey cita ceux dont les noms suivent :

16ᵉ *régiment de ligne* : MM. le comte d'Alvymare, colonel;

l'affaire de Caldès, l'ennemi se retira sur Moya où il ne put pas pénétrer, parceque les habitants, royalistes déterminés, avaient pris les armes. Après avoir bivouaqué sur le plateau d'une montagne qui domine cette ville, les chefs constitu-

de Manneville, lieutenant-colonel; Bonne, le chevalier de Brauneck, Grégoire, chefs de bataillon.

1ᵉʳ bataillon : MM. Barthelemy de Bournet, Tassard, capitaines; Berthomé de Lamothe, adjudant-major; Chave, Pautrier, Malignon, lieutenants; Devaux, adjudant-sous-officier; Dubourg, sergent-major; Danmery, tambour-major; Nouvelle, sergent; Liguène, fourrier; Montigery, caporal; Semetière, fusilier; Richeron, musicien; Chabray, sergent des voltigeurs, Champlein, voltigeur.

2ᵉ bataillon : MM. François, Suisse, Hébant, capitaines, Julien, lieutenant de voltigeurs; Lefebvre, chirurgien aide-major; Calaer, sergent de grenadiers; Bernard, sergent de voltigeurs.

3ᵉ bataillon : MM. Beaufrère, Flavard, capitaines; Deney, lieutenant; Gillet, sergent-major; Palegry, sergent; Chabas, caporal; Lemaitre, chirurgien aide-major.

60ᵉ régiment: MM. le vicomte Monck-d'Uzer, colonel; Magnan, lieutenant-colonel; Schwich, chef de bataillon; Minard, d'Uzer, Ruban, Darnaud, Soupain, Desbets, Sajous, capitaines; de Molènes (Théodore), Changarnier, Garilhe, Foissey, Frinou, lieutenants; Basterrèche, adjudant-sous-officier; Roullet, idem; Leclerc, Courteau, Barthelmi, Boillissier, George, Castelnau, Bouchenet, Richert, sergents-majors; Roy, Ricard, Binos, Goulhier, Verdin, sergents; Geoffroy, Lemouy, Missou, Jouly, caporaux; Loison, voltigeur.

6ᵉ hussards: MM. de Galz Malvirade, lieutenant-colonel; Martin, chef d'escadron; Couvelet, capitaine; d'Aubigny, lieutenant

tionnels se décidèrent à profiter de la route qui leur était encore ouverte par les crêtes des montagnes pour regagner Tarragone. Les troupes fran-

(grièvement blessé), de Carrière, de Richelieu, sous-lieutenants; Voigtlein, Roulet, Herich, Keoglin, maréchaux-des-logis; Denot, Mates, Desprard, brigadiers; Miltz, hussard.

Artillerie: M. le lieutenant d'artillerie Viadère, qui se distingua par sa bravoure et son intelligence; son chef de pièce, le sergent Dufaut, qui se fit tuer sur ses obusiers.

État-major: MM. le baron Couet de Lorry, capitaine; Derlade, lieutenant, officier d'ordonnance, et Michel, aide-major.

Administration: M. Montozon Brachet, sous-intendant.

M. le baron d'Éroles cita avec éloge la conduite de MM. de Genolles, maréchal de camp; de Roquemaurel, colonel; de Saillant, chef d'escadron, officier d'ordonnance; ses aides-de-camp et officiers d'ordonnance, ainsi que tous les officiers attachés à son état-major.

M. Jamet, officier au 16ᵉ de ligne, prit le fusil d'un soldat blessé et se mit au premier rang pour encourager les soldats : il fut blessé. Cet officier avait déjà servi honorablement dans les armées royales de la Vendée.

M. le chevalier Monthozon Brachet, sous-intendant militaire, qui fut mentionné dans l'ordre du 4ᵉ corps, du 23 août 1823, pour l'affaire de Caldès et du pont de Cabriana, resta sur le champ de bataille pendant toute l'action. il fit plusieurs fois retirer des blessés sous le feu de l'ennemi, leur donnait des soins, et les faisait diriger ou transporter sur l'ambulance régimentaire placée sur les derrières.

MM. Lefebvre et Lemaître, chirurgiens, ne cessèrent pas de panser les blessés au milieu du feu de l'ennemi, au pouvoir duquel ils sont tombés un moment.

droite et à gauche de la route (comme à Jorba) en amphithéâtre. Le pied de la position était en outre défendu par un bois de chênes verts dans lequel il avait jeté un grand nombre de tirailleurs.

Les troupes du baron d'Éroles s'engagèrent hardiment et poussèrent les tirailleurs ennemis jusqu'au pied de la position qu'elles voulurent enlever de front ; mais leur courage demeura sans résultat ; elles furent obligées de rétrograder.

Le général Tromelin donna au 16e l'ordre de les soutenir, et à cet effet il porta ce régiment sur la droite de l'ennemi, composée des régiments de Ferdinand VII, de Toro, et des Canaries. Deux pièces de campagne appuyaient ce mouvement. Trois escadrons de cavalerie, sous les ordres du lieutenant-colonel de Galtz Malvirade, étaient en réserve derrière ; les deux bataillons du 60e furent placés à droite de la route, en face de la gauche de l'ennemi, ayant devant eux un bataillon de la Foi, engagé en tirailleurs dans le bois.

Le 16e régiment marcha à l'ennemi sur trois colonnes d'attaque. L'ennemi s'avança à sa rencontre dans le même ordre ; on se déploya de part et d'autre à demi-portée de fusil, et on commença une fusillade bien nourrie que soutenaient, de notre côté, deux pièces de montagne dirigées par M. Viadère, lieutenant.

Sur ces entrefaites, l'ennemi faisait tourner le 16ᵉ par le régiment des Canaries qui, l'ayant débordé sur sa gauche, vint le reprendre à revers; le 16ᵉ, placé entre deux feux, dut faire un mouvement pour sortir de cette position critique; il luttait seul contre des forces quadruples, l'ennemi ayant dégarni sa droite pour renforcer sa gauche. Dans cette manœuvre rétrograde, le colonel d'Alvymare et le lieutenant-colonel Mannville furent dangereusement blessés, ainsi que huit officiers et quatre-vingts hommes.

L'ennemi allait obtenir peut-être plus de succès encore, quand le commandant Bonne, du 16ᵉ de ligne, ayant fait faire demi-tour à droite au 1ᵉʳ bataillon de ce régiment, arrêta l'ennemi par une belle charge à la baïonnette. Le 16ᵉ, culbutant le régiment des Canaries, repassa le défilé et vint se reformer sur les hauteurs qui le dominent.

Au moment où le 16ᵉ était tourné par sa gauche, le lieutenant-colonel Magnan avait reçu l'ordre de se porter, avec le 1ᵉʳ bataillon du 60ᵉ, sur la gauche de l'ennemi et de le forcer à une diversion en rappelant ses troupes sur ce point. Ce bataillon, depuis le combat de Jorba où son chef avait été blessé, était sous les ordres du capitaine de grenadiers Minard, excellent et intrépide officier. La compagnie de voltigeurs Rabier, jetée en tirailleurs, traversa le ravin et balaya le bois avec beaucoup de vigueur.

L'ennemi voulut tenir à la ferme située sur le plateau de la première montagne; la compagnie de voltigeurs, soutenue de la 2ᵉ compagnie de fusiliers, et appuyée du reste du bataillon qui arrivait, l'en chassa.

Les constitutionnels allèrent s'établir en arrière et sur une montagne qui dominait celle de la ferme; Milans appela des troupes de sa droite pour renforcer sa gauche; le lieutenant-colonel Magnan résolut de s'emparer de cette seconde position avant que ces renforts ne fussent arrivés; il forma sa colonne d'attaque, et, précédé de sa compagnie de voltigeurs, il marcha à l'ennemi au pas de charge et aux cris de *Vive le Roi!* la position fut enlevée. L'ennemi voulut en prendre une troisième à Caldès même; mais le lieutenant-colonel Magnan l'y suivit, l'y culbuta, et l'en chassa. Maître de cette dernière position, il se trouvait derrière les régiments constitutionnels qui avaient combattu contre le 16ᵉ; aussi se hâtèrent-ils de faire une retraite qui était devenue nécessaire; ces trois positions furent si vigoureusement enlevées par le 1ᵉʳ bataillon du 60ᵉ régiment, qu'il ne perdit que onze voltigeurs tués ou blessés.

Pendant que ces événements se passaient à la droite, le colonel Monck d'Uzer avait porté le bataillon du commandant Schwich, à gauche, sur le terrain où avait combattu le 16°; il se disposait à attaquer de front la droite de l'ennemi, quand le succès obtenu sur l'aile opposée par le 1ᵉʳ bataillon décida la retraite des constitutionnels. Le 2ᵉ bataillon poussa l'ennemi devant lui et vint se réunir, à Caldès, au 1ᵉʳ bataillon qui prit aussitôt l'avant-garde, sous les ordres du lieutenant-colonel Magnan. De Caldès à Moya l'ennemi fut poussé l'épée dans les reins; par-tout où il voulut tenir il fut enfoncé. Les deux pièces de montagne qui suivaient les mouvements du 60ᵉ rendirent de grands services; les ravins, les bois, les vignes, les murs, les montagnes dont ce pays est couvert, sauvèrent seuls les constitutionnels d'une ruine totale, car notre cavalerie ne pouvait pas agir (1).

Si le 8ᵉ de ligne, qui était parti de Vich sur l'ordre du maréchal, se fût trouvé (comme le voulait son colonel et le prescrivaient ses instructions) sur le plateau de Moya, l'ennemi, pris entre deux feux, était réduit à capituler. Un officier de l'état-major-général avait pris sur lui de diriger le 8ᵉ de ligne sur un autre point. A la suite de

(1) Dans son rapport sur les militaires qui s'étaient distingués aux affaires de Cabriana et de Caldès, le maréchal Moncey cita ceux dont les noms suivent :

16ᵉ *régiment de ligne* : MM. le comte d'Alvymarc, colonel,

l'affaire de Caldès, l'ennemi se retira sur Moya où il ne put pas pénétrer, parceque les habitants, royalistes déterminés, avaient pris les armes. Après avoir bivouaqué sur le plateau d'une montagne qui domine cette ville, les chefs constitu-

de Manneville, lieutenant-colonel; Bonne, le chevalier de Brauneck, Grégoire, chefs de bataillon.

1ᵉʳ bataillon : MM. Barthelemy de Bournet, Tassard, capitaines; Berthomé de Lamothe, adjudant-major; Chave, Pautrier, Malignon, lieutenants; Devaux, adjudant-sous-officier; Dubourg, sergent-major; Danmery, tambour-major; Nouvelle, sergent; Liguène, fourrier; Montigery, caporal; Semetiène, fusilier; Richeron, musicien; Chabray, sergent des voltigeurs, Champlein, voltigeur.

2ᵉ bataillon : MM. François, Suisse, Hébant, capitaines; Julien, lieutenant de voltigeurs; Lefebvre, chirurgien aide-major; Calaer, sergent de grenadiers; Bernard, sergent de voltigeurs.

3ᵉ bataillon : MM. Beaufrère, Flavard, capitaines; Deucy, lieutenant; Gillet, sergent-major; Palegry, sergent; Chabas, caporal; Lemaitre, chirurgien aide-major.

60ᵉ *régiment :* MM. le vicomte Monck-d'Uzer, colonel; Magnan, lieutenant-colonel; Schwich, chef de bataillon; Minard, d'Uzer, Riban, Darnaud, Soupain, Desbets, Sajous, capitaines; de Molènes (Théodore), Changarnier, Garilhe, Foissey, Frinou, lieutenants; Basterrêche, adjudant-sous-officier; Roullet, idem; Leclerc, Courteau, Barthelni, Boillissier, George, Castelnau, Bouchenet, Richert, sergents-majors; Roy, Riccard, Binos, Goulbier, Verdin, sergents; Geoffroy, Lemony, Missou, Jouly, caporaux; Loison, voltigeur.

6ᵉ *hussards :* MM. de Galz Malvirade, lieutenant-colonel; Martin, chef d'escadron; Couvelet, capitaine; d'Aubigny, lieutenant

tionnels se décidèrent à profiter de la route qui leur était encore ouverte par les crêtes des montagnes pour regagner Tarragone. Les troupes fran-

(grièvement blessé), de Carrière, de Richelieu, sous-lieutenants; Voigtlein, Roulet, Herich, Keoglin, maréchaux-des-logis; Denot, Mates, Desprard, brigadiers; Miltz, hussard.

Artillerie : M. le lieutenant d'artillerie Viadère, qui se distingua par sa bravoure et son intelligence; son chef de pièce, le sergent Dufaut, qui se fit tuer sur ses obusiers.

État-major : MM. le baron Couet de Lorry, capitaine; Derlade, lieutenant, officier d'ordonnance, et Michel, aide-major.

Administration : M. Montozon Brachet, sous-intendant.

M. le baron d'Éroles cita avec éloge la conduite de MM. de Crenolles, maréchal de camp; de Roquemaurel, colonel; de Saillant, chef d'escadron, officier d'ordonnance; ses aides-de-camp et officiers d'ordonnance, ainsi que tous les officiers attachés à son état-major.

M. Jamet, officier au 16ᵉ de ligne, prit le fusil d'un soldat blessé et se mit au premier rang pour encourager les soldats : il fut blessé. Cet officier avait déja servi honorablement dans les armées royales de la Vendée.

M. le chevalier Monthozon Brachet, sous-intendant militaire, qui fut mentionné dans l'ordre du 4ᵉ corps, du 23 août 1823, pour l'affaire de Caldès et du pont de Cabriana, resta sur le champ de bataille pendant toute l'action. il fit plusieurs fois retirer des blessés sous le feu de l'ennemi, leur donnait des soins, et les faisait diriger ou transporter sur l'ambulance régimentaire placée sur les derrières.

MM. Lefebvre et Lemaitre, chirurgiens, ne cessèrent pas de panser les blessés au milieu du feu de l'ennemi, au pouvoir duquel ils sont tombés un moment.

çaises étaient harassées par la fatigue et par la chaleur; cependant elles recommencèrent avec ardeur la poursuite de l'ennemi; à Gironella où il avait pris position, celui-ci parut vouloir tenir, mais à la première démonstration menaçante de la brigade Tromelin il se retira en toute hâte par Estany, Prats de Llusanès, Solsona, Tora, la Curulleda, et rentra en désordre dans Tarragone.

On peut évaluer à quatre cents hommes ce que perdirent les troupes des généraux d'Éroles et Tromelin; le général de Crenolles, volontaire royaliste français, fut blessé après avoir eu son cheval tué sous lui. Milans et Llobera eurent plus de six cents hommes hors de combat; et l'on peut évaluer à dix-huit cents hommes au moins, ce qu'ils perdirent par notre feu, la misère, et la désertion, pendant la retraite qu'ils firent devant nos troupes, depuis le 14 août jusqu'au 23, qu'ils furent rejetés dans Tarragone.

M. le maréchal Moncey avait reçu à San-Cugat, l'avis des avantages remportés à Cabriana et à Caldès, par les généraux Tromelin et d'Éroles. Craignant que l'ennemi, quoique battu, n'essayât de se jeter sur Figuères, il se porta avec quatre mille hommes d'infanterie, trois cents chevaux et de l'artillerie sur Vich, où, ayant connaissance de la retraite prononcée de Milans et de Llobera, il marcha sur Cervera par Manrésa et Igualada, pour leur couper le chemin; mais les constitutionnels avaient gagné trois jours sur lui à cause de sa première direction sur Vich, et ils réussirent, comme on vient de le voir, à regagner les murailles de Tarragone (1).

Pendant l'expédition de Milans et pendant les

---

(1) Tarragone, en latin *Tarraco*, est du nombre de ces villes fameuses qui ne rappellent plus que les souvenirs de leur grandeur passée. Lors de l'invasion des Romains en Espagne, elle était déja considérable ; et sous ces nouveaux maîtres, son enceinte comprenait la plage et le port de Salon, qui s'en trouvent aujourd'hui éloignés d'une lieue et demie. Elle devint, sous la domination de Rome, la capitale de la province Tarraconaise, ou autrement de l'Espagne citérieure.

La ville de Tarragone fut la résidence des consuls et des préteurs. Les Scipions, Octave-Auguste, Adrien, y firent quelque séjour. Ses antiques murailles, bâties par Scipion, furent réparées par Adrien. Elle eut tous les avantages de Rome même, un amphithéâtre, un cirque, des palais, des temples, des aqueducs. Du temps de l'empereur Adrien, son enceinte avait trente-quatre mille cent quatre-vingt-dix toises de circonférence : sa population était en rapport avec son immensité, si ce qu'en dit l'historien Antonio Augustin est exact : il lui donne jusqu'à six cents mille familles; ce qui ferait plus de deux millions cinq cent mille habitants. Cet historien, qui vivait dans le seizième siècle, se plaignant de la décadence de cette illustre ville, prétendait que de son temps il ne se trouvait que quatre-vingt mille familles, ou environ trois cent quatre-vingt mille habitants ; mais *Mariana*, qui fut presque son contemporain, assure que sa population n'était plus que de sept

mouvements qui précédèrent et suivirent sa déroute à Caldès, le gouverneur de Barcelonne ne fit d'autre démonstration hostile que de faire sortir, par une des portes de la ville, une forte colonne qui, après avoir longé les glacis, rentra dans la place par une autre porte.

Cette promenade militaire eut lieu le 20 août. Pendant la nuit précédente le bataillon de transfuges et une compagnie de miquelets avaient cherché, mais sans succès, à surprendre un de nos postes avancés, la Casa-Gironella.

Les troupes qui formaient le blocus étaient restées constamment sur leurs gardes, et montraient la plus grande vigilance, car on supposait à Mina le projet de tenter une sortie pour rejoindre ses lieutenants.

Après que l'ennemi eut été rejeté dans Tarragone, M. le maréchal Moncey résolut de faire, aussi bien qu'il était en son pouvoir, l'investisse-

---

mille familles, et que son enceinte ne contenait pas deux mille maisons.

Tarragone est réduite aujourd'hui à une enceinte d'environ quatorze cents toises, à une population de neuf mille ames, à des édifices très ordinaires, et presque à un état de pauvreté.

Cette ville, très forte par sa position, est située sur une éminence de rochers, élevée à environ sept cent soixante pieds au-dessus du niveau de la mer, et près de la rivière de *Francoli*. Elle est entourée de murailles, elle a six portes et deux châteaux peu importants, celui du *Roi* et celui du *Patriarche*.

ment de cette place importante : les troupes du baron d'Éroles prirent le 22 position à Monblanc ; la brigade Tromelin à Walls et à Valmoll, et la brigade Montgardé à Cattlar, à Altafulla et à Torre-den-Barra. Afin d'augmenter le nombre des troupes qu'il rassemblait devant Tarragone, et afin de pouvoir porter plus facilement un coup décisif aux chefs constitutionnels, qui deux jours auparavant avaient refusé de capituler, M. le maréchal appela du blocus de Barcelonne le général Achard avec quelques bataillons.

Tel qu'il était établi, l'investissement de Tarragone était incomplet : pour le rendre entier par terre, il aurait fallu occuper Reus, Constanti et Villa-Seca ; mais les forces dont le général en chef du 4e corps pouvait disposer n'étaient pas en nombre suffisant. M. le maréchal résolut d'effectuer une reconnaissance générale, à la suite de laquelle, s'il entrevoyait la possibilité d'un succès, il essaierait d'enlever la place par un coup de main. Tout se disposa dans ce but, et il se porta le 27 août, de sa personne, à Walls pour prendre le commandement de la brigade Tromelin et des troupes commandées par M. le baron d'Éroles.

Le maréchal avait laissé à M. le baron Berge, comme au plus ancien maréchal-de-camp, le commandement des troupes qui occupaient Torre-den-Barra et la position d'Altafulla. Cet officier avait reçu de S. Exc. des instructions relatives à la reconnaissance générale qui devait se faire le 28 sur Tarragone.

Peut-être que l'ennemi eut connaissance du départ du maréchal, et que, supposant qu'une partie des troupes pouvait suivre son mouvement, il jugea le moment favorable pour une attaque sur Altafulla.

Le 27, à sept heures et demie du matin, cinq mille hommes d'infanterie, deux cent cinquante chevaux et deux obusiers de 6, sortirent de Tarragone, et se dirigèrent sur Altafulla. M. le général Berge aperçut le mouvement du poste de la chapelle Saint-Antoine qui domine tout le pays environnant, il fit aussitôt ses dispositions pour recevoir l'ennemi.

En avant d'Altafulla, sur la rive droite de la Gaya, règne une chaîne de hauteurs parallèles au cours de cette rivière; sur celles qui se trouvent à gauche de la grande route de Tarragone est située la chapelle Saint-Jean. Une compagnie du 31e de ligne occupait ce poste.

L'ennemi forma trois colonnes: l'une, forte de douze cents hommes, se porta sur la chapelle Saint-Jean; l'autre marcha par la grande route.

Elle était composée de trois bataillons, chacun de cinq cents hommes environ, de la cavalerie et de l'artillerie.

La 3ᵉ colonne, dont la force s'élevait à plus de deux mille hommes d'infanterie, se dirigea vers Riera. Son but paraissait être de marcher de ce point sur Torre-den-Barra, et de couper ainsi notre ligne d'opération.

M. le général Montgardé, avec dix compagnies du 31ᵉ de ligne qui faisaient partie de sa brigade, se porta sur la chapelle Saint-Jean, et plaça une partie du 6ᵉ régiment de chasseurs et deux obusiers de montagnes sur la grande route, que défendaient en outre deux pièces de 8.

Le reste du 6ᵉ de chasseurs fut placé en réserve.

M. le général Achard avait fait occuper le village de Riera par le 2ᵉ bataillon du 1ᵉʳ régiment d'infanterie légère ; avec le 18ᵉ de ligne, il couvrit l'intervalle que sépare ce village de la grande route.

Il plaça en arrière de sa ligne un escadron du 23ᵉ de chasseurs.

Deux bataillons du 3ᵉ de ligne formèrent la réserve sous les ordres de M. le général Fantin des Odoards.

L'attaque faite sur la chapelle Saint-Jean fut repoussée avec la plus grande vigueur. Sans répondre aux cinq décharges que firent sur lui les bataillons de l'ennemi, le 31° de ligne les chargea à la baïonnette, les culbuta et les força à la retraite. La conduite de ce régiment, celle de son colonel, M. le baron Thilorier, et de M. le chef de bataillon Foucher, sont au-dessus de tout éloge.

L'ennemi avait atteint et couronné la crête des hauteurs qui sont à la droite de la route de Tarragone. Le 18° de ligne, ayant à sa tête M. le général Achard et M. le colonel de Fitz-James, l'y attaqua et l'en chassa, après lui avoir fait éprouver une perte considérable. Ce mouvement fut parfaitement secondé par le feu des deux obusiers de montagnes attachés à la brigade Achard.

Le 2° bataillon du 1ᵉʳ léger repoussa, avec la même vigueur et le même succès, la colonne qui se portait sur Riera.

Repoussées sur tous les points sans qu'il eût été nécessaire d'engager notre réserve, les troupes constitutionnelles se retirèrent sous les murs de Tarragone. Elles furent poursuivies jusqu'à la tour dite de Scipion.

Peu d'instants après son arrivée à Walls, M. le maréchal Moncey avait été prévenu par M. le général Berge de l'attaque dirigée contre la position d'Altafulla. La distance de Walls à cette position est de sept lieues environ; il se décida à faire un mouvement sur le flanc gauche de l'ennemi qui s'était avancé jusqu'auprès de Cattlar. Des ordres furent donnés sur-le-champ pour que M. le baron d'Éroles et M. le général Tromelin marchassent, le premier par Argelarga, le second par Secuita. Le maréchal se mit à leur tête. A trois lieues de Walls, il apprit le mouvement rétrograde des colonnes ennemies. Les troupes qui avaient marché avec S. Exc. reçurent l'ordre de rentrer dans leurs positions.

L'ennemi laissa soixante morts environ sur le champ de bataille; le nombre de ses blessés fut très considérable. Notre perte ne s'éleva qu'à cinq hommes tués; mais nous eûmes quatre-vingts blessés, parmi lesquels, vingt fort grièvement (1).

(1) Voici, d'après le rapport de M. le maréchal, les noms des officiers, sous-officiers et soldats qui se distinguèrent dans cette affaire.

BRIGADE MONTGARDÉ.

Dans le 31e *régiment:* MM. de Thilorier, colonel; Fouchei, chef de bataillon; Muff, capitaine de grenadiers; Cheruel, *idem*; Rey, capitaine; Bertrand, *idem*; Elie, lieutenant; Legrix de La Fontelaye, *idem*; de Lusignan, sous-lieutenant; Dumoret, *idem*; Rodolphe, sergent-major de grenadiers (blessé); Appé, sergent de grenadiers; Colinet, sergent de voltigeurs; Thilorier, sergent; Taffard de Saint-Germain, sergent (blessé); Jarossey, caporal; de Coffre, *idem* (blessé); Babitch, tambour-major; Vallier, grenadier (blessé grièvement); Romet, voltigeur.

Dans le 6e *régiment de chasseurs à cheval:* MM. Courtier,

L'affaire qui avait eu lieu à Altafulla ne changea rien aux dispositions ordonnées pour la recon-

colonel; Kœnig, capitaine; Quinette de Cernay, lieutenant.

Dans *l'artillerie*: MM. Puech, lieutenant; Gebard, *idem*, aide-de-camp du général Berge; Daunes, maréchal-des-logis.

Dans l'*état-major*: MM. Dubaret, chef de bataillon; de Mayria, capitaine, officier d'ordonnance; de Caux, lieutenant, *idem*

BRIGADE ACHARD.

Dans le 18ᵉ *régiment de ligne*: MM. de Fitz-James, colonel, Ducasse, capitaine; Darracq, *idem*; de Combes, *idem*; Sarret, *idem*; Hervé, *idem*; de Prat Ferré de Mau, adjudant-major; Meynard, *idem*; Lassou, *idem*; Lassansaa, lieutenant (blessé grièvement); Allard, *idem* (blessé); Loyer, *idem* (blessé); Daurignac, *idem*; Betbéder, *idem*; Barthouilh, *idem*; Laterrade, sous-lieutenant; de Laurens, *idem*; Massy, *idem*; Gigault, sergent-major; Viquès, *idem*; Labal, *idem*; Laban, sergent; Dorbes, *idem* (blessé de trois coups de feu); Loubens, *idem*; Dussant, *idem*; Seris, caporal; Perrel, fusilier.

Dans le 1ᵉʳ *régiment d'infanterie légère*: MM. Roussel, lieutenant-colonel; Limoges, lieutenant; Orry, *idem*; de Barral, sous-lieutenant de voltigeurs; Poussard, sergent, *idem*; Rahire, voltigeur (blessé); Raulet, caporal.

Dans l'*artillerie*: MM. Lelièvre, capitaine commandant l'artillerie de montagnes; Étienne, sergent-major, Barbier, sergent; Labarthe, caporal; Cros, canonnier.

Dans l'*état-major*: MM. de Milanges, lieutenant, aide-de-camp de S. Exc. le commandant en chef; Doumet, lieutenant, aide-de-camp du général Achard; Dubosc, sous-lieutenant, officier d'ordonnance, *idem*.

naissance générale qui devait être effectuée le lendemain 28 Août.

Les troupes se mirent en marche aux heures fixées. M. le maréchal dirigeait lui-même le mouvement de celles qui partirent de Walls. M. le général Berge commandait celles qui sortirent d'Altafulla.

Les heures du départ avaient été désignées de manière à ce que toutes les colonnes pussent se trouver en même temps sur les points qui leur avaient été assignés.

La brigade Tromelin, composée des 16e et 60e régiments de ligne, de deux escadrons, dont l'un du 6e de hussards, et l'autre du 18e de chasseurs, et de deux obusiers de montagnes, se dirigea sur le mont Olivo.

Dix compagnies du 8e de ligne avec deux obusiers de montagnes, et les troupes de la division royale espagnole, marchèrent sous les ordres de M. le baron d'Éroles vers la Madone de Lorito.

M. le général Berge se porta aussi dans cette direction avec la brigade Achard, composée du 18e de ligne et du 1er d'infanterie légère.

M. le général Montgardé marcha d'Altafulla par la grande route, avec dix compagnies du 31e de ligne, deux bataillons du 3e de ligne, commandés par le général Fantin des Odoards, le 6e régiment de chasseurs à cheval et deux pièces de canon.

Une canonnière ennemie, embossée près du rivage, dirigea quelques boulets contre cette colonne ; mais elle fut bientôt forcée de s'éloigner par le feu de notre artillerie.

La position de la Madona de Lorito était occupée par l'ennemi. A neuf heures du matin M. le maréchal en ordonna l'attaque.

La compagnie de voltigeurs du 1er léger, et l'avant-garde de M. le baron d'Éroles, l'abordèrent à-la-fois par deux points différents ; et, soutenues du 1er léger, guidé par son colonel, M. le baron Revel, ils en chassèrent l'ennemi.

Ce régiment emporta successivement deux mamelons que l'ennemi occupait avec des forces considérables, l'un entre la mer et Lorito, l'autre entre ce dernier point et la place.

Dix compagnies du 8e régiment de ligne concouraient à la seconde attaque. MM. les généraux Fleury, commandant en chef le génie, et Desprez, chef de l'état-major-général, marchaient à leur tête avec le colonel du 8e, M. le comte de Salperwick.

Les troupes ne furent arrêtées ni par le feu de la place, ni par la rapidité des pentes qu'il fallait gravir, ni par les rochers dont ces pentes sont hérissées.

Pendant cette attaque, deux compagnies de voltigeurs des troupes royales espagnoles, et un bataillon du 16° de ligne, que M. le maréchal avait envoyés sur les flancs et les derrières de l'ennemi, précipitèrent sa retraite. La brigade Tromelin, ayant quelques tirailleurs espagnols et français en avant d'elle, rejeta dans le fort du mont Olivo les forces ennemies, qui s'étaient portées en avant, et resta exposée pendant une partie de la journée à un feu assez vif de la place et du fort.

Sur tous les points, nos colonnes s'approchèrent des remparts à portée de la mousqueterie, et s'y maintinrent jusqu'à ce que l'objet de la reconnaissance fût parfaitement rempli.

Entre trois et quatre heures, M. le maréchal ordonna la retraite. Elle se fit avec autant d'ordre que l'attaque.

L'ennemi essaya d'inquiéter les brigades Tromelin et Achard; mais il fut vivement repoussé et corrigé de sa poursuite par une embuscade formée par le colonel du 1ᵉʳ léger.

Dans la retraite, M. Barbier, capitaine de voltigeurs du 60°, se fit remarquer en dégageant seul, du milieu des ennemis, quelques tirailleurs que leur ardeur avait compromis.

Le soir, les troupes rentrèrent dans leurs positions respectives.

Notre perte fut de dix-sept hommes tués, et de

quatre-vingt-six blessés. Celle de l'ennemi fut d'environ soixante morts et deux cents blessés (1).

Ainsi, par suite des affaires dont nous venons

(1) Plusieurs des braves qui s'étaient distingués la veille à l'affaire d'Altafulla trouvèrent encore occasion de se faire remarquer dans celle-ci : voici les noms de ceux que cita M. le maréchal Moncey :

Dans le 16° *régiment de ligne* : MM. Bonne, chef de bataillon; Grégoire, *idem* ; Barthélemy de Bournet, Flavard, capitaines; Marson, lieutenant; Boissière, *idem* de voltigeurs; d'Audigier, sous-lieutenant; Dubourg, sergent-major; Salomon, caporal, Derouet et Mayeux, fusiliers ; Bullot et Thomas, voltigeurs; François, capitaine de grenadiers; Suisse, *idem* de voltigeurs; Grabowski, capitaine; Chastelet, *idem* ; Julien, lieutenant de voltigeurs; Aldin, sergent-major; Calaret, sergent de grenadiers; Bernard, *idem* de voltigeurs; Genneciaux, capitaine; Sauboul, *idem* ; Rolin, *idem*, adjudant-major; Beaufrère, capitaine de voltigeurs; Dericq, lieutenant, *idem* ; Pétre, *idem* ; Lemaitre, aide chirurgien-major; Gillet, sergent-major de voltigeurs ; Durand, sergent, *idem* ; Chabert, caporal, *idem* ; Bourrely, *idem* ; Croc, voltigeur; Habert, sergent.

Dans le 60° *régiment de ligne* : MM. Reboul de Cavalery, chef de bataillon; Roussès de La Grange, capitaine de voltigeurs; Barbier, lieutenant de voltigeurs ; Foissey, lieutenant; de Molènes (Théodore), lieutenant; Turpin de Sansay, sous-lieutenant, Labaille, adjudant-sous-officier ; Courtade, sergent de voltigeurs; Batriot, *idem* ; Comte, *idem* ; Petit (Jacques), caporal de voltigeurs; Septier, clairon; Lebout, voltigeur.

Dans le 8° *régiment de ligne* : MM. le comte de Salperwick, colonel; Cottenet, lieutenant-colonel ; Le Blanc, chef de bataillon; Thibaud, capitaine adjudant-major; Sirugue, capitaine; Petit, *idem* ; de La Roche Saint-André, *idem* ; Bonnet, lieutenant;

de faire le récit, les troupes constitutionnelles de l'armée de Catalogne cessèrent, à la fin du mois d'août 1823, de tenir la campagne. Les colonnes mobiles de Milans et de Llobera se retranchèrent dans Tarragone. Mina resta dans Barcelonne : les garnisons d'Hostalrich, d'Urgel et de Figuères, à l'abri derrière leurs murailles, attendaient les événements.

Plusieurs jours se passèrent ainsi dans l'inaction pendant lesquels quelques engagements sans résultat eurent lieu sous les murs de Barcelonne; les chefs de l'armée constitutionnelle, renfermés

---

de Baldram, *idem*; Onfray, *idem*; Couston, *idem*; Wanauld, *idem*; Collard, sous-lieutenant; de Saint-Vidal, *idem*; Guignard, *idem*; Lavaur, *idem*; L'Horloger, sergent-major; Jarraud, *idem*; Culand, sergent; Boisetot, *idem*; Boistard, sergent fourrier; Grelaud, caporal; Duvet, *idem*; Silvestre, grenadier; Le Chevalier, voltigeur; Morot, fusilier; Gris, *idem*; Maros, sergent; Roy, voltigeur.

Dans le 1ᵉʳ *régiment d'infanterie légère*: MM. Revel, colonel; Roussel, lieutenant-colonel; de Vitrolles, chef de bataillon; Floucaud, capitaine; Romangin, *idem*; Eymer, *idem*; Péan de Ponfilly, *idem*; Montès, adjudant-major; de Taurines, capitaine de voltigeurs; Legoullon, *idem* de carabiniers; Orry, lieutenant; Filliastre, *idem*; de Vissec de Latude, *idem*; Drolenvaux, sous-lieutenant; Sala, *idem* de carabiniers; Fery, adjudant-sous-officier; Henry, sergent-major de voltigeurs; Robelin, caporal; Bricher, sergent de voltigeurs; Pelletier, *idem*; Husson, voltigeur; Droy, chasseur; Chevalier, clairon; Jacquet, *idem*.

dans la capitale de la Catalogne, où s'étaient réunis les plus ardents révolutionnaires, voulurent tenter un dernier effort.

Le gouverneur Rotten, après avoir passé le 28 août la revue des troupes de la garnison, leur annonça qu'une grande résolution allait être prise. Un conseil de guerre fut aussitôt assemblé. On y décida d'envoyer à Figuères un corps choisi de deux à trois mille hommes pour y réunir des forces imposantes, et reconnaître en même temps l'esprit public de la Catalogne. La garnison, augmentée de ce puissant secours, se serait alors élevée à plus de cinq mille hommes. Un pareil corps de gens déterminés, jeté sur les derrières du 4ᵉ corps, aurait pu, non seulement occuper la riche plaine de Lampourdan, et ravitailler les places fortes, mais encore couper les communications, et même inquiéter les frontières de France.

Les troupes employées au blocus, et dont la moitié se composait de soldats de la Foi, dévoués, mais inhabiles, n'auraient plus suffi pour contenir la garnison protégée par le feu de la place et armée de pièces de campagne qu'elle renfermait. Il aurait donc fallu, pour reconquérir un point aussi important, rappeler les troupes du blocus de Tarragone ou dégarnir celui de Barcelone, et permettre ainsi aux colonnes mobiles de recommencer leurs courses et leurs attaques. On voit que la réussite de cette entreprise aurait changé la face des affaires en Catalogne, et relevé le moral des troupes constitutionnelles; mais, pour arriver à ce grand résultat, il fallait que la colonne traversât toute l'étendue du pays qui sépare Barcelonne de Figuères, en dérobant sa marche aux troupes françaises, ou en se frayant un passage à travers celles qui étaient en mesure de s'y opposer. Le projet était hardi: le brigadier Fernandez se chargea de l'exécuter, et promit de réussir; mais comme le succès était non moins difficile qu'important, il demanda qu'on lui laissât le choix de ses troupes, et sur-tout qu'elles fussent bien équipées et payées préalablement de la solde qui était due à la garnison, depuis plus de trois mois. Tout lui fut accordé. Le lieutenant-colonel Minusi, du fameux régiment de Barbastro (1), eut le commandement en second; il avait autrefois été attaché à l'ambassade d'Espagne en France, et était connu pour son exaltation révolutionnaire.

Un appel fut fait aux hommes de bonne vo-

(1) Ce régiment était reconnu pour un des plus déterminés et des plus attachés à la révolution. Quand on le passait en revue, le colonel lui criait: « Barbastro, quel sera ton sort? » et tous les soldats répondaient : « Constitution ou la mort! »

« *Barbastro, qual sera tu suerte?—Constitucion o muerte!* »

lonté ; aussitôt tous les plus zélés partisans de la constitution de 1812 se rassemblèrent autour des chefs pour demander à partir. Des enfants même, attachés, comme *cadets*, à divers régiments, voulurent quitter Barcelonne pour servir la *cause sacrée* (1). Fernandez forma son avant-garde d'un bataillon de la légion libérale étrangère, composée de transfuges français, italiens, piémontais, chez lesquels l'intérêt de leur propre salut était lié à celui de la cause qu'ils servaient. Le colonel italien Pechiarotti était à leur tête. A ce corps, le plus déterminé de tous, on joignit un bataillon provisoire des régiments de Léon et de Barbastro; le troisième bataillon provincial, celui de la Constitution, et le bataillon *Souverain National*, des détachements de milice, et environ cinquante lanciers et guides à cheval. Le tout s'élevait de deux mille cinq cents à trois mille hommes. Ces troupes étaient l'élite de la garnison et les plus dévouées à la cause des Cortès. L'opiniâtreté de leur résistance le 15, et l'acharnement de leurs attaques réitérées le 16, à Llers et à Llado, le prouvèrent assez.

Les généraux français apprirent donc que, dans la nuit du 9 au 10 septembre, une colonne sortie

(1) Quinze ou vingt de ces enfants de douze à quatorze ans furent faits prisonniers à Llers, et renvoyés à leurs parents.

de Barcelonne sur des barques de pêcheurs avait débarqué à Castillo de Mongat, profitant d'une nuit obscure et orageuse pour se dérober à la vue des bâtiments français, que le gros temps avait forcés de prendre le large (1). On ne sut pas d'abord si elle voulait se porter sur Mataro pour détruire nos établissements militaires, et les magasins considérables qui y étaient réunis; si elle se dirigerait sur Hostalrich, ou si enfin, remontant vers les montagnes du Nord, elle se jetterait dans Urgel ou Figuères. Les habitants de Mataro et les employés qui s'y trouvaient en grand nombre barricadèrent la ville, et se préparèrent à la défense. M. le baron de Damas (2) envoya sur-

(1) Elle rencontra en débarquant un convoi du train qui s'en retournait à vide; Fernandez fit brûler les caissons et emmener les chevaux, qui furent repris à Llers.

(2) On a vu dans un des chapitres précédents que la division de M. le baron de Damas avait été chargée de contenir les garnisons des places fortes du Lampourdan. Après avoir eu long-temps son quartier-général devant Figuères, depuis quelque temps cet officier-général l'avait transféré à Gironne.

Figuères, citadelle construite non loin de la ville qui porte le même nom, est une des places frontières les plus fortes de l'Espagne. Elle a été bâtie sous le règne de Ferdinand VI, et sa construction a coûté des sommes immenses. Cette citadelle est placée sur une petite éminence, et porte aussi le nom de *Château de San-Fernando*: on y a déployé une magnificence rare dans les places de guerre. Les murs en sont épais et en pierre de taille; les fossés profonds et larges, et les approches

le-champ à un bataillon de marche, fort de trois à quatre cents hommes, qui venait de passer à Gironne, l'ordre de se porter sur Hostalrich, ou

minées. Le cordon principal ne se découvre point du dehors, les remparts, les magasins, les écuries, les caves, les casernes, l'hôpital sont casematés; la place est munie de toutes les choses nécessaires à la défense; et l'on a si bien mis à profit la roche vive sur laquelle elle est bâtie, que de presque aucun côté on ne peut ouvrir la tranchée; partout on rencontre la pierre. Cette forteresse est un pentagone irrégulier dont on peut comparer la forme à celle des pattes pointues qui tenaient autrefois lieu d'épaulettes aux soldats des compagnies du centre. Elle est située presque au milieu d'une grande plaine, qu'elle défend ainsi de tous côtés, servant comme d'un camp retranché de seize à dix-sept mille hommes : elle fut occupée par les Français pendant la guerre de 1799. Des motifs politiques causèrent, dit-on, sa capitulation. Mais cet événement ne fit aucun tort à la bravoure espagnole. On voyait encore en 1808, sur le mur de la salle du conseil, des taches d'encre causées par la colère d'un officier qui jeta la plume, ne voulant pas signer la capitulation, ou désolé d'avoir été obligé de la signer. On avait mis sur ces murailles une couche de blanc; mais, soit négligence, soit hasard, dix ans après l'*honorable tache* paraissait encore.

Le long séjour des troupes de la division du baron de Damas devant le fort et dans la ville de Figuères leur avait donné occasion de se distinguer contre les constitutionnels, lors des différentes sorties que ceux-ci tentèrent, et notamment dans la journée du 2 mai, où la bravoure et la discipline des soldats reçurent dans l'ordre du jour suivant un éloge mérité.

Au quartier-général à Alfar, le 3 mai 1823.

Le lieutenant-général témoigne sa satisfaction aux troupes

M. de Rastignac, chargé du blocus, n'avait avec lui qu'un bataillon du 31° de ligne et un bataillon royales, espagnoles et françaises, qui forment la garnison de Figuères, pour leur bonne conduite dans cette place, leur vigilance à se garder, leur activité dans les travaux, et leur sang-froid dans le danger.

Le lieutenant-général est parfaitement satisfait de l'exactitude avec laquelle le 5° de ligne a obéi à la défense qui lui avait été faite hier de tirer sur l'ennemi à plus de dix pas, au moment où celui-ci, étant sorti du fort, s'est approché de la ville jusqu'à la bonne portée de la mousqueterie.

Cette obéissance du 5° de ligne est une preuve de son excellente discipline, de la conscience qu'il a de sa force, et de sa juste confiance dans la sagesse du brave général sous les ordres duquel il est placé, M. le vicomte Vionnet de Maringoné.

La 3° compagnie de sapeurs mérite aussi de grands éloges; le lieutenant-général se plaît à le faire connaître aux troupes de sa division.

Signé baron de Damas.

Quelques jours auparavant, un soldat de ce même 5° de ligne avait mérité d'être l'objet de l'ordre du jour qui suit, et qui fait connaître et son honorable conduite et la récompense qu'elle obtint.

Ordre du jour de la division Damas.

Du 9 mai 1823.

« Le lieutenant-général se fait un plaisir de porter à la connaissance des troupes sous ses ordres la récompense qui vient d'être accordée au nommé Montalon (Jean), fusilier au 2°

espagnol. En même temps, M. le général Curial détachait du blocus de Barcelonne le maréchal-de-camp Nicolas, avec trois bataillons et deux escadrons, pour suivre la colonne constitutionnelle, et tâcher de la joindre.

Arrivé le 10, à trois heures du soir, au village de la Rocca, Fernandez traversa Saint-Céloni, et se trouva le 11 en vue d'Hostalrich. Comme le desscin d'arriver à Figuères était le seul qui l'occupât, il comprit qu'il devait chercher à gagner de vitesse les troupes françaises, et, laissant Hostalrich sur la droite sans tenter d'y porter secours, il se dirigea vers Arbucias.

Cependant le général Nicolas serrait l'ennemi

bataillon du 5ᵉ régiment d'infanterie de ligne, qui, étant en faction, le 27 avril, à Figuères, est demeuré ferme à son poste, malgré les deux premiers coups de canon dirigés sur lui, et qui ont atteint la guérite où il se trouvait, jusqu'au moment où, frappé lui-même par un troisième boulet, il est tombé grièvement blessé. S. A. R. le duc d'Angoulême, général en chef, informé de la belle conduite de ce fusilier, et en vertu des pouvoirs qu'il tient du Roi, vient de nommer ce brave militaire membre de la légion d'honneur. Montalon sera bientôt en état de reprendre son service.

« *Signé* baron de DAMAS. »

Enfin on doit se rappeler que c'est l'attitude déterminée des troupes du baron de Damas qui obligea Mina à renoncer à son projet d'entrer dans Figuères, et à commencer sa désastreuse retraite.

de près; mais un orage arrêta sa marche, et donna le temps à Fernandez de prendre une grande avance; il suivit la route d'Olot, en évitant de passer par Vich, pour ne point s'engager avec les troupes qui occupaient cette ville. Cette marche longue et rapide ne fut point inquiétée; les paysans royalistes n'étaient pas en force pour résister aux constitutionnels : pourtant au village de Grau, dans les montagnes près Saint-Estéve, ils leur tirèrent quelques coups de fusil; mais en général la population, intimidée par leur nombre, les regardait passer en silence sans les attaquer, mais sans leur donner aucune marque d'intérêt ou de satisfaction. Cet accueil glacé commença à déconcerter les constitutionnels; ils avaient beaucoup compté sur le soulèvement du peuple, qu'ils croyaient effrayé par la présence des Français, et dont ils espéraient réveiller le courage et l'énergie patriotique.

Des dépêches arrivées de Vich, dans la nuit du 13 au 14, avaient appris au lieutenant-général baron de Damas, d'une manière positive, que Fernandez se dirigeait sur Figuères. Comme il était chargé spécialement de protéger le blocus de cette place, sa position devenait embarrassante. Il se trouvait à Gironne avec un seul bataillon du 8ᵉ de ligne, et pouvait à peine espérer d'arriver à temps pour couper la marche de l'ennemi: d'ailleurs les troupes qu'il avait avec lui, et qui ne s'élevaient qu'à quatre cent cinquante hommes, présentaient une disproportion inquiétante avec celles des constitutionnels.

Le corps qui formait le blocus de Figuères ne se composait que du 5ᵉ régiment de ligne, et de deux bataillons espagnols sous le commandement du général Maringoné. M. de Damas lui envoya l'ordre de se porter en avant de Figuères, sur la route de Besalu, avec tout le monde dont il pouvait disposer, sans compromettre le blocus, ne laissant autour de la place que les postes absolument nécessaires pour observer et contenir la garnison. De son côté, M. de Damas partit de Gironne avec son bataillon, le 14, à six heures du matin, et se dirigea sur Besalu par Bañolas, dans l'espoir plus qu'incertain d'y arriver avant l'ennemi, et de l'arrêter jusqu'à l'arrivée du général Nicolas. On fit halte à Bañolas à dix heures du matin. Les rapports de quelques municipalités infidèles ou effrayées ayant fait croire que l'ennemi était à Besalu, M. de Damas envoya une reconnaissance sur ce point, et partit de Bañolas à une heure, se dirigeant sur Crespia.

Mais le retour de la reconnaissance lui apprit, vers cinq heures, que l'ennemi s'était arrêté à Olot, et ne comptait arriver à Besalu que le lendemain. La journée était trop avancée, et les soldats étaient déja trop fatigués pour retourner vers Besalu.

M. de Damas préféra donc passer la Fluvia à Vilers, et aller joindre à Navata M. de Maringoné. Il y arriva entre sept et huit heures du soir. Les soldats étaient accablés de fatigue. Ils avaient marché dix heures dans la journée par un soleil ardent, et dans un pays montueux, difficile, où les chemins ne sont souvent que des ravines creusées par les eaux et à peine praticables.

M. le général de Maringoné était déja arrivé à Navata avec un bataillon et deux compagnies d'élite du 5e, six compagnies de l'armée de la Foi, et soixante lanciers des chasseurs de la Vendée: ces troupes, réunies au bataillon amené par M. de Damas, présentaient un total d'environ onze cents Français et six cents Espagnols.

Le lendemain 15 septembre, M. de Damas alla prendre position en avant de Lladó, sur la route de Besalu. Il pouvait de ce point couvrir les chemins qui conduisent à Figuères, soit par Navata, soit par Sistella. Cette position était la même qu'il avait déja occupée le 11 juin, lorsque Mina avait paru menacer le blocus de Figuères. On crut d'abord que Fernandez s'était, comme ce partisan, jeté vers Llorona et Campredon; mais bientôt on apprit qu'il avait traversé Besalu, et qu'après avoir fait halte à Maya, il marchait sur Llado.

Aussitôt M. de Damas envoya au-devant de lui une reconnaissance de quatre cents hommes, sous le commandement de M. le marquis d'Eyragues, capitaine d'état-major; il avait l'ordre de n'engager que légèrement l'affaire, et de profiter des dispositions du terrain pour s'échelonner et se replier peu à peu, afin d'amener l'ennemi à nous attaquer dans les positions avantageuses que nous occupions en avant du village.

La route qui conduit de Llado à Besalu n'est, à proprement parler, qu'un sentier à peine tracé, coupé par des ravins profonds et de petites vallées, dont les flancs escarpés sont couverts d'oliviers touffus, de bois clair-semés de liége et de chênes verts. Les revers, moins rapides, sont plantés de vignes, et les plateaux sont labourés.

La reconnaissance était parvenue au fond d'un de ces vallons boisés, lorsque les coups de fusil des éclaireurs annoncèrent la rencontre de l'ennemi. Rien ne saurait peindre la joie et l'enthousiasme des soldats français à ce bruit si long-temps desiré. Des cris de *Vive le Roi!* s'élèvent avec transport. M. d'Eyragues, entraîné par son ardeur et celle de ses soldats, se porte en avant et gravit la côte rapide pour attaquer dans cette position redoutable l'ennemi, qu'il ne voit pas.

Mais à peine les voltigeurs ont-ils repoussé les premiers tirailleurs ennemis, que des décharges terribles partent de toutes parts; les bataillons ennemis se déploient, couronnent les hauteurs et accablent nos soldats de leurs feux croisés. M. d'Eyragues tombe percé de deux balles (1); M. de Cussac, capitaine des voltigeurs, est blessé grièvement : les cris de *Mort mort! vive la constitution!* partent de tous les bois qui environnent nos troupes et qui leur cachent les ennemis. Les transfuges répondent par le cri de *Vive Napoléon II* au cri français de *Vive le Roi!* Les voltigeurs leur résistent long-temps avec courage, et les combattent de près. Les plus braves des deux côtés sont tués ou hors de combat.

M. le baron de Damas, entendant la fusillade, devance ses bataillons; des grenadiers mourants que l'on apporte à ses pieds, et qui crient encore *Vive le Roi!* lui apprennent que son avant-garde est compromise. Aussitôt il envoie son premier aide-de-camp, M. le baron de La Tour-du-Pin pour remplacer M. d'Eyragues et ramener la reconnaissance. M. le général Maringoné s'avance en même temps avec le bataillon du 8ᵉ pour la

(1) Cet officier plus brave qu'heureux avait fait avec distinction les premières campagnes d'Espagne. Le Prince venait de l'élever au grade de chef de bataillon, en récompense de ses longs services. Sa nomination arriva le lendemain de sa mort.

dégager et la soutenir. Il charge en colonne l'ennemi, qui, supérieur en nombre, le déborde de toutes parts; mais nos soldats font face de tous côtés. La compagnie des grenadiers qui marche en tête se fait remarquer par son intrépidité. La cavalerie ennemie se précipite sur le flanc droit des compagnies du centre; mais elle est attendue avec sang-froid, et un feu meurtrier en renverse la plus grande partie. Des charges successives sont exécutées; M. de Maringoné est à pied au milieu de ses soldats, et les anime par son exemple.

Le capitaine Riviere-des-Héros (1) et le sous-lieutenant Chavaroche perdent la vie; plusieurs officiers sont blessés.

Alors l'ennemi, laissant de côté le bataillon du 8e, dirige tous ses efforts sur notre droite, et attaque M. de Bonchamps, chef de bataillon du 5e de ligne, qui se trouvait en position avec quelques compagnies. Les constitutionnels sont vigoureusement reçus, la fusillade leur cause une perte considérable. Cependant leur nombre va croissant; le bataillon de transfuges, lancé en tirailleurs, s'avance au cri de *Vive Napoléon II!* M. de Bonchamps, au moment d'être débordé,

---

(1) Cet officier avait long-temps combattu pour la cause du Roi dans la Vendée; fait prisonnier par les révolutionnaires et condamné à mort, il s'était échappé au moment d'être fusillé.

M. Chavaroche étoit officier depuis huit jours.

réunit ses deux compagnies de grenadiers, et marche droit à l'ennemi au pas de charge. Celui-ci s'arrête bientôt; vivement attaqué, il perd du terrain, et abandonne enfin sa position à nos braves, qui dès-lors en restent maîtres.

M. le baron de Damas, en allant reconnaître par lui-même le résultat de ces mouvements, fut au moment d'être enveloppé par les lanciers constitutionnels, que combattirent corps à corps les officiers et cavaliers d'ordonnance qui se trouvaient autour de lui.

Cependant l'ennemi se porta rapidement par la gauche sur la route de Saint-Martin de Sasseras, pour tâcher de s'emparer de Llado. Dans ce moment, l'avant-garde était rentrée en ligne. Le bataillon du 8e, sous les ordres du commandant Richard, formait notre gauche et occupait une excellente position; son mouvement avait été appuyé par le capitaine Chatelet, du 5e de ligne; ce qui restait du bataillon de ce regiment, et une partie des troupes de la Foi, étaient engagés en avant de notre droite. Nous n'avions plus en réserve qu'environ deux cents hommes de la Foi et la cavalerie.

L'ennemi continuait à gagner sensiblement sur notre droite. M. de Damas fit porter de ce côté le bataillon du 8e, qui n'était plus nécessaire à la gauche; la cavalerie s'y porta également avec rapidité; mais pour donner le temps d'exécuter ce mouvement, le lieutenant-général ordonna au capitaine Chambelland, des grenadiers du 8e, de reprendre une hauteur que l'ennemi venait d'occuper et d'y tenir à tout prix. Cet ordre fut exécuté avec la plus grande bravoure.

À peine ce mouvement était-il terminé, qu'une colonne de trois cents hommes, qui se dirigeait sur Llado, attaqua notre droite en flanc. Aussitôt M. de Damas partagea les lanciers en deux pelotons; le premier, auquel se joignirent douze ou quinze cavaliers de la Foi, et tous les officiers qui se trouvaient présents, reçut l'ordre de charger.

M. le capitaine de Fontnouvelle, qui les commandait, partit au cri de *Vive le Roi*, et se précipitant avec ses cavaliers au milieu des rangs de l'ennemi, les eut bientôt dispersés; les chasseurs poursuivirent les fuyards, et quarante-deux morts trouvés à l'endroit où ils combattirent attestent leur valeur. Ce mouvement de la cavalerie fut appuyé par les grenadiers du 5e de ligne, que le chef de bataillon Bonchamps, quoique blessé, commandait en personne.

Dès-lors l'ennemi ne songea plus à nous attaquer, et se retira dans ses premières positions. La nuit qui survint bientôt empêcha de profiter davantage de son mouvement; il était sept heures; le combat avait commencé à une heure de l'après-

COMBATS DE LLADO ET DE LLERS.

LE FUEL, Lib.ᵉ Edit.ʳ Rue St Jacques PARIS

midi : nos troupes bivouaquèrent dans leurs positions en face de celle de l'ennemi. Pendant la nuit, M. le colonel Le Termellier vint se ranger sous les ordres du baron de Damas avec deux escadrons de chasseurs du 22°, qui étaient cantonnés autour de Gironne, et qui n'avaient pu partir qu'après cet officier-général.

Bientôt on aperçut des feux dans l'éloignement; et, vers minuit, un rapport de M. le baron Nicolas apprit qu'il était arrivé à Besalu, à quatre lieues de Llado, et qu'il y avait fait arrêter ses troupes épuisées de fatigue. M. de Damas lui envoya l'ordre de marcher le plus tôt possible sur Saint-Martin, et de suivre le mouvement de l'ennemi.

On n'était pas d'accord sur le parti que prendrait ce dernier. Les habitants croyaient qu'il se retirerait dans les montagnes par Llorona; mais il pouvait essayer en faisant un détour de devancer les troupes françaises sur la route qui conduit de la Estella à Llers et au fort de Figuères, soit par Sistella, soit par Serradas. On envoya pour l'observer un officier et vingt-cinq hommes de l'armée de la Foi : le temps s'était couvert; ce détachement, se glissant dans les ténèbres, traversa les postes ennemis, et, pénétrant jusqu'à Saint-Martin, vit la colonne se diriger sur la Estella. Il en rendit compte à trois heures du matin.

M. de Damas se mit aussitôt en marche; il occupa d'abord une position près de Sistella, d'où, apprenant que l'ennemi continuait sa marche parallèlement à la sienne, il se porta vers Llers sur deux colonnes, les troupes de la Foi passant par des chemins plus difficiles entre l'ennemi et les troupes françaises.

Arrivé à Llers, à deux heures, il y trouva un bataillon de marche de deux cent cinquante hommes, qui avait reçu l'ordre de s'y arrêter. Les troupes furent placées en avant du village et du chemin direct du fort. M. le colonel Le Termellier disposa ses chasseurs de manière à bien soutenir l'infanterie.

L'ennemi avait trouvé moyen de déborder la droite des troupes de la Foi, qui, dès-lors, marchaient à sa suite. Masqué d'abord par des oliviers, il parut vers une heure et se présenta sur différents points, en colonnes, par compagnies, marchant l'arme au bras de la manière la plus décidée.

M. Duménil, sous-lieutenant, alla le reconnaître en criant *Vive le Roi!* Des cris séditieux lui répondirent, et la fusillade s'engagea. L'ennemi se battait en désespéré. Renonçant à percer notre ligne, il passa avec beaucoup de résolution devant notre front, se dirigeant, sur la droite, vers les hauteurs qui séparent Llers du fort; mais ce mouvement lui coûta cher, car il lui fallut défiler sous le feu de plusieurs pelotons embusqués derrière des murs, dans un terrain qui nous favorisait. Fernandez fut blessé, le désordre se mit dans les rangs constitutionnels.

Aussitôt M. de Maringoné ordonna au bataillon du 8ᵉ de charger, et se dirigeant par la gauche, avec celui du 5ᵉ, vers les hauteurs que l'ennemi voulait occuper, il y arriva le premier. Les troupes constitutionnelles virent alors clairement que tout espoir était perdu d'exécuter leur projet d'entrer dans le fort; la retraite ne leur était pas moins impossible. Plusieurs colonnes de deux à trois cents hommes jetèrent leurs armes et se rendirent à M. de Maringoné (1). La plus con-

(1) M. Ménici, lieutenant-colonel, sous les ordres de Fernandez, quitta la colonne qu'il commandait, en face de la cavalerie française, et vint se constituer prisonnier. Cet officier espagnol annonça en outre que, si un officier français voulait l'accompagner près des siens, tous imiteraient son exemple. M. Urvoy de Closmadeuc, chef d'escadron au 22ᵉ de chasseurs, ne consultant alors que son courage, se rendit seul près de cette colonne ennemie, sur la promesse du lieutenant-colonel espagnol, qui eût pu le trahir; M. de Closmadeuc fit mettre bas les armes, aux cris de *Vive le Roi!* à la colonne, forte de plus de deux cents hommes, et la conduisit au lieutenant-général. Cette défection importante, dont on instruisit Fernandez, contribua sans doute à décider la capitulation qu'il conclut peu d'instants après.

sidérable, où était Fernandez, demanda à capituler ; le feu cessa aussitôt.

Les transfuges, qui connaissaient le sort que leur réservaient toutes les lois militaires, dans le cas où ils tomberaient au pouvoir des troupes françaises, conservaient seuls une attitude menaçante. Plusieurs même, voyant qu'on allait se rendre, se donnèrent la mort. Les constitutionnels, en capitulant, demandèrent qu'on épargnât ces hommes qui avaient combattu dans leurs rangs. M. de Damas, pour éviter une nouvelle effusion de sang, s'engagea à solliciter vivement pour les transfuges la grace de la vie seulement. Ses attributions ne lui permettaient pas davantage. Il accorda aux troupes constitutionnelles les honneurs de la guerre, et laissa aux officiers leurs bagages et leurs épées (1).

(1) Voici le texte de la capitulation.

Le lieutenant-général commandant la 9ᵉ division de l'armée des Pyrénées (4ᵉ corps) certifie avoir accordé à une des colonnes constitutionnelles qui se sont rendues à lui le 16 du présent mois, sous le fort de Figuères, et après de sanglants combats, la veille à Llado, et le jour même auprès de Llers, les conditions suivantes :

1° Les troupes constitutionnelles espagnoles se rendront prisonnières de guerre. Elles auront les honneurs de la guerre. Les officiers conserveront leurs épées.

2° MM. les officiers conserveront ceux de leurs bagages qui n'ont point encore été enlevés au moment de la capitulation ;

3° Tous les étrangers qui font partie des troupes constitu-

Par suite de cette capitulation, les troupes ennemies défilèrent et mirent bas les armes. A peine avaient-elles pris le chemin du village, es-

tionnelles seront traités selon leurs grades, de la même manière que les autres prisonniers de l'armée constitutionnelle. Quant à ceux de ces étrangers qui sont Français, le lieutenant-général s'engage à solliciter vivement leur grace. Le lieutenant-général espère l'obtenir.

Llers, le 17 septembre 1823,

à 7 heures du soir.

Nota. Le lieutenant-général a jugé à propos d'étendre, par égard pour MM. don Juan Cuadros et don Carlos Brauneck, capitaines qui ont signé la capitulation, et pour M. le chef de la colonne, Manuel Fernandez, les articles ci-dessus à trente-sept officiers, et aux nombreux prisonniers qui avaient été faits avant la capitulation.

Le lieutenant-général a vu avec plaisir que les troupes sous ses ordres avaient eu les mêmes égards que lui pour lesdits trente-sept officiers, et les nombreux prisonniers faits avant la capitulation.

Signé le baron de Damas;

Juan Cuadros, et Carlos Brauneck.

Approuvé cette capitulation,

Signé Fernandez.

Signé le baron de Damas.

cortées par nos soldats, que l'on vit arriver le général Nicolas avec son avant-garde de cavalerie. On conçoit quel fut le chagrin de ces troupes qui, poursuivant sans relâche, depuis six jours, un ennemi plus habitué qu'elles aux difficultés du pays et à la fatigue de ces sortes de courses, ne purent pas arriver à temps pour prendre part au combat et à la victoire.

Les prisonniers, au nombre de deux mille environ, furent envoyés en France sur plusieurs colonnes; parmi eux on comptait six colonels ou lieutenants-colonels, et cent soixante officiers, dont vingt et un étaient Français, et trente-cinq Piémontais. Le colonel des transfuges Pechiarotti avait la jambe fracassée et mourut de ses blessures.

La perte de l'ennemi fut de six cents hommes environ, tués ou mis hors de combat, et la nôtre de deux cents, sans compter beaucoup d'hommes blessés peu dangereusement. Presque tous les officiers du bataillon du 5° le furent plus ou moins; mais tous ceux qui ne l'étaient que légèrement suivirent l'exemple de leur chef M. de Bonchamps, qui, quoique blessé grièvement le premier jour, n'en demeura pas moins à son poste. Nous perdîmes peu de monde le deuxième jour. Parmi les blessés on compta M. le capitaine Fontnouvelle, dont les chasseurs s'étaient si distin-

LIV. III. CHAP. IV. 195

gués la veille, et M. Goiran, lieutenant au 19ᵉ de ligne qui faisait partie du bataillon de marche (1).

Ainsi se terminèrent ces deux brillantes jour-

(1) M. de Damas cita dans son rapport les braves dont les noms suivent.

Officiers d'état-major: Le baron de Latour-du-Pin, chef de bataillon, aide-de-camp de M. le lieutenant-général; M. de Chièvres, capitaine aide-de-camp de M. le vicomte de Maringoné; de MM. Bellegarde et Lizet, lieutenants attachés à l'état-major de la division. M. le capitaine Lacombe, aide-de-camp du lieutenant-général, ayant été précédemment détaché, avait suivi long-temps la colonne ennemie avec des paysans armés; cet officier distingué ne put se trouver à cette affaire.

Officiers d'ordonnance: M. Constant, sous-lieutenant au 5ᵉ de ligne, attaché à M. le vicomte de Maringoné. M. Constant, blessé dès le premier jour, n'a néanmoins pas quitté son général ni cessé d'exécuter les missions difficiles qui lui ont été confiées.

M. le marquis de Vogué, sous-lieutenant des hussards de la garde, attaché au lieutenant-général.

Officier du génie: M. le capitaine Bodigie.

Les affaires de Llado et de Llers ayant eu lieu dans un pays très difficile, tous ces officiers ont eu à remplir des missions délicates et multipliées: ils s'en sont acquittés avec honneur et intelligence.

5ᵉ régiment d'infanterie de ligne: MM. de Bonchamps, chef de bataillon; de Manduit, de Saint-Martin, Chatelet, Cussac, capitaines; Chaumont, capitaine adjudant-major; Bert, Demus, Tournefort, Bonenfant et Monguillon, lieutenants; de Cristol, Lafond, et Drogue, sous-lieutenants; d'Hérail, sergent-major; Boulon et Mercadier, sergents de grenadiers; Isoard, voltigeur. MM. de Bonchamps, de Tournefort, Cussac, de Cristol, Lafond et Drogue, ont été blessés. M. de Bonchamps, quoique

13.

nécs, où les dispositions savantes et hardies de
M. de Damas, puissamment aidées par le courage
et le talent de M. de Maringoné, ainsi que par la
valeur de nos jeunes soldats, forcèrent deux mille
hommes à mettre bas les armes à une demi-lieue

blessé grièvement, est cependant demeuré à son poste, presque tous les officiers présents du 5ᵉ ont été blessés; mais ceux qui ne l'étaient que légèrement ont imité leur commandant

8ᵉ *de ligne*: MM. Richard, chef de bataillon; Campion, capitaine adjudant-major; Chambelland, de Raffin, Dufau de Saint-Santin, Simon, Dronchat, capitaines; Meiffren, Perrioud, Charcot, Ribbrocci, Perry, lieutenants; Chianca, chirurgien aide-major; Parrot, Chiffaut, Paquet, sergents-majors; Azais, Bordier, Lefèvre, sergents; Coutinier, Olivier, Forta, Amayat, caporaux; David et Guillet, grenadiers, Moulins, fusilier, ont mérité d'être cités.

22ᵉ *chasseurs*: MM. le baron Le Termelier, colonel; de Fontnouvelle, capitaine, qui a été blessé le 16; de Vauguyon, capitaine; Goholm et Volff, lieutenants; Bourlet, sous-lieutenant, ont mérité d'être cités, ainsi que Jacob, maréchal-des-logis, et Bonheur, chasseur, qui est resté dans les rangs quoique blessé.

Troupes de S. M. Catholique - M. le colonel de Courten cite, plus particulièrement, MM. le colonel don Ignacio Burjo, commandant par intérim le 6ᵉ bataillon; don Bartholomé de Vida, second commandant du 5ᵉ bataillon; don José Paradel, capitaine de cavalerie; don Juan Solé, capitaine; Narcisse, Estartani, fusilier, qui a enlevé un fanion à l'ennemi.

M. le colonel de Courten cite avec raison la compagnie de chasseurs espagnols, qui a combattu d'abord avec l'avant-garde, et ensuite avec le reste de nos troupes d'une manière remarquable.

du fort qu'ils allaient secourir, et devant seize cents hommes. Ces résultats ne s'arrêtèrent pas là: le fort de Figuières qui, quinze jours avant, avait refusé des propositions avantageuses dans l'attente de ce puissant secours, se rendit presque sans conditions, huit jours après l'affaire de Llado et de Llers.

Cette affaire elle-même avait été d'autant plus glorieuse, que la capitulation conclue en rase campagne fut exécutée sous le canon de la citadelle occupée par deux mille quatre cents hommes; la garnison resta immobile devant un cordon sans profondeur, laissant ainsi s'évanouir sa dernière espérance, car il n'est pas douteux qu'une sortie effectuée au moment du combat, n'eût donné une issue différente aux événements. Nos soldats qui avaient fait la première guerre d'Espagne, et qui connaissaient la malheureuse affaire de Baylen, remarquèrent, non sans une satisfaction bien naturelle, que le colonel Fernandez, commandant la colonne constitutionnelle capitulée, portait au bras gauche l'écusson que la reconnaissance espagnole avait décerné aux vainqueurs dans cette journée si funeste aux armées françaises; ainsi les soldats de la nouvelle armée se montraient à-la-fois les émules et les vengeurs des braves de nos vieilles phalanges.

La capitulation de Figuières fut conclue le

26 septembre, les troupes françaises en prirent possession le 29.

La garnison constitutionnelle se composait des bataillons de Navarre, d'Aragon, et de Murcie, forts, le premier de sept cent trente-neuf hommes, le second, de quatre cent quatre-vingts, le troisième, de trois cent quarante-trois; de deux cents canonniers, de vingt sapeurs du génie, et de huit cents malades.

La place renfermait encore des vivres pour vingt jours environ; en réduisant la ration d'un tiers, les approvisionnements auraient facilement duré un mois de plus (1).

Cependant le gouverneur de Barcelonne, voulant faire une diversion et empêcher qu'on détachât des troupes du blocus à la poursuite de la colonne expéditionnaire, débarquée le 10 à Montgat, et dont nous venons de raconter la catastrophe, avait ordonné une sortie. Cette sortie fut exécutée le 12 septembre. Au moment du départ, le général espagnol, ayant reçu l'avis de

---

(1) Le nombre des bouches à feu qui formaient l'armement était de 139 pièces en bronze, savoir : 108 pièces de canon de différents calibres, 18 mortiers, 11 obusiers, et 2 pierriers.

L'approvisionnement en munitions de guerre se composait de 86,850 kilogrammes de poudre, de 4,288 bombes, 2,833 obus, 93,127 boulets, de 13,320 grenades, 1,432,426 cartouches, et 3,438 quintaux de mitraille.

l'expédition du général Nicolas, qui occupait les maisons appelées Casa-Milans et Casa-Nova, crut pouvoir faire enlever ces postes avec facilité. Si les constitutionnels réussissaient, ils devaient ensuite diriger leurs efforts sur Saint-Andreu, où se trouvaient de grands magasins de vivres et le parc de réserve de l'artillerie du blocus : enfin, comptant sur un plein succès, le gouverneur espagnol avait ordonné à la colonne de sortie de chercher ensuite à s'emparer de la route et des hauteurs de Horta, d'où elle aurait pu attaquer les derrières du blocus, et peut-être obliger les troupes françaises à le lever.

A cinq heures et demie du matin, le 12, trois colonnes fortes de six mille hommes, cent chevaux, et six pièces de canon, sortirent de Barcelonne par la porte Neuve. La première colonne suivit le bord de la mer, la seconde se dirigea vers le Clot, et la troisième entre Gracia et la Casa-Villa-Dona.

Le lieutenant-général comte Curial crut à une attaque sérieuse ; et, voyant les ennemis se diriger en forces vers Santi-Marti, il fit renforcer sa gauche par la brigade Vasserot, qui occupait Esplugas.

La première colonne resta en observation ; la seconde attaqua vivement la maison retranchée qui est en avant de Clot : ce poste important fut défendu avec vigueur par les troupes du 6° léger, et du 32° de ligne, et bientôt l'ennemi repoussé par nos soldats se vit forcé à un mouvement rétrograde, qui fut précipité par l'arrivée de deux pelotons du 18° chasseurs. La troisième colonne avait dirigé ses efforts sur Casa-Milans et Casa-Nova; mais elle fut également repoussée par les détachements des 7°, 19°, et 26° de ligne.

Ne pouvant forcer ces postes retranchés, l'ennemi essaya de franchir l'intervalle qui les séparait pour attaquer la ligne française. Le général Peccadeuc marchant avec la réserve, composée du 3° bataillon du 32°, et de quelques compagnies du 7° de ligne, attaqua vigoureusement l'ennemi, le culbuta promptement et décida sa retraite. La colonne constitutionnelle rentra dans Barcelonne vers onze heures, laissant près de deux cents hommes sur le terrain.

M. le maréchal Moncey, qui, à la première nouvelle de l'expédition de Fernandez, avait reporté son quartier-général aux environs de Barcelonne, n'avait laissé devant Tarragone qu'un corps de troupes aux ordres des généraux d'Éroles, Tromelin, Montgardé, et Fantin des Odoards, corps trop faible pour former le blocus de cette place, mais suffisant pour empêcher la garnison de chercher à se réunir à celle de Barcelonne: le reste des troupes françaises disponible avait formé une colonne mobile qui s'était mise en marche pour appuyer celle du général Nicolas.

On reçut à-la-fois au quartier-général de M. le maréchal, la nouvelle de la défaite de la colonne de Fernandez, et celle de la sortie de Tarragone du colonel Évariste San-Miguel, ex-ministre de la guerre sous le gouvernement des Cortès. Cet officier avait réussi avec trois mille hommes à gagner Lérida. Il comptait recommencer la guerre dans l'Aragon, alors dégarni de troupes françaises. On verra plus loin que l'issue de son expédition ne fut pas plus heureuse que celle des chefs constitutionnels qui en avaient tenté de pareilles; elle eut le sort des tentatives de Fernandez, de Mina, et de Riégo.

CHAPITRE V.

ÉVÉNEMENTS DU CENTRE DE LA PÉNINSULE. — AFFAIRE DE LA PUEBLA DEL PRINCIPE. — CAPITULATION DE CHALECO — MOUVEMENTS DE PLACENCIA DANS L'ESTRAMADURE. — COMBAT DU PUERTO DE MI-RABETÉ.

Nous avons dit qu'après le départ de S. A. R. le prince généralissime pour Cadix, M. le maréchal duc de Reggio était resté à Madrid avec une faible partie du premier corps, pour assurer la tranquillité des provinces du centre de la Péninsule (dont il avait reçu le commandement supérieur), et les communications du grand quartier-général avec les divers corps d'armée et avec la France. La présence de son excellence, et des troupes françaises dans la capitale, favorisait en outre l'établissement du gouvernement régulier que la Régence espagnole s'efforçait de substituer à l'état d'anarchie, qui suit toujours nécessairement les révolutions politiques, et qui d'ailleurs s'était étendu dans toutes les branches de l'administration pendant les derniers mois du règne des Cortès.

La tranquillité fut promptement établie dans la Manche. Une seule bande de partisans, celle de Francisco Abade Chaleco, forte de deux cent cinquante chevaux, ayant tenté de s'y montrer, fut atteinte le 18 août auprès de la Puebla del Principe, et vigoureusement chargée par les cuirassiers de Berri (division Roussel d'Hurbal), commandés par M. le colonel marquis de Rochedragon. Les constitutionnels essayèrent vainement de tenir; après avoir éprouvé une perte assez considérable, ils furent mis dans une déroute complète.

Le lendemain 19, le colonel Chaleco et le lieutenant-colonel Jose Fellez demandèrent une entrevue à M. de Rochedragon, pour traiter de leur soumission; il y fut convenu qu'ils reconnaîtraient la Régence et qu'on cesserait toute espèce d'hostilités.

Cette affaire fit beaucoup d'honneur au marquis de Rochedragon, et prouva qu'il n'avait encore manqué, dans cette campagne, aux cuirassiers que des occasions pour se distinguer et soutenir leur vieille réputation (1). Ces braves

(1) Chaleco faisait ses courses dans les environs de los Infantes; après qu'il eut capitulé, le gouverneur et les notables de cette ville offrirent à M. le marquis de Rochedragon un sabre très beau et très riche, avec cette honorable inscription: *La ville et la noblesse d'Infantes au libérateur de son district,* 19 *août* 1823.

S. A. R. témoigna sa satisfaction au régiment des cuirassiers de Berri, en accordant diverses récompenses à ceux qui s'étaient distingués à l'affaire de la Puebla del Principe. Le colonel de Rochedragon fut fait maréchal-de-camp; le chef d'escadron

n'eurent pas le bonheur de trouver une autre occasion de combattre.

Peu de temps après la capitulation de Chaleco, et lorsqu'on conduisait à Madrid Riégo prisonnier, un régiment de cavalerie constitutionnelle (celui de Lusitanie) s'avança de l'Estramadure sur Mançanarès où il passait, afin sans doute de tenter de l'enlever à son escorte. Le régiment de M. de Rochedragon se mit aussitôt en mesure d'attaquer l'ennemi fort de quatre cent soixante-dix chevaux; mais à l'approche des cuirassiers français, celui-ci mit bas les armes et demanda une capitulation qui lui fut accordée.

Mais si la province de la Manche était entièrement tranquille, il n'en était pas ainsi de l'Estramadure; cette province qui n'avait été traversée qu'une fois par nos troupes était devenue le refuge de tous les constitutionnels échappés à la destruction des corps de Riégo, de Lopes Baños, de Ballestéros et de Quiroga. Le général Placencia

---

de Morelle, lieutenant-colonel; le capitaine Bourlier, chef d'escadron; le sous-lieutenant Pottier, lieutenant; M. Carné, chef d'escadron, reçut la croix d'officier de la légion d'honneur; M. d'Arcys, capitaine, celle de saint Louis. MM. Meslé, capitaine; Lucote, lieutenant; Darotte, adjudant sous-officier; Quevy, maréchal-des-logis; Tuncarot, fourrier; Ilodé, brigadier; Boutin, cuirassier, furent faits chevaliers de la légion d'honneur.

qui se trouvait déja à la tête d'une division les avait ralliés autour de lui, et manœuvrait sur la rive gauche du Tage, attendant une occasion favorable, soit pour couper la communication de Madrid à Cadix, soit même pour marcher sur la capitale, qui ne renfermait qu'une faible garnison française. Des rapports sans doute exagérés font monter le nombre des forces dont il disposait à plus de huit mille hommes tous vieux soldats, et parmi lesquels on comptait les régiments de cuirassiers espagnols. Il avait en outre une artillerie de campagne bien attelée et de bons artilleurs.

On a vu qu'après la soumission de la Galice, la division Bourck s'était dirigée sur la vieille Castille. La brigade La Roche-Jaquelein avait pris position sur la rive droite du Tage, où elle comptait se reposer pendant quelques jours avant de passer le fleuve pour se porter sur Truxillo et attaquer les troupes constitutionnelles de l'Estramadure.

Le 29 septembre, dans l'après-midi, M. le général La Roche-Jaquelein apprit à son quartier-général de Naval-Moral, non loin de Talavera-la-Reyna, que les troupes de Placencia faisaient un mouvement sur le Tage. Il partit à l'instant avec le 1er régiment de hussards et le 1er bataillon du 7e léger.

Il arriva le soir au bord du fleuve, et il y fut

informé que les constitutionnels avaient fait quelques tentatives pour le passer au gué d'Almaraz, mais qu'ils avaient été repoussés par l'avant-garde du général Quésada, stationnée sur le gué pour en défendre le passage. Le lendemain 30 septembre le général fut rejoint par le 2ᵉ bataillon du 7ᵉ léger, et par le 7ᵉ régiment de chasseurs à cheval. Il ordonna aussitôt le passage du fleuve; la cavalerie et l'artillerie l'effectuèrent par le gué, et le 7ᵉ léger par un bac qui avait été heureusement défendu contre les attaques des constitutionnels par les royalistes espagnols.

L'ennemi occupait une vallée, qui se terminant par un col très étroit et très rapide (Puerto de Mirabété), offre vers sa sommité une position très forte par sa nature et d'une défense facile. Le général ayant fait tourner cette position par les compagnies de voltigeurs du 7ᵉ, l'ennemi n'essaya pas d'y tenir; et bientôt la brigade, après avoir repoussé quelques postes, déboucha dans la plaine étendue qui se trouve sur le chemin de Truxillo.

Pour la première fois depuis la campagne, elle eut la satisfaction de voir les ennemis formés en bataille l'attendre de pied ferme.

Le général Placencia avait rangé dans la plaine huit beaux escadrons de cuirassiers et de grosse

cavalerie. Sa droite était appuyée à des hauteurs très escarpées et très élevées qu'il avait garnies d'une nombreuse infanterie embusquée dans des rochers presque inaccessibles. Il avait placé sur sa gauche un bataillon d'infanterie protégé par un ravin profond; enfin trois pièces d'artillerie défendaient le front de sa ligne. C'est après avoir fait toutes ces dispositions qu'il offrit la bataille au général La Roche-Jaquelein; il était fort de la supériorité du nombre, et persuadé que notre cavalerie légère ne pourrait pas lutter contre ses cuirassiers et sa grosse cavalerie.

Le comte de La Roche-Jaquelein, ayant reconnu la position des constitutionnels, ordonna au colonel Lambot d'enlever avec la plus grande célérité les hauteurs qui protégeaient la droite de l'ennemi. Le colonel exécuta les ordres du général, en se mettant lui-même à la tête de sa compagnie de carabiniers, et mit dans son attaque tant de vigueur et de promptitude que, malgré la difficulté du terrain, il parvint, en peu de temps, au sommet de la position couronné de rochers escarpés, d'où l'infanterie embusquée continuait à faire feu à bout portant. Sa marche avait été si rapide qu'une vingtaine de carabiniers seulement étaient arrivés avec lui; il les fit charger à la baïonnette; ils grimpèrent sur les rochers avec la plus grande intrépidité, et ils virent fuir devant eux tout un bataillon, par lequel ils avaient été pendant un moment presque entourés.

Le général La Roche-Jaquelein, observant le champ de bataille d'un œil attentif, attendait que le 7ᵉ léger pût être disponible pour le faire porter sur le flanc droit de l'ennemi, lorsque celui-ci, impatienté probablement de son inaction, rompit son ordre de bataille, et se forma en colonnes pour attaquer notre cavalerie. M. de La Roche-Jaquelein voyant cette manœuvre qui faisait perdre à l'ennemi la supériorité de l'étendue de la ligne, n'hésita pas à le faire charger sur-le-champ. La cavalerie constitutionnelle se présenta au combat avec beaucoup d'ordre et de sang-froid; elle comptait d'ailleurs sur ses cuirassiers; on croisa les sabres, on se battit corps à corps : les colonels Simonneau du 1ᵉʳ de hussards, et de Wimpffen, du 7ᵉ de chasseurs, chargèrent à la tête de leurs régiments avec toute la vigueur et l'intrépidité françaises; enfin, la cavalerie constitutionnelle après plusieurs charges malheureuses, ne pouvant résister à la valeur des régiments français, fit demi-tour, fut poursuivie, sabrée et mise dans la déroute la plus complète, avec perte d'une pièce de canon, d'un caisson, et de beaucoup d'hommes tués et faits prisonniers.

Pendant que cet avantage était remporté dans la plaine, le colonel Lambot ayant rallié son régiment sur la première hauteur qu'il avait emportée, y avait établi le commandant de Blérancourt en réserve et en observation avec une partie du 2ᵉ bataillon : il avait ensuite marché en avant avec son premier bataillon, et chassé successivement à la baïonnette l'infanterie ennemie d'une seconde et d'une troisième position semblables à la première. L'ennemi défendait son terrain pied à pied derrière les rochers, et ne les abandonnait qu'au moment où nos soldats grimpaient pour les franchir. Les 8ᵉ et 24ᵉ bataillons de l'infanterie de ligne espagnole, et un bataillon de grenadiers et de voltigeurs réunis, défendaient ces positions avantageuses. Ils résistèrent quelque temps, mais poussés enfin vers l'extrémité de la montagne, qui se termine par une pente rapide et par des rochers escarpés, le désordre se mit dans leurs rangs, ils se précipitèrent vers la plaine, dans la déroute la plus complète, laissant sur le terrain un grand nombre de morts et de blessés, et en notre pouvoir un grand nombre de prisonniers (1).

(1) Voici le rapport que fit à M. le maréchal duc de Reggio, M. le maréchal de camp comte de La Roche-Jaquelein ; il renferme des détails sur les braves qui se distinguèrent dans ce combat :

« M. le maréchal, dans l'affaire qui a eu lieu le 30 septembre

Ce dernier succès acheva la victoire.

Un ordre qui arriva de se borner à observer l'ennemi sans engager aucun combat avec lui,

dernier à Puerto de Mirabète, officiers et soldats ont montré la plus grande intrépidité. M. le colonel Lambot, en enlevant la position escarpée de la droite de l'ennemi, s'est trouvé avec vingt carabiniers de son régiment, au milieu d'un bataillon ennemi, et l'a forcé par sa bonne contenance à lâcher pied. Indépendamment de cela il a été obligé d'enlever successivement trois positions vigoureusement défendues dans la montagne.

« MM. les colonels Wimpffen du 7ᵉ de chasseurs, et Simoneau du 1ᵉʳ de hussards, au moment où j'ai ordonné la charge, ont donné l'exemple en enlevant leurs troupes et en se précipitant au milieu de l'ennemi.

« MM. le lieutenant-colonel Vidal, et le chef d'escadron de Suzainnecourt, du 1ᵉʳ de hussards, et le chef d'escadron Hulot, du 7ᵉ de chasseurs, ont donné également des preuves de valeur. M. de Vaudreuil, chef d'escadron au 7ᵉ de chasseurs, suivi de MM. Dugas lieutenant au même régiment, et de Marcé sous-lieutenant au 1ᵉʳ de hussards, se sont emparés d'une pièce de canon au milieu de la colonne ennemie.

« Se sont particulièrement distingués :

« Dans le 1ᵉʳ de hussards, MM. Courtois, capitaine, grièvement blessé dans les rangs ennemis; Clerc, adjudant-major, qui a tué de sa main plusieurs cuirassiers ; de Vigneras, adjudant-major; Reibell, Chertemps, et d'Estampes, lieutenants, et de Campaigno, sous-lieutenant, qui a fait prisonnier le colonel chef d'état-major;

« Dans le 7ᵉ de chasseurs, Mancelle et Lemerle, adjudants-majors; Giroust, lieutenant, blessé de plusieurs coups de sabre; et Lion, sous-lieutenant, porte-étendart;

« Dans le 7ᵉ léger, MM. de Prébaron, adjudant-major, Can-

arrêta nos soldats dans la poursuite et permit au général Placencia d'effectuer sans être inquiété sa retraite précipitée sur Truxillo.

Après le combat, la brigade La Roche-Jaquelein, repassa le Tage et vint reprendre les cantonnements qu'elle occupoit sur la rive droite. Le combat de Mirabété qui fit le plus grand honneur

tielle, capitaine de voltigeurs; Saillan, capitaine, Formis, lieutenant de carabiniers, qui a puissamment secondé son colonel; Dejoux, lieutenant, et Pajet, sous-lieutenant.

« Les sous-officiers Quinçon, maréchal-des-logis-chef; Daclin, maréchal-des-logis; Samat et Hoffmann, brigadiers; les hussards Oliger, Imbrico, Dumoulin, et Hervy qui, quoique blessés, n'ont pas voulu quitter leurs rangs, tous du 1ᵉʳ de hussards; Jourdan et Montagne, maréchaux-des-logis; Ritz, brigadier; les chasseurs Giraud et Lafrance, du 7ᵉ chasseurs; Gousselet et Thiébaut, sergents de carabiniers; Eschène, caporal de carabiniers, blessé; Geoffroy, caporal *idem*, blessé, du 7ᵉ léger, méritent aussi d'être recommandés aux bontés de S. A. R.

« Je dois aussi les plus grands éloges à la manière dont l'artillerie a été conduite par M. François, lieutenant au 2ᵉ à cheval; il a été parfaitement secondé par M. Pommier, sous-lieutenant du train. Le maréchal-des-logis Lallemand du 2ᵉ à cheval; les canonniers Minick et Vidal, pointeurs; le canonnier Viéonet, le soldat du train Denuault, tous deux amputés, méritent aussi d'être cités.

« Je ne saurais trop recommander à votre bienveillance particulière MM. Jaume, chirurgien-major, et Bernhold, aide-major, tous deux du 7ᵉ léger, qui ont prodigué leurs soins à tous les blessés de la brigade et même à ceux de l'ennemi.

Je me plais aussi, M. le maréchal, à vous signaler l'excel-

aux régiments engagés et aux dispositions militaires qu'avait prises M. le comte de La Roche-Jaquelein, fut la dernière affaire qui eut lieu

lente conduite de MM. de Montbreton, votre aide-de-camp, Fernel, mon aide-de-camp, et de Montsoudun, officier d'ordonnance.

J'ai l'honneur, etc.,

Le maréchal-de-camp commandant la 1re brigade de la 2e division,

Comte de La Roche-Jaquelein.

Ce rapport fut accompagné de l'état nominatif suivant, qui outre les noms déjà cités, fait connaître le nom d'autres braves auxquels le combat de Mirabété donna occasion de se faire honorablement remarquer.

État-major. MM. Fernel, capitaine aide-de-camp du général La Roche-Jaquelein; de Montsoudun, officier d'ordonnance du général Bourke.

7e *Léger.* MM. le baron Lambot, colonel; Furet de Prébaron, capitaine adjudant-major; Jaume, chirurgien-major; Bernhold, aide-major; Cantrelle, capitaine de voltigeurs; de Salin-Saillan, capitaine; Formis, lieutenant de carabiniers; Dejoux, lieutenant; Pajet, sous-lieutenant; Gousselet, sergent de carabiniers; Thiébault, *idem*; Eschène, caporal, *idem* (blessé); Geoffroy, *idem*, (blessé).

1er *régiment de hussards:* MM. Simoneau, colonel; Vidal de Léry, lieutenant-colonel; de Suzainnecourt, chef d'escadron; Clerc, adjudant-major; de Vigneras, *idem*; Courtois, capitaine, grièvement blessé; Reibell, lieutenant; Chertemps, *idem*,

dans cette partie de l'Espagne : le sort de la Péninsule et du roi Ferdinand se décidait alors devant Cadix.

D'Estampes, *idem*, Patras de Campaigno, sous-lieutenant; de Marcé, *idem*; Quinçon, maréchal-des-logis chef; Daclin, maréchal-des-logis; Samat, brigadier; Hoffmann, *idem*; Olivier, hussard; Imbrico, *idem*; Dumoulin, *idem*; Leroy, *idem*.

7ᵉ *de chasseurs*. MM. de Wimpffen, colonel; Hulot, chef d'escadron; de Vaudreuil, *idem*; Mancelle, adjudant-major; Lemerle, *idem*; Dugas de la Catonière, lieutenant; Giroust, *idem* (grièvement blessé); Lion, sous-lieutenant porte-étendard; Jourdan, maréchal-des-logis; Montagne, *idem*; Ritz, brigadier; Giraud, chasseur; Lafrance, *idem*.

2ᵉ *d'artillerie à cheval*. MM. François, lieutenant; Lallemand, maréchal-des-logis; Minick, canonnier; Vidal, *idem*; Véron, *idem* (amputé); Pommié, sous-lieutenant du train; Dennault, soldat (amputé).

CHAPITRE VI.

SITUATION DE CADIX APRÈS LA PRISE DU TROCADÉRO. — DÉCOURAGEMENT DES CONSTITUTIONNELS. — NÉGOCIATIONS INUTILES. — CORRESPONDANCE DE FERDINAND ET DE Mgr LE DUC D'ANGOULÊME. — MÉDIATION DE L'ANGLETERRE REFUSÉE. — CONVOCATION DES CORTÈS EXTRAORDINAIRES. — DISCOURS LU AU NOM DU ROI. — ARRIVÉE DE QUIROGA ET DE WILSON DANS CADIX. — RÉSOLUTIONS DÉSESPÉRÉES. — TRAVAUX DU SIÈGE. — PRÉPARATIFS DE DESCENTE DANS L'ÎLE DE LÉON. — PRISE DU FORT DE SANTI-PÉTRI. — BOMBARDEMENT DE CADIX. — BEAU MOT DU DUC D'ANGOULÊME.

Cependant les évènements suivaient leurs cours devant Cadix.

L'artillerie avait profité du riche matériel conquis dans les retranchements de la Cortadura pour armer de nouvelles batteries construites dans l'île Saint-Louis, et sur la presqu'île du Trocadéro. Les boulets partis de ces deux points atteignaient à bonne portée l'Isthme qui joint Cadix à l'île de Léon.

S. A. R. avait ordonné à la flottille de commencer à bombarder la ville ennemie dans la nuit du 4 septembre. Les batteries de la côte, et principalement celles de Saint-Louis et du Trocadéro, devaient appuyer de leur feu celui de nos bombardes afin d'occuper l'attention de l'ennemi sur tous les points. Les avis que le prince recevait de Cadix lui représentaient cette place comme livrée à la terreur et au découragement, et il espérait que quelques bombes lancées dans ce moment critique, suffiraient pour amener les habitants et la garnison à en ouvrir les portes.

Jusqu'alors il avait été facile à ceux qui gardaient Ferdinand prisonnier, et comprimaient les sentiments d'une population mécontente, de cacher aux habitants de Cadix les désastres nombreux des armées constitutionnelles dans toutes les parties de l'Espagne; mais après la fatale journée du 31 août, il n'y eut pas moyen de dérober au peuple la connaissance de la défaite nouvelle qu'on venait de subir. Quelques barques échappées du Trocadéro, et chargées des blessés, étaient arrivées successivement à Cadix, comme pour prouver le désastre des constitutionnels. Le peuple en rumeur s'était aussitôt rassemblé sous les fenêtres des hôtels habités par les membres du gouvernement et par les ministres. Ceux-ci avaient été contraints d'avouer une partie de la vérité; mais afin de ne pas décourager entièrement les défenseurs de la révolution, ils avaient prétendu que les Français, vaincus la veille, n'avaient dû la victoire du lendemain qu'à l'épuisement de la garnison; et qu'ils avaient surpris dans leurs postes les soldats espagnols endormis sur leurs pièces : mensonges politiques dont l'opinion publique avait promptement fait justice!

La prise du Trocadéro avait d'ailleurs jeté la terreur jusque dans les milices de Madrid, si dévouées à la constitution et, naguère, encore si décidées à se défendre jusqu'à toute extrémité. Les troupes régulières manifestaient peu d'ardeur, et donnaient même parfois des signes de mécontentement; la population, quoique moins nombreuse et dominée par les miliciens, devenait de jour en jour plus difficile à contenir; la junte de défense, composée, par le gouverneur Valdes, de militaires et de députés aux Cortès, ordonnait en vain des travaux de défense; ses ordres restaient sans exécution. On conçoit facilement tout l'effet que devait produire un bombardement avec une pareille disposition des esprits.

Nous avons dit que l'époque où il devait commencer avait été fixée au 4 septembre; mais par suite de nombreuses contrariétés auxquelles la marine est exposée dans ses opérations, la flottille ne se trouva pas en mesure; et l'artillerie de terre, qui avait tout disposé dans ses batteries, engagea seule, trompée par une méprise sur le signal convenu (1), une vive canonnade, dont toutefois les résultats furent importants. Nos obus mirent le feu aux immenses magasins de bois situés en arrière de Puntalès. L'ennemi chercha d'abord à arrêter l'incendie; mais intimidé par le feu soutenu de nos batteries, il fut obligé de rester spectateur de ce triste spectacle.

Cet événement augmenta à un tel point l'agitation qui tourmentait Cadix, que les membres du gouvernement jugèrent nécessaire de faire sur-le-champ des ouvertures de conciliation. On fit signer au roi d'Espagne une lettre dans laquelle S. M. demandait au duc d'Angoulême une suspension d'hostilités, afin qu'on pût traiter d'une paix honorable, et le lieutenant-général Alava fut chargé de cette lettre.

S. A. R. répondit dans la nuit même, qu'elle ne pouvait traiter de rien « qu'avec S. M. seule et « libre. »

« Quand ce but sera atteint, dit S. A. R., j'engagerai avec instance V. M. à accorder une am-

---

(1) Les batteries de terre avaient l'ordre de commencer le feu au premier coup de canon tiré de la flotte. L'escadre espagnole tira à neuf heures son coup de retraite. Trompés sur la nature de ce signal, nos artilleurs commencèrent aussitôt la canonnade.

nistie générale, et à donner de sa pleine volonté, ou au moins à promettre telles institutions qu'elle jugera dans sa sagesse convenir le plus aux mœurs et au caractère de ses peuples, pour assurer leur bonheur et leur tranquillité, et qui puissent servir de garantie pour l'avenir. »

Cette réponse fut portée à Cadix pa le maréchal-de-camp duc de Guiche, premier aide-de-camp du Prince.

Le 6 septembre, le général Alava revint avec une nouvelle missive, dans laquelle on demandait qu'il plût à S. A. R. de dire ce qu'il était nécessaire de faire pour que le roi pût être regardé comme libre. Les lieutenants-généraux comte Guilleminot et Bordesoulle répondirent, d'après les ordres de S. A. R., qu'on ne pouvait regarder ni le roi ni son auguste famille comme en liberté, tant qu'ils ne seraient pas au milieu des troupes françaises; et que, faute d'une réponse satisfaisante à cet égard, et à une note communiquée au général Alava (1), le prince généralissime regarderait toute négociation comme rompue.

(1) D'après des journaux anglais, dont l'assertion n'a point été contestée, le *Memorandum* remis au général Alava, par les lieutenants-généraux Guilleminot et Bordesoulle, était ainsi conçu

« Je ne puis traiter de rien que le Roi ne soit libre Que le

Quoique cette déclaration ne dût laisser aucune ressource aux stipulations évasives, le parti révolutionnaire aux abois envoya une troisième lettre, dans laquelle on faisait dire au roi qu'il était prêt à traiter seul avec le duc d'Angoulême, et en pleine liberté, soit dans un endroit à égale distance entre les deux armées, et avec toute la sécurité convenable et réciproque, soit à bord d'un bâtiment neutre quelconque, sous la foi de son pavillon. Le général Alava fut encore porteur de cette lettre qui n'eut pas plus de succès que les autres (1).

Roi et la Famille Royale se rendent soit à Chiclana, soit au Port-Sainte-Marie, à la volonté de S. M.; j'userai de toute mon influence auprès de S. M., pour qu'elle promette et donne, de sa pleine volonté, telles institutions qu'elle jugera convenir au bonheur, aux besoins, et à la tranquillité de ses peuples, et pour qu'elle annonce qu'elle oublie le passé. Tous ceux qui voudront quitter l'Espagne pourront se retirer par-tout où bon leur semblera; des ordres seront donnés en conséquence à l'amiral. Une division française entrera dans Cadix pour y maintenir l'ordre, y empêcher les réactions, et protéger tout le monde. »

(1) Voici les copies et les traductions de ces lettres dont l'authenticité n'a été encore ni affirmée ni contestée, malgré la publicité qu'elles ont reçue. Nous les imprimons comme renseignement d'une haute importance; elles portent d'ailleurs le cachet de la vérité. Le noble caractère du Prince généralissime se montre à découvert dans celles qui sont adressées à Ferdinand VII, et l'on retrouve, dans la correspondance du roi d'Espagne, les inspirations des Cortès qui ont sans doute obligé

Il est nécessaire de rappeler, pour l'intelligence de la dernière proposition, que depuis long-temps le gouvernement espagnol de Cadix sollicitait sir W. A'Court, retiré à Gibraltar, de renouveler ses tentatives pour obtenir la médiation de l'Angleterre, que la France avait constamment repoussée. On lui avait demandé de la manière la

ce malheureux monarque à confirmer par sa signature des lettres, dont le plus sûr effet devait être d'éloigner l'instant de sa délivrance. Nous faisons précéder ces lettres de la correspondance antérieure à la prise du Trocadéro. Cette correspondance est nécessaire à l'intelligence des négociations.

LETTRE DE S. A. R. Mgr LE DUC D'ANGOULÊME AU ROI D'ESPAGNE, *apportée à Cadix le 19 août par un parlementaire français.*

MONSIEUR MON FRÈRE ET COUSIN,

L'Espagne est délivrée du joug révolutionnaire : quelques villes fortifiées servent seules de refuge aux hommes compromis. Le Roi, mon oncle et seigneur, avait pensé (et les événements n'ont rien changé de son sentiment) que V. M., rendue à la liberté et usant de clémence, trouverait bon d'accorder une amnistie nécessaire après tant de troubles, et de donner à ses peuples, pour la convocation des Cortès du royaume, des garanties d'ordre, de justice, et de bonne administration : tout ce que la France pourrait faire, ainsi que ses alliés, et l'Europe entière serait fait pour consolider cet acte de votre sagesse ; je ne crains pas de m'en porter garant.

J'ai cru devoir rappeler à V. M., et par elle à tous ceux qui peuvent prévenir encore les maux qui les menacent, les dis-

plus pressante de venir à Cadix, à bord d'un vaisseau de guerre anglais; sa présence pourrait, lui disait-on, modérer les prétentions des Français, et quelle que fût l'issue des négociations, son vais-

positions du Roi, mon oncle et seigneur. Si d'ici à cinq jours il ne m'est parvenu aucune réponse satisfaisante, et si V. M. est encore à cette époque privée de sa liberté, j'aurai recours à la force pour la lui rendre. Ceux qui écouteraient leurs passions de préférence à l'intérêt de leur pays, répondront seuls du sang qui sera versé.

Je suis avec le plus profond respect, monsieur mon frère et cousin, de V. M.,

Le très affectionné, frère, cousin et serviteur,

LOUIS-ANTOINE.

De mon quartier-général, à Port Sainte-Marie, ce 17 août 1823.

RÉPONSE DU ROI. (traduction.)

MONSIEUR MON FRÈRE ET COUSIN,

J'ai reçu la lettre de V. A. R., datée du 17 courant, et c'est, en vérité, une chose très remarquable que jusqu'à ce jour les intentions de mon frère et oncle, le roi de France, ne m'aient point été manifestées, quand depuis six mois ses troupes ont envahi mon royaume, et ont occasioné tant de calamités à mes sujets, qui ont eu à supporter cet envahissement

Le joug dont V. A. R. prétend avoir délivré l'Espagne n'a jamais existé, et je n'ai jamais été privé d'aucune autre liberté que celle dont les opérations de l'armée française m'ont dépouillée.

La manière meilleure de me rendre cette liberté, et de laisser le peuple espagnol en possession de la sienne, serait de respecter

seau offrirait un asile à la famille royale. Les révolutionnaires espagnols espéraient ainsi amener

nos droits, comme nous respectons ceux des autres; et il faudrait qu'un pouvoir étranger cessât de s'entremettre, au moyen d'une force armée, dans mes affaires intérieures.

Les sentiments paternels de mon cœur sont, pour ce qui me concerne, la règle la plus sûre, et le plus puissant motif pour juger et pour chercher un remède aux besoins de mes sujets Si de plus fortes garanties pour la conservation de l'ordre et de la justice étaient désirées par eux, c'est avec eux que j'en conviendrai En attendant, que V. A. R. me permette de lui dire que le remède qu'elle m'indique est aussi incompatible avec la dignité de ma couronne qu'avec l'état actuel du monde, la situation politique des choses, les droits, les usages et le bien être de la nation que je gouverne. Rétablir après trois siècles d'oubli une institution aussi variée, aussi changeante aussi monstrueuse que les anciennes Cortès du royaume l'étaient, assemblées dans lesquelles la nation n'était point réunie, et ne possédait point une véritable représentation, serait la même chose ou pis encore que de ressusciter les états-généraux en France. De plus, cette mesure insuffisante pour assurer la tranquillité et l'ordre public, sans procurer aucun avantage à aucune classe dans l'état, ferait renaitre les difficultés et les inconvénients qu'on éprouva dans les temps anciens, et dont on s'est toujours souvenu chaque fois qu'il a été question de ce sujet.

Ce n'est pas au Roi qu'il convient d'adresser les conseils que V. A. R. a cru devoir lui donner; car il n'est ni juste ni possible qu'on appelle le Roi à prévenir des maux qu'il n'a ni causés ni mérités; cet appel devrait plutôt être adressé à celui qui est l'auteur volontaire de ces maux.

Je désire, ainsi que ma nation, qu'une paix honorable et solide

une intervention de fait du gouvernement anglais, et obtenir sa garantie pour les stipulations qu'on

mette un terme aux désastres de la guerre présente; guerre que nous n'avons pas provoquée, et qui est aussi nuisible à la France qu'à l'Espagne. J'ai à ce sujet des négociations pendantes avec le gouvernement de S. M. Britannique, *dont la médiation a également été sollicitée par S. M. T. C.*: je ne saurais me départir de cette base; et je ne crois pas que V. A. R. dût le faire, si, malgré ma déclaration présente, on abusait de la force, sous le prétexte que votre V. A. R. insinue. Ceux qui le feront seront responsables du sang répandu, et V. A. R. le sera particulièrement devant Dieu et les hommes de tous les maux que vous pouvez attirer sur ma personne et ma famille royale, ainsi que sur cette cité bien méritante.

Dieu garde à V. A. R., mon frère et cousin, beaucoup d'années.

Cadix, 21 août 1823.

Signé MOI, LE ROI.

On voit par les dates que ces deux lettres sont celles qui ont précédé la prise du Trocadéro. Celles qui suivent ont été écrites après ce glorieux événement. Ainsi ce fut de Cadix que recommença la correspondance.

LETTRE DU ROI D'ESPAGNE.

MON CHER FRÈRE ET COUSIN,

Les déclarations que j'ai faites à V. A. R., dans ma lettre du 21 août dernier, n'ont pas eu l'effet que je devais en espérer,

aurait arrêtées, et qui devaient reposer sur une amnistie générale, l'oubli du passé, et l'établisse-

et on a versé des deux côtés du sang innocent qu'on aurait pu épargner. Mes devoirs, comme Roi, et les sentiments qui m'animent, comme père de mes sujets, me forcent à faire une nouvelle démarche pour mettre fin aux désastres de la guerre actuelle; et, pleinement convaincu que V. A. R. doit être animée du même desir, je vous propose une suspension d'hostilités, et même sans préjudice de blocus, afin que pendant ce temps on puisse traiter d'une paix honorable pour les deux nations.

Le lieutenant-général don Miguel Ricardo de Alava, porteur de la présente, est autorisé par moi à conférer à ce sujet avec la personne qu'il plaira à V. A. R. de désigner, si vous le jugez convenable. De cette manière il sera possible d'obtenir des explications réciproques qui sont si nécessaires pour s'entendre et pour faciliter les mesures ultérieures; et si V. A. R. juge à propos d'agréer ma proposition, comme j'ai lieu de l'espérer, le commissaire ci-dessus mentionné est aussi autorisé à conclure et à signer une armistice; et, si on le croyait nécessaire, je lui donnerais mes pleins pouvoirs en bonne forme.

Dieu accorde à V. A. R., mon cher frère et cousin, les nombreuses années que je lui souhaite.

Je suis, de V. A. R., l'affectionné frère et cousin,

FERDINAND.

Cadix, le 4 septembre 1823.

RÉPONSE.

MONSIEUR MON FRÈRE ET COUSIN,

J'ai reçu cette nuit la lettre de V. M. du 4, dont elle avait

ment en Espagne d'un gouvernement constitutionnel.

Sir W. A'Court refusa de se rendre à Cadix,

chargé le lieutenant-général don Miguel de Alava; j'ai l'honneur de lui répondre par le maréchal-de-camp duc de Guiche, mon premier aide-de-camp.

Je ne puis traiter de rien qu'avec V. M. seule et libre. Quand ce but sera atteint, j'engagerai avec instance V. M. à accorder une amnistie générale, et à donner de sa pleine volonté, ou au moins à promettre telles institutions qu'elle jugera dans sa sagesse convenir le plus aux mœurs et au caractère de ses peuples, pour assurer leur bonheur et leur tranquillité, et qui puissent servir de garanties pour l'avenir. Je me regarderai comme bien heureux, si, dans quelques jours, je puis mettre aux pieds de V. M. l'hommage du profond respect avec lequel je suis, monsieur mon frère et cousin, de V. M. le très affectionné frère, cousin et serviteur,

LOUIS-ANTOINE.

De mon quartier-général de Port Sainte-Marie, le 5 septembre 1823.

DU ROI FERDINAND AU DUC D'ANGOULÊME.

MON CHER FRÈRE ET COUSIN,

J'ai reçu la lettre de V. A. R. en date de ce jour; elle m'a été remise par le général duc de Guiche; et, comme V. A. R. me déclare qu'elle ne peut traiter qu'avec moi seul et libre, j'espère que, pour déterminer un point si important, il plaira à V. A. R. de me dire ce qu'il est nécessaire de faire pour que je puisse me considérer comme libre, et, dans ce cas, de quelle manière vous avez l'intention de traiter avec moi. Aussitôt

alléguant que le bâtiment de guerre dont il serait obligé de se servir violerait le blocus établi par l'escadre française, ce qu'il voulait éviter; mais

que je recevrai cette explication, sans laquelle je ne puis me décider, je répondrai à V. A. R., m'engageant à faire cesser les hostilités.

Dieu conserve, etc.

FERDINAND.

RÉPONSE DU DUC D'ANGOULÊME.

MONSIEUR MON FRÈRE ET COUSIN,

J'ai eu l'honneur de recevoir la lettre de V. M. d'hier. La France ne fait la guerre ni à V. M. ni à l'Espagne, mais au parti qui tient V. M. et son auguste famille captives dans Cadix. Je ne les regarderai comme en liberté que lorsqu'ils seront au milieu de mes troupes, soit à Port Sainte-Marie, soit où V. M. l'aimera le mieux. Si d'ici à ce soir je n'ai pas une réponse satisfaisante à cette lettre et à la note que j'ai fait communiquer au général Alava, concernant la liberté de V. M. et de la famille royale, et l'occupation de Cadix par mes troupes, je regarderai toute négociation comme rompue.

Je suis avec le plus profond respect, monsieur mon frère et cousin, de V. M. le très affectionné frère, cousin et serviteur,

LOUIS-ANTOINE.

Port Sainte-Marie, le 6 septembre 1823.

LETTRE DU ROI FERDINAND.

MON CHER FRÈRE ET COUSIN,

J'ai reçu la lettre de V. A. R. en date d'hier; et, d'après l'explication que vous me donnez, je vois avec un profond regret

en même temps il envoya M. Elliot, son secrétaire de légation, auprès du duc d'Angoulême, avec les propositions des Cortès, afin de s'assurer si S. A. R. était disposée à les accepter par l'intervention de la Grande-Bretagne. M. Elliot n'eut d'autre réponse à reporter à Gibraltar que celle qu'on avait faite au gouvernement de Cadix.

En ouvrant ces négociations, et sans doute pour les appuyer ou peut-être pour se débar-

que V. A. R ferme toutes les portes à la paix. Un roi ne peut être libre en s'éloignant de ses sujets et en se mettant à la discrétion des troupes étrangères qui ont envahi son royaume : une forteresse espagnole, quand elle ne renferme point des traîtres, ne se rend pas, à moins que l'honneur et les lois de la guerre ne justifient sa reddition. Je désire cependant donner à V. A. R. et au monde la preuve que je fais tout ce qui est en mon pouvoir pour épargner l'effusion du sang; et puisque V. A. R. refuse de traiter avec qui que ce soit, excepté avec moi seul et libre, je suis prêt à traiter seul avec vous et en pleine liberté, soit dans un endroit à égale distance des deux armées, et avec toute la sécurité convenable et réciproque, soit à bord d'un bâtiment neutre quelconque, sous la foi de son pavillon. Le lieutenant-général don Miguel Ricardo de Alava part, autorisé par moi, pour remettre cette lettre entre les mains de V. A. R., et j'espère recevoir de V. A. R. une réponse plus satisfaisante

Dieu conserve, etc.

FERDINAND.

Cadix le 7 septembre 1823.

rasser en partie du fardeau de la responsabilité dans une crise si terrible, le ministère espagnol avait convoqué les Cortès extraordinaires, dont l'installation eut lieu le 6 septembre au soir. Il s'y trouva encore cent douze membres. Le Roi avoit refusé d'en faire l'ouverture, en disant qu'il n'avait pas eu le temps de s'y préparer. Le ministre de l'intérieur y lut au nom de S. M. le discours d'usage, dont la briéveté singulière donne une idée frappante des embarras du gouvernement, et du peu d'espérance qu'il conservait du succès de sa cause et des négociations.

« Messieurs les députés (dit le ministre au nom du Roi),

« Le jour où les Cortès ordinaires terminèrent leur session, je vous annonçai que, si les circonstances l'exigeaient, je trouverais dans la convocation des Cortès extraordinaires un port de salut pour le vaisseau de l'état. Un rapport qui vous sera présenté par mon gouvernement et par mes ordres vous convaincra que ce vaisseau est sur le point de faire naufrage si le congrès ne le sauve. C'est dans ces moments critiques que j'ai cru nécessaire de convoquer les Cortès extraordinaires, afin qu'elles délibèrent et qu'elles adoptent avec leur zéle et leur patriotisme accoutumés les mesures les plus convenables à la cause publique. Ce que vous dira mon gouvernement, et ce que je vous dis moi-même, vous démontrera l'inutilité de nos efforts pour obtenir une paix honorable. L'ennemi, poursuivant, contre tout droit, l'exécution du système d'intervention dans les affaires intérieures de ce royaume, s'obstine à ne vouloir traiter qu'avec moi seul et libre, et déclare qu'il ne me regardera comme libre que lorsque je serai entouré de ses baïonnettes. Inconcevable et ignominieuse liberté, qui aurait pour base le déshonneur de se mettre à la discrétion de ses ennemis ! Pourvoyez, messieurs, aux besoins de la patrie, de laquelle je ne dois ni ne veux séparer mon sort; et, convaincu que l'ennemi n'écoutera ni la raison, ni la justice, si elles ne sont appuyées par la force, sondez promptement toutes nos plaies et adoptez les remèdes propres à les guérir.

« FERDINAND. »

La réponse du président ne fut ni moins brève ni plus rassurante.

Dans le rapport qui fut ensuite lu sur l'état des affaires qui avaient nécessité la convocation des Cortès extraordinaires, les ministres exposaient au congrès la situation affligeante du pays, la conduite que le gouvernement avait tenue depuis l'invasion, les efforts faits à plusieurs reprises pour obtenir une paix honorable, le non succès de ces efforts, la situation de Cadix, le manque presque absolu de ressources, et cependant la nécessité de déployer avec énergie tous les moyens de sauver la constitution.

On communiqua dans cette même séance, aux Cortès, l'*ultimatum* de Mgr le duc d'Angoulême aux propositions qui lui avaient été faites; *ultimatum* sur lequel S. A. R. demandait une réponse avant huit heures du soir; mais cette réponse n'en fut pas moins renvoyée à un comité spécial, ainsi qu'une proposition tendant à ce qu'il fût accordé à la junte de défense, déja nommée par le gouverneur de Cadix, les pouvoirs les plus étendus pour prendre les mesures qu'elle jugerait nécessaires à la défense de l'île de Léon.

Le rapport fait sur ces objets fut conforme aux vues du gouvernement. Après une discussion fort animée, la junte de défense fut investie d'un pouvoir presque absolu. On décréta, pour remédier à la pénurie absolue des finances, un nouvel emprunt forcé de huit millions de réaux; et, malgré le mécontentement déja prononcé du peuple et d'une partie des troupes de la garnison, on résolut de tenter le sort des combats, dans l'espérance que les vents de l'équinoxe, et les dangers ordinaires de la saison, forceraient la flotte française à s'éloigner, et les troupes à prendre des cantonnements.

L'arrivée soudaine de Quiroga et de Robert Wilson n'avait pas peu contribué, en ranimant l'exaltation du parti révolutionnaire, à faire prendre ces résolutions presque désespérées.

Tandis que les constitutionnels de Cadix se préparaient à la défense, les chefs français disposaient tout pour l'attaque.

Les négociations n'avaient apporté aucun retard à l'exécution des travaux ordonnés par S. A. R., pour assurer un succès dont la prise du Trocadéro avait été le prélude, et dont la soumission de Cadix devait être le résultat; leur rupture ne fit qu'augmenter l'ardeur des soldats et l'impatience des généraux.

La descente dans l'île de Léon devant couronner la gloire de la campagne, le Prince avait, dès son arrivée, donné des ordres pour assurer l'exécution de cette expédition importante. Comme nous l'avons dit plus haut, l'île de Léon est séparée du continent par le canal de Santi-Pétri; des marais impraticables en défendent les approches; la seule extrémité de droite en est dégarnie, et ce n'était que sur ce point qu'on pouvait opérer une attaque, soit pour arriver dans l'île, soit pour appuyer la descente qui devait avoir lieu sur la côte occidentale.

Mais de nombreuses batteries et le fort de Santi-Pétri défendaient les approches de cette partie du canal, dont la largeur sur ce point est de deux cents toises.

La prise du fort de Santi-Pétri fut jugée nécessaire; la marine devait s'en emparer, appuyée par le feu de nos batteries de terre.

L'artillerie, malgré toutes les difficultés qu'elle éprouva pour faire arriver des pièces de gros calibre à travers les sables et les marais qu'il fallait franchir, eut le 12 ses batteries armées et approvisionnés; l'attaque fut fixée au 13. Déja la veille, la division de l'escadre chargée de cette opération avait quitté la rade, tandis que S. A. R. transportait son quartier-général à Chiclana.

Le vent paraissait favorable, la nuit était magnifique, tout faisait espérer que l'attaque aurait lieu à la pointe du jour.

Pour occuper l'ennemi sur tous les points et augmenter ses embarras, la marine avait reçu l'ordre, si les moyens le lui permettaient, de bombarder la ville; l'artillerie devait faire lancer sur l'arsenal de la Caracca des fusées incendiaires.

Le 13, avant le jour, tout le monde était à son poste: on attendait avec impatience que le soleil vînt éclairer cette scène imposante, quand des hauteurs de Sainte-Anne, où S. A. R. s'était placée pour suivre tous les mouvements de la ligne, on aperçut la division commandée par le contre-amiral baron Desrotours, qui, dans un très grand éloignement, cherchait avec peine à gagner le vent pour se rapprocher du fort. Après une journée passée en efforts inutiles, la nuit arriva sans que nos vaisseaux fussent en vue des batteries.

Le 14, à la pointe du jour, on découvrit l'escadre à l'ancre, à quatre ou cinq mille toises à l'est du fort de Santi-Pétri ; le temps paraissait beau. De la côte on ne pouvait pas juger les difficultés que les vents et les courants opposaient à nos vaisseaux ; bientôt leur position stationnaire causa une impatience générale. S. A. R., témoin de ce retard, envoya l'ordre aux batteries de terre de tirer quelques coups de canon, pour prévenir la flotte que tout était prêt pour l'attaque. Les batteries du fort et de l'île de Léon répondirent ; mais l'escadre, conservant ses voiles ployées, prouva aux troupes du camp que des raisons majeures la retenaient dans son immobilité.

Le 15, les batteries françaises renouvelèrent les mêmes démonstrations que la veille, mais inutilement.

S. A. R., rappelée à Sainte-Marie par l'importance de ce point central, avait quitté Chiclana.

Les obstacles que la flotte éprouvait faisaient craindre qu'il ne fallût renoncer à la prise de Santi-Pétri ; mais l'essai de nos batteries avait prouvé qu'elles seraient suffisantes pour répondre à celles du fort de Santi-Pétri, et appuyer la descente dans l'île: il fut arrêté que les travaux qui devaient précéder cette opération seraient commencés. Il fallait, par un double cheminement à l'abri du fort et des nombreuses batteries de l'île, arriver sur les bords du canal, au point où le passage pouvait être tenté.

L'artillerie avait reçu l'ordre de préparer son matériel pour les nouvelles batteries qu'elle devait élever; elle pressait avec activité la construction d'un bel équipage de pont qui, réunissant les deux rives du canal, devait assurer le passage de nos colonnes et nos communications avec les troupes de débarquement.

Le 19, dans la nuit, la tranchée fut ouverte.

La division navale d'attaque, qui se composait des vaisseaux le *Centaure*, et le *Trident*, de la frégate la *Guerrière*, avait depuis le 18 quitté son mouillage, et s'était rapprochée de Cadix. On craignait qu'elle ne demeurât long-temps encore stationnaire dans sa nouvelle position, lorsque heureusement le vent changea.

Le 20 septembre 1823, au point du jour, M. le baron Desrotours, contre-amiral, résolut de profiter du changement de temps pour attaquer le fort de Santi-Pétri. Il donna aux vaisseaux le *Centaure*, et le *Trident*, et à la frégate la *Guerrière*, l'ordre d'appareiller.

A sept heures, la division était sous voiles, le *Centaure* en tête, suivi du *Trident*, la *Guerrière* en serre-file.

M. Boniface, capitaine de vaisseau, commandant la corvette l'*Isis* (1), reçut l'ordre de prendre la tête de la ligne et de sonder devant elle, afin de pouvoir signaler le brassage, avant que la division fût engagée dans des eaux trop peu profondes. Cet ordre fut très bien exécuté, et la division put s'approcher ainsi en louvoyant de la terre au nord de Santi-Pétri.

A midi, la division fut rejointe par la goelette le *Santo-Christo*, commandée par M. Trotel, lieutenant de vaisseau. Ce bâtiment léger reçut aussitôt l'ordre de sonder la mer autour des récifs qui bordent la côte, et sur l'extrémité desquels est assis le fort de Santi-Pétri. Le projet de M. le baron Desrotours était d'embosser la division, à quatre cents toises du fort, si les vents, la nature du fond, et les courants dont la violence était un obstacle de plus, le lui permettaient.

A une heure un quart, l'amiral fit hisser le signal dont il était convenu avec les batteries de terre, pour qu'elles commençassent leur feu, ce qui

(1) Ce bâtiment ne faisait d'abord point partie de la division navale commandée par M. le contre-amiral baron Desrotours. Il avait été momentanément détaché de l'escadre employée devant Cadix.

fut fait avec une extrême vigueur. Parvenu à une distance convenable, il donna l'ordre à M. Poncé, commandant le *Centaure*, de prendre position et de s'embosser; ce qui fut exécuté avec habileté, malgré la force du vent et celle des courants qui prenaient le vaisseau en flanc. Les voiles serrées avec autant d'ordre que de célérité, l'amiral ordonna de commencer le feu, auquel le fort répondit sur-le-champ. Pendant cette manœuvre, le *Trident* s'avançait. Il s'embossa bientôt derrière le *Centaure*, et commença le feu aussitôt, étant exposé avec le *Centaure* au double feu d'une batterie de l'île de Léon et d'une batterie de Santi-Pétri. La *Guerrière*, en serre-file, allait s'embosser en arrière du *Trident*; mais elle reçut le signal de prendre la tête de la ligne; et soit que les vents lui manquassent, ou qu'elle fût maîtrisée par les courants, elle ne put gagner son poste, et s'embossa sous le vent du *Centaure*, presque par son travers. Dans cette position elle commença son feu; mais l'amiral, s'apercevant qu'il n'atteignait pas le fort, et que les boulets du *Trident* ne le dépassaient pas assez, envoya un de ses adjudants, M. Thibault, lieutenant de vaisseau, porter ordre à ces deux bâtiments d'appareiller pour reprendre poste, le *Trident* à poupe du *Centaure*, et la *Guerrière* devant lui.

Il était trois heures; le *Centaure* combattait

depuis une heure un quart; le fort de Santi-Pétri ne ripostait plus qu'à de longs intervalles. M. le contre-amiral Desrotours jugea que le moment de tenter l'assaut était venu. La division reçut le signal d'embarquer les troupes dans les chaloupes préparées à ce dessein, et de les diriger sur le *Centaure*. Ce mouvement se fit avec toute la célérité desirable; et on n'attendait plus pour attaquer que l'instant où le *Trident* et la *Guerrière* auraient pris leur poste et commencé leur feu, lorsque, à trois heures et demie, le fort arbora un drapeau blanc, qui fut aussitôt salué par les marins et les soldats de l'escadre de mille cris de *Vive le Roi!* L'amiral fit pousser sur-le-champ au large les chaloupes, ayant à bord quatre cent vingt hommes des 12e et 24e de ligne, et un détachement de grenadiers de l'artillerie de marine. Arrivé au pied du rocher sur lequel ce fort est construit, M. Tétiot, capitaine de frégate commandant le débarquement, expédia à l'amiral un parlementaire, officier espagnol, qui lui proposa pour capitulation que la garnison du fort fût libre de se retirer dans l'île de Léon, sous les drapeaux constitutionnels, pour continuer d'y servir contre l'armée française. Cette condition fut rejetée, et l'*ultimatum* fut que la garnison prendrait l'engagement de ne pas servir contre la France pendant la guerre. Ces conditions consenties par le commandant du fort allaient être remplies; mais la crainte que les Espagnols avaient de rentrer dans l'île de Léon les détermina à se constituer prisonniers, et nos troupes prirent à l'instant possession du fort, dont le commandement fut donné à M. Louftaud, chef de bataillon du 12e. Les Espagnols y avaient vingt-sept pièces de canon de 24 en bronze, cent quatre-vingts hommes de garnison, des munitions nombreuses, et deux mois de vivres. Ils eurent, quoiqu'ils fussent abrités par les remparts, treize hommes tués ou blessés.

Dans ce combat, qui fit le plus grand honneur à la marine royale, le contre-amiral Desrotours n'eut pas à regretter la perte d'un seul homme. les boulets de l'ennemi portèrent presque tous dans les gréements, et n'y firent que peu de mal. Dans les batteries de terre, un artilleur et un soldat d'infanterie furent tués et cinq artilleurs blessés.

Le contre-amiral Desrotours connaissait trop l'importance de la position de Santi-Pétri pour ne pas profiter, à l'heure même, du succès qu'il venait d'obtenir. Il fit armer aussitôt un canot par bâtiment pour intercepter le passage du canal aux bateaux qui, profitant de cette route, ravitaillaient Cadix, malgré la surveillance la plus active de nos croiseurs. Le canon du fort pouvait atteindre ces bateaux; son feu et celui le la batterie construite sur la terre en face coupaient par leurs feux croisés l'embouchure du canal, et l'attaque de Santi-Pétri eut ainsi un résultat immense sur la suite des opérations du blocus de Cadix (1).

(1) Parmi les officiers qui se distinguèrent, et après avoir fait mention de M. le capitaine de vaisseau Poncé, commandant le *Centaure*, dont la brillante manœuvre eut tant de part à ce succès, M. le contre-amiral baron Desrotours cite M. Lainé, capitaine de frégate; M. Lemaître, lieutenant de vaisseau, officier de manœuvre; M. Kerdram, lieutenant de vaisseau; M. Thibault, *idem*, premier et second adjudants de l'amiral.

Les batteries étaient commandées : la première, par M. Téuot, capitaine de frégate; Hervieux, lieutenant de vaisseau, et M. Thévenard, capitaine d'artillerie; la seconde, par M. Clément, lieutenant de vaisseau; Coulom, enseigne, et Fenoux, sous-lieutenant dans l'infanterie de marine.

Dans l'équipage, ont été cités : le maître nommé Simon, celui de timonnerie, Beyot, et celui de la voilerie; le maître canonnier et les canonniers Anot et Perdrix, qui, quoique blessés, sont restés au feu, et Messager, qui, ayant perdu deux doigts, n'a pas voulu quitter sa pièce.

M. Boniface, capitaine de vaisseau, commandant la corvette l'*Isis*, a très bien manœuvré dans le poste qui lui avait été assigné.

M. Trotel, lieutenant de vaisseau, commandant le *Santo-Christo*, sentant l'importance de ses manœuvres pour le succès de la division, se maintint sous le feu que les batteries dirigeaient sur lui, et reçut dans ce poste périlleux le signal de satisfaction de l'amiral.

M. le baron Desrotours se loua beaucoup des services rendu

Ce poste était pour l'armée française de la plus haute importance; outre l'avantage de fermer le canal de Santi-Pétri, il facilitait la descente dans l'île de Léon, le cheminement devenant moins dangereux.

S. A. R., pour profiter de ces avantages, ordonna de presser tous les préparatifs. Dès le même soir, le génie poussa ses travaux avec rapidité.

Les pièces dirigées sur le fort, devenues inutiles, facilitèrent à l'artillerie l'armement de ses nouvelles batteries.

Les pontonniers, avec un zèle dont ils ont donné tant de preuves dans cette campagne, rassemblaient le matériel d'un nouvel équipage de pont.

---

par M. Braud, lieutenant de vaisseau, qui fut employé à la reconnaissance du fort de Santi-Pétri.

Enfin ce contre-amiral fit également connaître que l'attaque avait été appuyée de la manière la plus vigoureuse par les batteries du Roi et de la Falaise. En effet, on ne saurait rendre trop de justice à la valeur des troupes d'artillerie qui les servaient. Déjà elles avaient montré leur zèle et leur patience en surmontant tous les obstacles pour la construction de ces batteries; et dans la journée du 20, nos braves artilleurs prouvèrent de nouveau leur dévouement. Comme les marins, ils avaient commencé le feu le plus vif aux cris de *Vive le Roi!* et, après trois heures de constants efforts, c'est par ce même cri qu'ils célébrèrent la prise du fort de Santi-Pétri.

Les troupes destinées au débarquement, sous les ordres du général Bourmont, étaient réunies dans les ports de Saint-Lucar et de Rota, et s'exerçaient aux différentes manœuvres qui pouvaient assurer l'exécution de cette difficile opération ; enfin tout faisait espérer que la sagesse des ordres du Prince généralissime, l'ardeur dont toutes les armes étaient animées, feraient atteindre le but de l'entreprise, avant que les mauvais temps de l'équinoxe, qui augmentent les dangers de ces côtes déjà si dangereuses, ne vinssent rendre presque impossible un succès devenu nécessaire.

La prise de Santi-Pétri avait jeté dans Cadix le découragement et l'effroi : pour profiter de l'agitation qui y régnait, S. A. R. ordonna le bombardement de Cadix.

La marine était prête : le 23 septembre, le contre-amiral baron Duperré fit appareiller la flottille de bombardement, et la dirigea devant Cadix. Sept bombardes françaises, trois espagnoles, et cinq obusiers, furent établis en dedans de la portée du canon, à huit cents toises environ de la place.

Vers cinq heures, un coup de canon servant de signal ayant été tiré à bord du vaisseau *le Colosse*, portant pavillon de l'amiral, la flottille placée sous les ordres de M. Bellanger, lieutenant de vaisseau, se mit en mouvement pour aller prendre les différents postes qui lui avaient été assignés. A sept heures la division des canonnières, formant la gauche, se trouvait établie entre les *Puercas* et les *Cochinos*. Les bombardes du centre n'étant pas encore à portée, la division de droite, commandée par M. le lieutenant de vaisseau Estelle, ne put pas s'établir aussitôt. Mais elle le fit dès que les bombardes furent entrées en ligne.

A sept heures, aussitôt que la gauche fut mouillée, les batteries de Cadix commencèrent à la canonner vivement; cependant quoique les boulets dépassassent de plus de cent toises notre ligne, elle fut maintenue. A huit heures environ, le feu des bombardes étant bien établi, la division de gauche commença son feu, ce qui fut imité par le reste de la ligne.

L'attaque fut faite avec ardeur. Tous les forts et toutes les batteries de Cadix, appuyés d'une division de vingt grandes canonnières, y répondaient.

Une de nos bombardes fut atteinte par le feu de l'ennemi; et, malgré tous les efforts des marins constitutionnels, heureusement remorquée jusque sur la côte de Catalina. Cette manœuvre difficile fut habilement exécutée par le lieutenant de vaisseau Bretteville, commandant le brick *le Linx*, assisté par M. de Bros, officier du *Colosse* et par l'équipage de sa chaloupe. Un canot de ce vaisseau, commandé par M. l'enseigne de vaisseau Beauzée, fut percé par un boulet qui lui tua deux hommes.

Vers dix heures, les canonnières ennemies, au nombre de trente, firent un mouvement pour attaquer la ligne française. Mais alors le vent fraîchissant du sud-ouest et la mer s'élevant ôtèrent à la flottille française la possibilité de continuer son feu. A dix heures et demie, le contre-amiral Duperré fit donner le signal de cesser le bombardement : aussitôt M. Bellanger fit mettre sous voiles pour rejoindre l'escadre.

Cette attaque, vigoureusement conduite, fit honneur à M. le contre-amiral Duperré, qui en avait arrêté toutes les dispositions, ainsi qu'au corps royal de la marine; les commandants des bâtiments de la flottille, les officiers, élèves et marins sous leurs ordres, rivalisèrent tous de zèle et d'ardeur. Tous montrèrent un sang-froid et une fermeté peu commune; tous avaient pris leur poste dans la ligne avec le plus grand empressement, et tous le gardèrent jusqu'à la fin de l'action, même ceux qui avaient épuisé leurs munitions (1).

---

(1) Dans le rapport remis à M. le contre-amiral Duperré par M. le lieutenant de vaisseau Bellanger, qui, comme nous l'avons dit, commandait la flottille française, se trouvent consignés

Ce bombardement, qui n'était qu'un essai, produisit un effet terrible dans Cadix ; ce ne fut que tumulte, confusion, et terreur. On n'y parlait que de trahison ; car les révolutions vaincues veulent toujours imputer leurs défaites plutôt à

les éloges qu'on va lire de plusieurs officiers placés sous ses ordres.

« Le jeune Dubourdieu, commandant une des canonnières, est resté, pendant les trois heures et demie qu'a duré le bombardement, exposé aux boulets, bombes et obus de l'ennemi ; et n'a cessé de montrer, au milieu des dangers dont il était environné, du sang-froid, du courage, de l'ardeur, de la gaieté même. Sa conduite, au-dessus de tout éloge, donne l'assurance que la marine royale retrouvera dans ce jeune élève les grandes qualités du brave capitaine Dubourdieu, son père.

« MM. Blanc et Pomonti, qui, quoique placés en arrière de la ligne, sont parvenus à arriver à leur poste en même temps que le bâtiment commandant, et même à se rapprocher de Cadix plus que ce dernier n'avait pu le faire, ont gardé ce poste jusqu'à la fin, bien qu'ils manquassent de munitions.

« M. Billette, ayant eu, dans le fort de l'action, besoin de changer la place d'une de ses ancres, s'est jeté dans sa frêle embarcation, et, suivi de quatre de ses braves marins, est allé faire lui-même cette opération. Il ne lui restait alors que trois gargousses.

« MM. Monfort et Boscals de Réals, dans le changement de marée se trouvant engagés par quelques unes de nos canonnières tombées sur eux, ont levé leurs ancres, et, passant en avant de la ligne, sont venus prendre la gauche, tandis que les canonnières ennemies s'avançaient. Le premier cependant avait cassé son refouloir, et le second n'avait plus de mu-

la perfidie de leurs partisans qu'au bonheur et au courage des amis de l'ordre public. Le régi-

nitions. Ils n'ont quitté le nouveau poste qu'ils avaient pris que d'après l'ordre qui leur en a été donné.

« Les bombardiers, chefs de pièce et chargeurs, se firent aussi remarquer par l'ardeur dont ils étaient animés. Le caporal Gachet sur-tout mérita d'être cité particulièrement.

« M. Rivaollant, chirurgien de 2ᵉ classe entretenu, ayant été informé qu'un homme venait d'être atteint, est aussitôt monté sur le pont pour lui donner ses soins au milieu du feu de l'ennemi, qui était alors le plus vif.

« M. Gueirard, faisant les fonctions d'agent comptable de la flottille, a été d'un très grand secours pour le passage des poudres. »

M. Bellanger termina ainsi son rapport.

« Qu'il me soit permis de payer un juste tribut d'éloges à
« MM. les officiers, et aux équipages qui armaient les embar-
« cations de l'escadre, chargées de veiller sur nous et de nous
« protéger. A chaque instant elles étaient au milieu de la flottille,
« offrant des remorques, s'informant de nos besoins, de nos
« avaries ; et les endroits où les boulets tombaient en plus
« grand nombre étaient ceux où l'on trouvait ces embarca-
« tions. Il y en a trois sur-tout en tête, desquelles j'ai cru re-
« connaître M. le lieutenant de vaisseau Dagorne, qui, lorsque
« les canonnières ennemies sont venues pour nous attaquer,
« nous ont doublé de beaucoup sur la gauche, et ont nagé sur
« ces canonnières ; et je crois pouvoir affirmer que c'est ce
« mouvement des trois embarcations qui a fait serrer le vent
« à l'ennemi, qui venait vent arrière sur moi. »

M. le contre-amiral baron Duperré s'est empressé d'appeler les graces de S. A. R. sur MM. Bellanger, Longueville, et Beauzée, ainsi que sur tous les marins qui s'étaient signalés dans cette attaque.

ment de Saint-Martial, qui passait pour l un des plus fidèles à la constitution de 1812, s'était révolté. Cette sédition avait, il est vrai, été réprimée par les milices. Mais toutes les troupes de ligne et la marine étaient mécontentes et découragées. Le peuple menaçant réclamait une prompte capitulation. Le gouvernement révolutionnaire ne pouvait compter que sur les miliciens, forcément dévoués à une cause hors de laquelle ils ne voyaient point de salut; et ceux-ci, sans confiance dans leurs chefs, soupçonnaient de trahison les ministres et les principaux députés aux Cortès.

Enfin, les dispositions faites pour un assaut général, l'imminence du danger, effrayèrent la commission spéciale des Cortès, le ministère et la Junte de défense elle-même. Ces autorités demandèrent un rapport au général Barriet, commandant en chef de l'île de Léon, et au gouverneur-amiral Valdès. Le premier confirma par son témoignage que toutes les troupes étaient mécontentes et découragées, à l'exception de la milice de Madrid, qui gardait toutes les positions au front de la ligne française; de son côté l'amiral Valdès déclara que la flottille, alors même qu'elle pourrait utilement opérer sur certains points de la baie intérieure, n'était pas en état de faire tête aux formidables préparatifs maritimes des Français.

A ces rapports officiels présentés aux Cortès (dans la séance du 28 septembre) les ministres ajoutèrent qu'ils avaient essayé d'ouvrir des négociations, mais qu'ils avaient échoué auprès des Français comme auprès des agents de la Grande-Bretagne, dont ils avaient en vain demandé la médiation. La consternation devint alors générale au sein des Cortès. Les orateurs naguère les plus exaltés reconnurent qu'une plus longue résistance serait inutile, et qu'elle attirerait d'effrayantes calamités sur Cadix, et par suite sur toute l'Espagne. En conséquence, on résolut sur-le-champ (à la majorité de soixante voix contre trente) de rendre l'autorité absolue au Roi, et de lui envoyer immédiatement une députation accompagnée des ministres, pour annoncer à S. M. que, comme la condition que les Français mettaient à la cessation des hostilités était de leur livrer la personne du Roi, les Cortès croyaient devoir, dans la circonstance actuelle, supplier S. M. de se rendre au quartier-général français, pour y stipuler les conditions les plus favorables à son *peuple souffrant*.

On voit que le dénouement de la révolution de 1820 approche; nous verrons plus loin quels furent les résultats de cette soumission obligée des geôliers de Ferdinand.

Jetons un coup d'œil sur ce qui s'était passé dans le camp français, pendant que ces mouvements agitaient Cadix.

Dans la matinée du 23 septembre, une salve de réjouissance, tirée de nos batteries de terre, avait annoncé aux défenseurs de Cadix une nouvelle défaite et à nos braves soldats un nouveau triomphe. Cette salve avait été ordonnée à l'occasion de la prise de Pampelune.

Bientôt la marche rapide de la tranchée, la construction de nos batteries sur le canal de Santi-Pétri, l'organisation complète de l'équipage de pont, la réunion de tous les moyens nécessaires pour l'attaque et pour la descente dans l'île de Léon, permirent de fixer l'époque de cette opération importante, et S. A. R. donna des ordres pour qu'elle eût lieu le 29 septembre.

Le 26, les troupes sous les ordres du général Bourmont, qui devaient effectuer la descente, furent embarquées ; le prince de Carignan, désirant être par-tout où il y avait de la gloire à acquérir, demanda à faire partie de cette expédition. Le duc de Guiche sollicita le même honneur.

Pour diviser les forces de l'ennemi, une fausse attaque devait être dirigée sur la grande route de l'île de Léon; la ligne de nos avant-postes fut portée en avant; le génie commença quelques ouvrages.

Le 27, S. A. R. transporta son quartier-général à Chiclana.

Le 28, le Prince visita la tranchée, et vint reconnaître le terrain sur lequel devait être tentée le lendemain l'opération la plus importante de la campagne.

Ce fut pendant cette visite périlleuse qu'un mot de S. A. R., devenu aussitôt historique, donna aux soldats français une juste mesure du sang-froid et de la bravoure du noble Prince qui les commandait.

S. A. R. s'était arrêtée quelque temps à la dernière batterie élevée sur le bord du canal, à deux cent soixante toises du fort d'Urratia; l'ennemi, s'en étant aperçu, fit feu de toutes ses pièces sur nos tranchées: le Prince examinait quelques travaux, lorsqu'un boulet, traversant l'épaulement au-dessus de sa tête, le couvrit de sable. A l'aspect du danger que venait de courir le Prince généralissime, tous les généraux et les officiers qui l'entouraient lui témoignèrent vivement leur inquiétude. Monseigneur, s'écria le général Bethisy, si votre altesse royale avait été atteinte...... *Je serais mort en bonne compagnie*, répondit avec calme Mgr le duc d'Angoulême; et se tournant vers sa suite,

Allons, messieurs..... et il continua la visite commencée.

Dignes paroles d'un digne petit-fils de Henri IV! Il n'appartient de parler de la mort avec cette indifférence stoïque qu'à celui qui a su faire de la vie un usage noble et vertueux!

CHAPITRE VII.

OPÉRATIONS DU 3ᵉ CORPS. — DEVANT SANTONA. — DEVANT SAINT-SÉBASTIEN. — DEVANT PAMPELUNE.

En entrant en Espagne avec l'armée des Pyrénées, le Prince généralissime avait suivi la tactique moderne des guerres d'invasion, tactique à laquelle les alliés de 1814 avaient dû en grande partie leurs succès contre Napoléon. Laissant derrière lui les places fortes, où les généraux constitutionnels avaient disséminé une grande partie de leurs troupes, il avait marché avec le gros de l'armée française vers Madrid, centre de la Péninsule, afin de frapper d'un seul coup au cœur le gouvernement révolutionnaire, et afin de ressaisir plus vite le centre unique, et, dans l'intérêt du monarque légitime, les rameaux brisés de l'administration.

Tandis que le 4ᵉ corps combattait l'armée de Mina, et contenait les garnisons des places fortes de la Catalogne, le 3ᵉ corps, sous les ordres du prince de Hohenlohe (1), était chargé d'assurer la

(1) Le prince Louis Aloys de Hohenlohe-Waldenbourg-Bartenstein descend d'une maison déjà illustre au neuvième siècle. L'un de ses ancêtres, Craton, était alors seigneur du château d'Hohenlohe ou Holach, situé en Franconie. Par une

liberté des communications avec Bayonne, et d'observer les citadelles de la Biscaye et de la Navarre, dont les principales, Santona, Saint-Sébastien et Pampelune, renfermaient, avec de

origine commune avec la maison royale de Franconie, celle d'Hohenlohe se rattache à la race carlovingienne. A une telle illustration les princes des différentes branches de cette maison surent joindre dans tous les temps l'éclat des armes, et tout ce qu'offrent de plus brillant les vertus de la chevalerie.

Lorsqu'en 1791 la politique des grandes puissances défendait, dans leurs états, les rassemblements des Français armés pour la défense du trône et de l'autel, on vit les princes de Hohenlohe faire valoir avec force en leur faveur les droits de co-état d'Empire; recevoir malgré l'opposition de l'empereur, du roi de Prusse et du cercle de Franconie, la légion de Mirabeau, et pourvoir à sa solde pendant plusieurs mois.

A ce premier acte de dévouement, qui rappelle la conduite de leurs aïeux à l'égard de la France, sous les règnes de François Ier, d'Henri IV, et pendant la régence d'Anne d'Autriche, succéda, le 3 février 1792, une capitulation conclue avec Monsieur, régent du royaume, et son frère le comte d'Artois, pour la formation de deux régiments d'infanterie, levés dans le pays d'Hohenlohe. Les princes Louis et Charles en prirent le commandement comme colonels propriétaires, et ils les conduisirent au mois d'avril suivant sous les drapeaux du prince de Condé.

Ces deux corps, souvent renouvelés dans le cours de plusieurs campagnes meurtrières, et pour l'entretien desquels les deux maisons d'Hohenlohe, Bartenstein et Schillingsfurt, ont, à diverses reprises, fait les derniers sacrifices, ont laissé par-tout sur leurs traces une renommée digne de leur chef. Les champs de Bowdenthal, de Bertheim, et de Schussensied,

nombreuses garnisons, d'abondants approvisionnements en tous genres.

Le 3ᵉ corps se trouvait donc ainsi nécessairement divisé : tandis que des détachements de

les lignes de Weissembourg, l'île de Bommel-Wahal, les glaces du Zuyderzée, les bords du Rhin et du lac de Constance, furent témoins de leur bravoure et de leur dévouement.

Le prince Louis combattit constamment à l'avant-garde de l'armée de Condé, dans les campagnes de 1792 et 1793. Il se fit remarquer au passage des lignes de Weissembourg, a l'attaque du camp retranché de Bowdenthal, où les deux régiments et la plus grande partie de leurs officiers furent mis hors de combat. Soutenu par le comte de Bethisy, qui commandait la légion Allemande, on le vit, chargeant lui-même à la tête de ses troupes, enlever cinq pièces de canon, et décider par cet avantage le succès de la journée.

A la fin de la campagne de 1793, de nouvelles combinaisons politiques ayant rendu nécessaire le changement de direction des régiments d'Hohenlohe, ces corps, réunis en un seul, passèrent au service de la Hollande, avec l'agrément des princes français.

Employé dans la défense de l'île de Bommel, le prince Louis repoussa d'abord les attaques de l'ennemi, et le tint en échec sur la rive gauche de la Meuse ; mais les gelées ayant permis à l'armée républicaine de passer sur la glace, cette poignée de braves se trouva enveloppée par des forces supérieures. Cependant, résolu de ne pas se rendre, l'intrépide prince d'Hohenlohe se fit jour à travers de nombreux bataillons, et parvint, malgré le feu continuel des batteries ennemies, à se replier en bon ordre derrière le Wahal, avec divers corps de l'armée hollandaise. Obligé de lutter contre le nombre et les éléments, pour se dégager de cette nouvelle position, où le

divers régiments gardaient la route de France, une division, celle du général vicomte de Conchy, avec la division royaliste espagnole du général comte d'Espagne, bloquait Pampelune. Une brigade française contenait Saint-Sébastien, une autre observait Santona, et une forte colonne

moindre retard rendait sa perte inévitable, le prince Louis, dans un espace de quatorze lieues, continuellement harcelé sur ses flancs et sur ses derrières par les troupes légères et l'artillerie volante de l'ennemi, exécuta une retraite savante, que l'histoire placera parmi les beaux faits d'armes des guerres de ce temps.

Après cette campagne, trois cents braves restaient seuls de quatorze cents, dont se composait son corps au commencement de la campagne. Tandis que par de nouveaux sacrifices la maison d'Hohenlohe travaillait à sa réorganisation, le prince de Bartenstein reçut de Monsieur, régent de France, une lettre datée de Vérone, le 28 mai 1795, dans laquelle on trouve ces paroles, dont les évènements devaient, vingt-deux ans plus tard, réaliser l'intention : « Monsieur mon cousin, « j'espère pouvoir un jour vous témoigner ma reconnaissance « d'une manière plus efficace; et je désire sur-tout que, lors-« que le Roi, mon neveu, sera sur le trône, un régiment « d'Hohenlohe à son service soit, pour ainsi dire, un monu-« ment éternel de l'attachement que vous avez si hautement « manifesté pour la plus juste des causes, de la façon dont « vos braves sujets l'ont servie, et de la reconnaissance de tous « les bons Français. » Le régiment d'Hohenlohe, dont le prince Louis céda le commandement à son frère Charles, avec l'approbation de LL. AA. RR. rejoignit l'armée de Condé; il en partagea les périls jusqu'à l'époque du licenciement en 1801.

Pendant que le prince Charles se distinguait sous les ordres

mobile manœuvrait sur le littoral de l'Océan pour empêcher la formation des guérillas constitutionnels, et s'opposer à ce que l'ennemi fit des débarquements et des irruptions sur la côte.

Dans la Biscaye et dans la Navarre, les roya-

directs d'un Bourbon, le prince Louis, continuant à combattre pour la même cause sous d'autres drapeaux, passa au service de l'Empire, et bientôt après à celui de l'Autriche. Ayant formé dans l'armée de Clairfait une nouvelle division levée dans ses états, il fit, en qualité de commandant-colonel du régiment de Kerpen, les campagnes de 1796, 97, et 98. En 1799 il fut promu au grade de général major servit en Italie sous l'archiduc Charles, et mérita bientôt celui de lieutenant-général, dont il fut revêtu en 1806. Appelé, en cette qualité, aux premiers emplois militaires, il se fit remarquer par la sagesse et la fermeté de son administration dans le gouvernement des deux Gallicies, que l'empereur lui confia en 1807. Il en fut récompensé par des distinctions honorables, et devint successivement grand-croix de Sainte-Anne de Russie, de Saint-Hubert de Bavière, et du Lion de Hesse.

Son attachement pour les Princes français semblait croître avec les malheurs qui pesaient sur eux. Bonaparte lui ayant offert la restitution de sa souveraineté d'Hohenlohe, à condition qu'il passerait dans son parti, et augmenterait le nombre de ses vassaux de la confédération du Rhin, il ne répondit à cette offre que par de nouvelles preuves de cette loyauté généreuse envers les opprimés, qui forme le caractère distinctif des princes de sa maison. Ce refus causa la perte de sa principauté, qui fut incorporée aux états du roi de Wurtemberg.

Dans la campagne de 1814, le prince Louis d'Hohenlohe

listes espagnols, armés depuis long-temps pour la défense de la monarchie légitime, avaient beaucoup souffert des vexations des autorités révolutionnaires; ils voyaient avec peine la protection accordée également à tous les citoyens par l'armée française, car cette protection sage, politique et prévoyante, arrêtait les effets d'une vengeance qu'ils s'étaient promise depuis long-temps. L'exécution du décret d'Andujar éprouva donc quelques difficultés · des malveillants, sans doute ennemis de la cause de Ferdinand et de l'armée française, voulurent en profiter pour causer des troubles plus graves; mais la fermeté et la prudence du prince de Hohenlohe calmèrent promp-

commandait à Troyes pour les puissances alliées, et y fit arborer le drapeau blanc. Enfin, en 1815, ce prince, toujours entraîné par son enthousiasme pour la maison de France, demanda à Louis XVIII, comme le prix des sacrifices qu'il avait faits pour elle, l'honneur de devenir Français, et de remplacer, par le titre de sujet, celui de souverain, que sa fidélité lui avait fait perdre. Le roi accueillit sa demande, et, par son ordonnance du 9 juin 1815, nomma le prince Louis de Hohenlohe commandeur des ordres de Saint-Michel et du Saint-Esprit, lui assigna le rang de lieutenant-général, avec l'emploi d'inspecteur d'infanterie, et affecta à perpétuité à sa résidence et à celle de sa famille le château de Lunéville. Par ce même acte, Louis XVIII, réalisant le vœu qu'il avait formé vingt-deux ans auparavant, ordonna que la légion étrangère prît le nom de légion d'Hohenlohe, et en conféra au prince Louis le titre de colonel supérieur.

tement l'effervescence qui allait se manifester sur quelques points, la tranquillité publique ne fut pas compromise, et les ordres de Mgr le duc d'Angoulême furent exécutés. Les détenus, que des motifs de haine personnelle ou d'intérêt particulier avaient fait arrêter sans autre cause, recouvrèrent la liberté.

Le quartier-général du prince de Hohenlohe, d'abord établi à Tolosa, fut, pour quelque temps, transféré à Vittoria, puis ensuite définitivement fixé dans cette ville, où il demeura jusqu'à la fin de la campagne.

On a vu, dans le chapitre x du IIe livre de cette histoire, que S. A. S. avait reçu du Prince généralissime, par l'ordre du jour du 24 juillet, le commandement supérieur des provinces de Saint-Ander, de Burgos, de Soria, de Santo-Domingo, de l'Alava, et de la Biscaye.

La brigade du général Huber qui, concurremment avec les royalistes espagnols aux ordres du général Longa, avait chassé les constitutionnels du littoral des Asturies et pris le Ferrol en Galice, faisait partie du 3e corps, placé sous les ordres de S. A. S. le prince de Hohenlohe.

Voyons maintenant quelles furent les opérations des troupes du 3e corps devant les places dont le blocus leur était confié.

La petite ville de Santona, quoique bien fortifiée, ne doit son importance qu'à la commodité de son port, assez grand et assez sûr pour servir à l'un des établissements de la marine royale d'Espagne. Ce port, meilleur même que le port du Passage, joint à l'avantage d'une entrée large et facile, celui d'un mouillage profond et parfaitement abrité contre les vents du nord-ouest, si dangereux dans ces parages.

La garnison renfermée dans Santona était non seulement assez nombreuse pour garder cette place, mais encore elle pouvait lancer de forts détachements, qui, appuyés par les constitutionnels des Asturies, auraient inquiété et tourmenté, par leurs irruptions, les habitants des montagnes de Saint-Ander, partisans déclarés de la cause royaliste. La manière dont le général Margueryc, commandant le blocus de Santona, accueillit la première tentative de ce genre que firent les constitutionnels, ne contribua pas à les engager à la renouveler, et assura la tranquillité de la province.

Le 2 juillet, la garnison de Santona fit sortir de la place cinq à six cents hommes qui débarquèrent sur la pointe de sable vis-à-vis de Colindres. L'ennemi s'avança sur trois colonnes, et força d'abord nos avant-postes à se retirer ; mais il fut bientôt arrêté par deux compagnies du 35ᵉ et une du 21ᵉ de ligne : l'engagement devint très vif.

Protégé par le feu des batteries de Santona, l'ennemi conserva quelque temps ses avantages; une attaque vigoureuse l'obligea cependant à reculer et à abandonner sa position. Au même instant, le général royaliste espagnol Valero, arrivant de Larédo avec une nouvelle compagnie du 21e, chargea la gauche des constitutionnels. Cette attaque soudaine détermina leur retraite : ils la firent dans un tel désordre, qu'ils n'auraient pas pu se rembarquer sans la protection des batteries de la place, qui tiraient à mitraille sur nos troupes. L'ennemi perdit environ une cinquantaine d'hommes tués ou blessés; et on lui fit quelques prisonniers. Nous n'eûmes à regretter que deux hommes tués et huit blessés, parmi lesquels se trouva le lieutenant Archias, du 21e régiment de ligne.

Cette affaire fit le plus grand honneur aux compagnies des 21e et 35e régiments, qui, sous un feu très vif d'artillerie, combattirent, pendant plusieurs heures, des forces presque triples, et les obligèrent à une retraite précipitée (1).

(1) M. le maréchal-de-camp marquis de Marguerye cita comme s'étant particulièrement distingués:

Dans le 35e : le capitaine Rey, le lieutenant Boy, le sous-lieutenant Selhausen, le sergent-major Erny, le fourrier Eustache, ainsi que les fusiliers Froidevaux, Pierre, Marly, et Naussac;

Dans le 21e régiment: le capitaine Bénard, le lieutenant

M. le général Schœffer succéda au général Marguerye dans le commandement des troupes du 3ᵉ corps employées au blocus de Santona. Cet officier général ayant reconnu la possibilité d'enlever la grand'garde ennemie, placée en avant du fort de Duesso, chargea le capitaine Dast, du 5ᵉ léger, d'exécuter ce coup de main pendant la nuit du 21 au 22 août.

Quarante hommes d'élite suivirent le capitaine Dast dans cette expédition. Ces braves, se glissant derrière les glacis, tombèrent à l'improviste sur le poste ennemi, tuèrent, à coups de baïonnette, tous ceux qui firent résistance, et poursuivirent les fuyards jusqu'au pied des batteries de la place, malgré un feu très vif d'obus et de mitraille.

M. le capitaine Dast, après avoir rempli sa mission, et pour ne pas compromettre son détachement, se retira dans le plus grand ordre sur les avant-postes français, emmenant avec lui cinq prisonniers, parmi lesquels se trouvait un blessé de sa main.

Cet officier, dont la bravoure et le sang-froid méritèrent les plus grands éloges, se loua particulièrement de M. le sous-lieutenant des carabi-

---

Archias, le sous-lieutenant Brette, le sergent Poupard, le caporal Durand, et le fusilier Touzet;

Enfin M. le général espagnol Valéro qui donna des preuves de la plus grande intrépidité.

niers Fournier; des sergents Poisson et Taillefer ; des caporaux Rainier, Lafargue, et Messager, ainsi que du carabinier Mireau, qui tous, dans l'entreprise hardie qu'ils mirent heureusement à fin, montrèrent une égale intrépidité.

Ce fut encore devant Santona, pendant une reconnaissance militaire que faisait S. A. R. le prince de Hohenlohe, qu'arriva un désastreux événement. Un boulet, parti de la place, frappa, dans la sainte-barbe, une des barques armées qui portait plusieurs officiers de la suite du prince, et la fit sauter. La plupart des malheureux qui la montaient périrent d'une mort terrible : les autres, lancés dans les flots, y auraient trouvé une mort non moins certaine, sans le courage du chef d'état-major du 3e corps, M. le lieutenant-colonel comte de Galiffet, qui revint sous le feu des batteries ennemies (exposant sa frêle embarcation au même péril qui avait coûté la vie à tant de braves) pour sauver des flots les malheureux Français qui avaient échappé à l'explosion (1).

Santona capitula le 28 septembre.

(1) Nous ne pouvons mieux faire connaître les détails de cet évènement déplorable, qu'en transcrivant une lettre écrite, à cette époque, par l'officier généreux qui assura, par son courage, le salut des malheureux qui avaient échappé au premier péril.

« Le 3, nous sommes allés visiter toutes les positions des

On a vu, dans le premier livre de cette histoire, les détails de l'arrivée des troupes françaises devant Saint-Sébastien, et ceux de la visite que fit S. A. R. le Prince généralissime aux troupes en

troupes formant le blocus de Santona, et un premier parlementaire avait été envoyé dans la place.

« Le Prince m'avait annoncé qu'il me réservait pour aller traiter des conditions, si la capitulation devait être acceptée. Mais sur la réponse négative du gouverneur, nous étions retournés le soir même à Larédo, et nous en sommes repartis le lendemain 4, à sept heures du matin, dans des *Trincadoures* armées, pour visiter, en passant, les fortifications du côté de la mer, et nous rendre ensuite à bord de la corvette l'*Hébé* qui devait nous transporter à Saint-André.

« Une inspiration heureuse m'avait fait quitter la trincadoure sur laquelle j'étais embarqué, pour prendre celle qui m'avait été destinée. Une erreur m'avait d'abord fait conduire sur l'autre; mais la ferme persuasion où je suis qu'à la guerre chacun doit se trouver à son poste, me fit insister fortement pour le rejoindre. Par un autre bonheur encore, j'avais fait pousser au large avant que le chargement de l'autre trincadoure fût complet, et sans doute la batterie ennemie n'était pas prête alors que nous avons passé. Une chose qui prouve la prédestination, c'est que le malheureux Lacroix, aide-de-camp du Prince, était venu avec plusieurs de ces messieurs dans la petite trincadoure, et qu'une fatalité l'a porté à retourner sur l'autre.

« Nous étions presque hors de portée, et nos camarades nous suivaient de fort près, lorsqu'un boulet tiré par l'ennemi est venu, par un de ces hasards que mille coups ne renouvelleraient pas, tomber sur la sainte-barbe de leur embarcation; dans l'instant tout a été horreur et désastre autour de

position devant la place. Lorsque la division du général Bourcke se porta en avant, un fort détachement du 3ᵉ corps occupa les postes qu'elle abandonnait, et dès-lors le blocus de Saint-Sébastien commença régulièrement.

« nous : une gerbe de feu et de fumée transportant, à une hauteur prodigieuse, les membres épars de nos malheureux camarades et d'une partie de l'équipage, et une détonation terrible, ont été suivies du silence de la mort.

« La proue du bâtiment, moins exposée à l'action du feu, mais désemparée, a sombré devant nous; sur-le-champ nous avons voulu virer de bord pour aller au secours des malheureux qui pouvaient avoir échappé à ce désastre.

« Notre équipage, frappé de terreur, refusait obstinément d'obéir à son chef : «Nous allons éprouver le même sort, s'écriaient à-la-fois tous les matelots. La pièce est pointée, et un second coup va nous frapper. » Ces craintes étaient fondées : mais comment fuir de sang-froid au lieu d'aller au secours des siens? Je me suis élancé au milieu d'eux : « Il faut marcher, leur ai-je « dit, il faut aller porter à nos frères d'armes les secours que « vous voudriez attendre d'eux : voilà de l'or pour vous payer, « voilà mon bras pour vous punir si vous hésitez un instant « encore; et s'il nous faut périr, que cela soit au moins avec « honneur. »

« Mon action, mon air déterminé, un de mes camarades qui leur distribuait des onces d'or, le lieutenant de vaisseau commandant la station de trincadoures de Larédo, M. Taucade, qui, soutenu par nous, renouvelait ses ordres de manœuvre, ne leur ont plus permis de répliquer. Dans cinq minutes nous étions au milieu du débris du bâtiment.

« Sept hommes blessés plus ou moins grièvement ont été sauvés, et n'ont dû la vie qu'à nous. Mais trois de mes cama-

La garnison renfermée dans cette place, espérant toujours recevoir des renforts et des munitions par la voie de la mer, avait montré l'intention de se défendre jusqu'à la dernière extrémité : l'un des frères du comte de l'Abisbal, le colonel O'Donner, entièrement dévoué aux Cortès, commandait un régiment.

La ville de Saint-Sébastien est la plus importante du canton de Guipuscoa. Elle est forte par

rades, cinq domestiques et quatre matelots qui se trouvaient sur la Sainte-Barbe ou tout auprès, ont été mutilés au point que nous avons trouvé des membres épars sur le rivage à près d'un quart de lieue de l'endroit fatal.

« S. A. S. a, sur-le-champ, rendu compte du malheur arrivé et de notre conduite, en réclamant pour un de nos camarades, pour le lieutenant de vaisseau et pour moi, les récompenses méritées par nous, pour avoir sauvé sept hommes sous le feu de l'ennemi, malgré tout le danger que nous courrions, puisque notre trincadoure contenait autant de poudre que l'autre, et que l'ennemi continuait à tirer; mais nous cherchions, parmi ces débris, des hommes, des amis, et le chade de ne plus les retrouver nous rendait indifférents aux coups qui pouvaient nous atteindre.

« Les officiers qui ont péri sont : le capitaine Lacroix, le capitaine Mezeray, du 2ᵉ hussards, et le lieutenant de Baudreville, du 6ᵉ régiment d'artillerie. Sur douze personnes tuées, on n'a pu retrouver que deux cadavres, l'un ayant tous les membres rompus par l'action du feu; et pour les dix autres, un bras, un cœur, et quelques entrailles, sont les seuls débris que les flots nous aient rendus. »

sa position, étant située entre deux bras de mer qui en font une presqu'île, et à l'embouchure de la petite rivière d'*Urumea* : une éminence lui sert comme de digue du côté de l'Océan ; la ville, flanquée de bastions et de demi-lunes, est protégée par un château ou citadelle assez importante, placée sur une montagne presque ronde, assez élevée, nue, sans arbres, et où l'on monte par une rampe en forme de spirale. Saint-Sébastien a un petit port fermé par deux moles laissant un espace très resserré pour le passage des navires, qui trouvent un abri contre les vents derrière une chaîne de rochers : ce port peut contenir de vingt-cinq à trente vaisseaux.

Avant la guerre de 1808, Saint-Sébastien était une ville bien bâtie, riche et populi; sa prospérité dura même pendant tout le temps de la guerre de l'invasion, alors que les Français y tenaient garnison ; mais après la bataille de Vittoria, cette garnison y ayant soutenu un siége long et meurtrier contre les Anglais, les alliés du peuple espagnol, irrités de la résistance héroïque d'une poignée de braves, s'en vengèrent sur les habitants et sur la ville qui devint le théâtre des plus horribles excès. Ruinée par ceux qui prétendaient la délivrer, Saint-Sébastien n'a pas encore réparé ses pertes.

Sans former le siége de la ville, nos troupes n'en resserraient pas moins davantage chaque jour la ligne de blocus, et s'approchaient peu à peu des glacis.

Le gouverneur, voulant en rendre les abords plus difficiles, prit la résolution de détruire le faubourg de Saint-Martin qui nuisait à la défense de la ville.

En conséquence, le 15 juillet, à onze heures du soir, il ordonna une sortie. Six cents hommes environ, disposés en deux colonnes, se portèrent sur le faubourg dans le but de l'incendier; l'une d'elles étant parvenue à repousser le poste de droite, fort de vingt hommes, mit le feu aux maisons les plus rapprochées des glacis. Mais le capitaine Gaultier, du 25ᵉ de ligne, renforcé par une compagnie d'élite, reprit sa position et parvint à éteindre le feu. Au même moment, l'autre colonne attaquait le centre et la gauche de la ligne du blocus. Deux compagnies d'élite soutinrent seules l'attaque de l'ennemi et le repoussèrent sur tous les points : il fut contraint de rentrer dans la place dont le feu le protégeait, et qui, pendant les deux heures que dura cette affaire, lança environ une trentaine d'obus, et tira quelques coups de canon qui n'eurent aucun effet.

Le colonel Clouet, du 19ᵉ léger, commandant

provisoire de la brigade du 2ᵉ corps de réserve chargée de ce blocus (1), cita avantageusement, comme s'étant distingués, le chef de bataillon Feisthamel, le capitaine Gaultier, l'adjudant-major Voisin, et le sous-lieutenant Leautier, dans le 25ᵉ de ligne; les capitaines Reynes et Lemonnier; le lieutenant Boudet; le sergent Michel, le grenadier Marti, et le voltigeur Cazenave, dans le 41ᵉ.

Il se loue aussi du zèle et de l'activité du capitaine de génie Vieux, qui, connaissant les localités, rendit de grands services dans cette occasion.

Le blocus de Saint-Sébastien se continua sans événement mémorable jusqu'à la capitulation qui eut lieu le 3 octobre. Ce fut le lieutenant-

---

(1) Une ordonnance royale du 6 juin avait créé ce 2ᵉ corps de réserve, dont le commandement fut confié au maréchal marquis de Lauriston. Il avait été formé de régiments pris dans les 3ᵉ et 4ᵉ corps de l'armée des Pyrénées et de troupes venues de l'intérieur de la France. Peu de temps après sa formation, son titre fut changé en celui de 5ᵉ corps de l'armée des Pyrénées. Jusqu'à ce que M. le maréchal Lauriston fût entré en Espagne, les troupes qui devaient passer sous son commandement restèrent sous les ordres des chefs des différents corps auxquels elles appartenaient primitivement. C'est pourquoi nous laissons, parmi les opérations du 3ᵉ corps, le récit de l'engagement avec Saint-Sébastien.

général Ricard, commandant la 2⁰ division du 5⁰ corps, qui prit possession de cette place.

Quelque temps avant la capitulation, un brick portant à bord plusieurs transfuges, qui avaient, dit-on, le dessein de tenter une descente sur un autre point, était sorti du fort; mais à peine en mer, il avait été capturé par les bâtiments de la marine royale française qui croisaient dans ces parages.

Le lieutenant-général vicomte de Conchy, avec sa division, avait commencé le blocus de Pampelune. Arrivé devant cette place dans le mois d'avril, presque aussitôt après l'ouverture de la campagne, il y avait été rejoint par le 2⁰ corps, aux ordres du général Molitor, qui marchait de Tolosa sur Saragosse. Au moment de l'arrivée du 2⁰ corps devant Pampelune, un parlementaire avait été envoyé au gouverneur pour l'engager à en ouvrir les portes. Ce chef constitutionnel répondit qu'il était décidé à se défendre. Alors le 2⁰ corps, dont le séjour devant cette ville n'avait pour but que d'effrayer la garnison par un grand déploiement de forces, continua sa route sur l'Aragon, et le général de Conchy demeura seul avec sa division et le corps royaliste espagnol aux ordres du général d'Espagne.

Tous les postes qui pouvaient servir à former la ligne du blocus furent aussitôt occupés, et la surveillance la plus active resserra la garnison dans ses glacis.

Pampelune, capitale de la Navarre, est une ville assez grande, située en partie sur une éminence, et en partie dans une plaine fertile sur les bords de l'Arga, qui baigne une portion de ses murs. Des montagnes élevées l'entourent de tous côtés à deux et trois lieues de distance. On prétend qu'elle fut bâtie par Pompée, après la défaite de Sertorius, d'où elle avait pris le nom de Pompeiopolis.

C'est une place de guerre: ses fortifications ne sont pas cependant bien considérables; mais elle est défendue par deux châteaux, dont l'un est dans la ville; l'autre lui est contigu, quoique hors de l'enceinte de ses murs. Ce dernier, qui est la citadelle, fut bâti par Philippe II; il est fort par sa situation sur le roc; il a cinq bastions, revêtus de pierres et de bons fossés; un marais profond, d'une étendue considérable, en rend les approches difficiles vers le côté par où l'on pourrait l'attaquer. Cette citadelle a une belle tour, plusieurs magasins, une place ornée d'arbres, et une place d'armes au centre même de la forteresse; celle-ci est ronde et s'ouvre par cinq grandes rues directes qui conduisent aux cinq bastions. Un rempart garni de bastions et de demi-lunes, deux ouvrages à cornes qui s'avancent à quelque distance de la place, et qu'on appelle, l'un le *fort de l'Infante*, l'autre le *fort du Prince*, complètent la défense de Pampelune du côté de la plaine; l'autre côté, baigné par les eaux de l'Arga, est suffisamment défendu par l'escarpement, et par une simple muraille que protégent des bastions, dont les feux se croisent et commandent au loin les approches.

Pendant que nos troupes attendaient avec impatience qu'une sortie de la garnison leur fournît les moyens de se mesurer avec elle, l'ordre du jour du 3ᵉ corps signalait à l'admiration de tous les braves, deux braves qui avaient trouvé une occasion particulière de se distinguer.

Le 22 mai 1823, le voltigeur Dumont (Claude), du 9ᵉ régiment d'infanterie de ligne, ayant été grièvement blessé d'un éclat d'obus, sous Pampelune, ce brave soldat tomba aux cris de *Vive le Roi!* et ne cessa de le répéter pendant qu'on le portait devant le front de son bataillon, ajoutant qu'il mourait content, puisqu'il mourait pour le service du Roi, et qu'il crierait *Vive le Roi! Vive Mᵍʳ le duc d'Angoulême* jusqu'à son dernier soupir.

Un si noble dévouement méritait d'être connu; et, sur le compte qui en fut rendu par le prince de Hohenlohe, commandant en chef le 3ᵉ corps, par suite du rapport de M. le lieutenant-général de Conchy, S. A. R., généralissime de l'armée d'Espagne, nomma le voltigeur Dumont chevalier de l'ordre royal de la légion d'honneur.

D'Herbetz, sergent à la 3ᵉ compagnie du 2ᵉ bataillon du 6ᵉ régiment de ligne, étant de garde dans la nuit du 1ᵉʳ juillet au poste avancé de la route de Tolosa (sous Pampelune), faisait sa ronde en avant des factionnaires: il tomba dans une embuscade ennemie. Entouré par cinq Espagnols dont un officier, il se défendit bravement contre eux; et quoique atteint d'un coup de feu qui lui fracassa le bras gauche, il essaya de faire usage de son fusil, qui ne partit pas: alors mettant le sabre à la main, il fondit sur ses assaillants. Blessé de nouveau de deux coups de baïonnette, il était prêt à succomber dans une lutte aussi inégale, lorsqu'au bruit d'un coup de fusil tiré par une sentinelle, l'ennemi l'abandonna et prit la fuite, emmenant avec lui deux des siens blessés.

Sur le rapport de S. A. le prince de Hohenlohe, le Prince généralissime nomma aussi le sergent d'Herbetz chevalier de la légion d'honneur.

La coopération des royalistes espagnols aurait été plus utile au général de Conchy, sans l'esprit d'indiscipline qui se manifestait fréquemment chez eux et qui s'étendait par fois des soldats aux officiers. La prudence du général français, et la fermeté du général d'Espagne, apaisaient souvent ces difficultés dont l'ennemi commun pouvait seul profiter. Mais dans le courant du mois de juin, il se déclara une scission plus grave parmi les troupes de l'armée de la foi. Un ancien compagnon de Mina, nommé Juanito, se fit donner le commandement des volontaires de Navarre, qui formaient la presque totalité des Espagnols employés au blocus de Pampelune.

Les volontaires déclarèrent qu'ils ne reconnaissaient plus le général d'Espagne pour leur commandant, ni la régence formée par le duc d'Angoulême. Le jour de la Saint-Ferdinand, à la suite d'un repas qu'avait donné le général d'Espagne aux officiers sous ses ordres, et auquel avaient été invités les généraux français, ces officiers, quand les Français se furent retirés, signifièrent à leur général qu'ils ne voulaient reconnaître que l'ancienne junte provisoire de Navarre. Après s'être emparés de la caisse de la division espagnole, ils le quittèrent: deux bataillons Arragonais restèrent fidèles. Cependant les Navarrois, qui formaient trois bataillons, continuèrent à garder leurs postes, parcequ'ils reconnaissaient, disaient-ils, sous le rapport militaire, le général de Conchy qui commandait le blocus.

Le lendemain de leur scission, un officier supérieur français fut envoyé seul chez le comte d'Espagne qui le retint près de lui. Cet officier supérieur traversa tous les cantonnements des Navarrois sans éprouver la moindre insulte. Ce qui prouve que leur mécontentement ne se portait pas contre les Français.

Cette scission pouvait avoir des suites fâcheuses; mais, après de longs pourparlers, la raison et l'amour de la patrie l'emportèrent sur les ambitions déçues qui avaient soulevé les passions, et le calme se rétablit. Cependant cet événement ranima le courage de la garnison constitutionnelle.

Le 18 juillet, le gouverneur fit opérer une sortie par environ douze cents hommes, soutenus par deux pièces de canon. Les constitutionnels attaquèrent le front entier de la division royaliste espagnole, en commençant par la droite; partout ils furent repoussés avec vigueur; c'était principalement sur la gauche que leurs efforts avaient été dirigés, et, malgré la protection du fort du Prince, ils furent rejetés jusque sur les glacis de la place par le régiment de l'Infant don Carlos. La mitraille et la fusillade firent alors apercevoir à ces braves royalistes qu'ils s'étaient trop avancés; ils commencèrent leur retraite: l'ennemi qui reprit courage les poursuivit jusque dans la vallée du ruisseau de Montréal; mais

M. le général vicomte Jamin fit, sur-le-champ, marcher un bataillon du 3ᵉ léger, qui obligea les constitutionnels à une retraite précipitée, dans laquelle notre cavalerie leur fit éprouver de grandes pertes.

Dans cet engagement, qui dura plus de deux heures, l'ennemi laissa trente morts sur le champ de bataille, et eut un grand nombre de blessés. Le 3ᵉ régiment d'infanterie légère eut un homme tué et dix-huit blessés : la division espagnole quatre hommes tués et cinquante-deux blessés (1).

Ce fut peu de temps après cette affaire que

(1) S. A. le prince de Hohenlohe, commandant en chef le 3ᵉ corps, en rendant compte à S. A. R. du résultat de cette affaire, lui transmit le rapport de M. le lieutenant-général vicomte de Conchy, qui fait le plus grand éloge de la valeur de toutes les troupes, tant espagnoles que françaises, qui combattirent dans cette journée. Il cite comme s'étant particulièrement distingués, dans le 3ᵉ léger, M. de Lavoyerie et d'Austry de Sainte-Colombe, chefs de bataillons; le capitaine Gourhaël, le sergent Blanc, qui, malgré deux blessures, ne quitta le champ de bataille qu'après avoir brûlé ses cartouches; le caporal Flandin, qui revint au combat après s'être fait panser d'une blessure assez grave, et le caporal Bastain, qui a reçu deux coups de feu et deux coups de baïonnette.

Il fait un éloge particulier de la belle conduite de M. le marquis de Tressan, colonel du 3ᵉ léger, et de celle de M. Baraguay d'Hilliers, chef de bataillon du 9ᵉ de ligne.

M. le lieutenant-général comte d'Espagne, commandant la

M. le maréchal Lauriston vint prendre le commandement des troupes devant Pampelune, et convertir le blocus en siége. Ces événements trouveront leur place dans le récit des opérations du 5ᵉ corps.

division royale espagnole, donna, dans cette circonstance, de nouvelles preuves de talent et de courage. Il se loua particulièrement de MM. les colonels don Juan Villanueva, et don José Zagara; de MM. le lieutenant-colonel Antonio Laplan; et du sous-lieutenant Lespinasse, du régiment de don Carlos. Ce dernier arracha, des mains de l'ennemi, deux soldats français grièvement blessés et fut blessé lui-même.

CHAPITRE VIII.

OPÉRATIONS DU 5ᵉ CORPS. — ARRIVÉE DU MARÉCHAL LAURISTON DEVANT PAMPELUNE. — COMMENCEMENT DU SIÈGE. — ATTAQUE ET PRISE DES FAUBOURGS DE LA ROCHEAPPEA ET DE LA MADELEINE. — MORT DU COLONEL SAINT-GILIES. — OUVERTURE DE LA TRANCHÉE. — TRAVAUX DU GÉNIE ET DE L'ARTILLERIE. — COMMENCEMENT DU FEU DES BATTERIES FRANÇAISES. — CAPITULATION DE PAMPELUNE. — PROCLAMATION DU MARÉCHAL LAURISTON.

En prenant le commandement du 2ᵉ corps de réserve de l'armée des Pyrénées, qui prit plus tard le titre de 5ᵉ corps, M. le marquis de Lauriston avait reçu le bâton de maréchal de France; aussitôt que le corps qui était placé sous ses ordres fut organisé, il arriva en Espagne, et dès-lors les opérations du blocus de Pampelune devinrent des travaux de siége qui furent poussés avec activité.

Avant l'arrivée de M. le maréchal devant cette place (le 27 août), le génie n'avait pas encore pu faire, autour des fortifications, les reconnaissances nécessaires; il fallait, pour lui en donner les moyens, chasser l'ennemi de tous les dehors qu'il occupait, tant du côté du faubourg de la Madeleine, vis-à-vis Burlada, que du côté du faubourg de la Rocheappea. Ces deux faubourgs, placés sous le feu de la ville, à tiers de portée de mitraille, se trouvant adossés à des escarpements de trente à quarante pieds, étaient regardés, avec raison, par l'ennemi comme très importants, parcequ'ils donnaient les moyens d'empêcher les approches, et par conséquent toutes les reconnaissances, même contre la citadelle.

D'après la demande du général commandant le génie, le maréchal de Lauriston se détermina à faire, sur-le-champ, l'attaque du faubourg de la Rocheappea, qu'il ne voulait d'abord entreprendre que la nuit de l'ouverture de la tranchée.

Le 3 septembre, la 7e division commandée provisoirement par le général Jamin, composée des 3e léger, 6e, 9e, et 14e de ligne, et qui était placée devant les faubourgs de la Rocheappea et de la Madeleine, fut chargée de cette attaque. Elle devait être soutenue par les feux et les attaques du 20e léger, des 33e et 40e de ligne de la division Pêcheux, et par une partie des troupes espagnoles, ainsi que par quelques batteries.

L'affaire commença à cinq heures et demie; et à sept heures et demie, les deux faubourgs furent occupés par nos troupes, qui emportèrent des maisons crénelées et retranchées, avec un courage vraiment extraordinaire et malgré une pluie de mitraille. Il fallut marcher à découvert jusqu'à ces maisons; et comme ce côté de la ville est très escarpé, et que nos soldats se déployaient dans une plaine, l'attaque ne put être soutenue que par quelques batteries de mortiers et d'obusiers, placées à des distances de quatre à cinq cents toises. Deux maisons, le couvent de San-Pedro, d'un côté, et la maison Blanche sur la route de Tolosa, de l'autre, étant crénelées et retranchées, l'ennemi voulait les défendre opiniâtrément. Quelques brèches faites par deux pièces de huit et de seize suffirent pour les lui faire promptement évacuer. On ne pouvait espérer une réussite aussi prompte d'une attaque que rendait très difficile la position des batteries de la place du côté de la Rocheappea. Nos troupes furent obligées d'enfoncer, à coups de haches, les portes de toutes les maisons du faubourg que l'ennemi avait barricadées. Le feu de mousqueterie dura jusqu'à neuf heures et demie. L'ennemi tira continuellement à mitraille et lança un grand nombre de bombes et d'obus contre nos batteries.

De son côté, le général Pêcheux avait fait prendre possession de la redoute du Prince par le général Fernig, avec le 40º régiment et les compagnies de grenadiers de l'Infant don Carlos. Cette redoute qui était autrefois un ouvrage à cornes, n'est plus actuellement qu'une lunette à deux cents toises de la place. Le général Pêcheux chassa l'ennemi de tous les petits postes qu'il occupait au-dehors, de sorte que le génie put, sans être trop inquiété, faire ses reconnaissances.

Le but de l'attaque fut parfaitement rempli et avec une perte peu considérable, quoiqu'il eût fallu attaquer, toujours à découvert, un ennemi protégé par le feu de mousqueterie de la ville, et par des batteries chargées à mitraille. Mais rien ne fut impossible à nos braves soldats. L'attaque des deux faubourgs fut conduite avec une vigueur extraordinaire par le vicomte Jamin, commandant provisoirement la 7ᵉ division. Ce fut le général Quinsonnas qui attaqua le faubourg de la Madeleine et l'emporta. Le général Damrémont, avec un bataillon du 20ᵉ léger, soutint, par une attaque de flanc, celle qui était dirigée contre la maison Blanche par le 3ᵉ léger, de la 7ᵉ division, conduit par le général de Tressan et par son colonel, M. de Saint-Gilles qui y fut blessé (1). La division Pêcheux, continuellement

---

(1) M. le colonel de Saint-Gilles mourut devant Pampelune des suites de ses blessures. Il reçut à ses funérailles tous les honneurs militaires dus à son rang, et fut vivement regretté de tous. M. le comte de Sesmaisons, sous-chef d'état-major du 5ᵉ corps d'armée, prononça, sur la tombe de son ami, au bastion Gonzague, le 21 septembre, un discours dont nous extrairons les passages suivants.

« Messieurs, laisserons-nous la terre se refermer en silence

à découvert sous le feu de la place, sut profiter avec habileté de tous les accidents du terrain, et réussit dans toutes ses attaques. Le comte d'Es-

« sur le sein de notre compagnon d'armes? Non, nous éprouvons
« le besoin de laisser éclater notre douleur. Il semble qu'il y ait
« quelque consolation pour nous à connaître toute notre perte,
« et, quand nous venons d'accomplir un si beau fait d'armes,
« à bien savoir tout ce qu'il nous coûte.

« Le colonel de Saint-Gilles appartenait à une très ancienne
« famille de Bretagne, où la gloire des armes était comme
« héréditaire. Bertrand de Saint-Gilles, son aïeul, ou Bertrand
« de Saint-Pern, avait été parrain de ce fameux Bertrand Du-
« guesclin qui se signala en tant de lieux et en ces pays
« mêmes.

« Le colonel de Saint-Gilles fut appelé à la défense de la
« France en 1813, et bientôt il se fit distinguer. La France, par
« un coup de miracle de la Providence, fut conservée pour
« les Bourbons; Saint-Gilles fut placé dans leur garde.

« Nous l'y avons connu, messieurs, nous y avons appris à
« l'aimer. Il était bon ami comme bon soldat.

« Le roi ayant décidé que des officiers de la ligne seraient
« successivement appelés à l'honneur de le garder, on dut
« leur ouvrir les rangs de la garde, et notre camarade passa
« lieutenant-colonel dans la ligne. Vous l'avez vu y donner tous
« les exemples militaires et mériter par-tout la confiance du Roi,
« l'estime de ses chefs, l'amitié de ses camarades, l'attachement
« des soldats.

« Jusqu'ici nous l'avons suivi dans une carrière d'obéissance;
« nous allions savoir ce qu'il saurait être dans celle du comman-
« dement d'un régiment ou plutôt nous l'avons vu, messieurs ;
« son zèle s'est accru, il a redoublé d'énergie, et il a été cher-
« cher la victoire au milieu des plus grands dangers. »

pagne et les royalistes de Navarre manœuvrèrent également avec beaucoup de valeur et d'habileté (1).

Dès le 27 août, jour de l'arrivée du quartier-général devant la place, le génie s'était occupé, avec la plus grande activité, des travaux d'approvisionnement en fascines, gabions, etc., et de reconnaître les différents fronts tant de la ville que de la citadelle.

Après l'enlévement des deux faubourgs, on occupa les postes qu'on avait forcé l'ennemi d'a-

---

(1) Dans cette affaire se distinguèrent particulièrement :
MM. le vicomte Jamin, le baron Pêcheux, lieutenants-généraux ; le vicomte Garbé, maréchal-de-camp commandant le génie ; MM. le comte Denis de Damrémont, le baron Higonet, le comte de Tressan, le comte de Quinsonnas, le chevalier de Fernig, maréchaux-de-camp.

Dans le 5ᵉ régiment de ligne, M. Broussier, colonel ;

Dans le 9ᵉ de ligne, M. Brémont, colonel ;

Dans le 14ᵉ de ligne, M. le vicomte de la Forest d'Armaillé, colonel ;

Dans le 3ᵉ léger, MM. de Saint-Gilles, colonel ; de Kock, lieutenant-colonel (blessé grièvement) ; D'Austry de Sainte-Colombe, chef de bataillon ;

Dans le 3ᵉ de chasseurs à cheval, M. le comte d'Aloigny, chef d'escadron.

Dans le corps royal du génie, MM. de Merlis, Lemercier, Répécaud, chefs de bataillon ; Breistroff, Chambaud, Bizot-Brice, Dumesnil-Adélée, Augoyat, Vieux, capitaines ; de Récicourt, Durivau, lieutenants.

bandonner, et on les retrancha sous le feu de sa mitraille.

Ces travaux furent continués jusqu'au 7, sans interruption, tant la nuit que le jour.

On avait déterminé, dans le conseil de M. le maréhal, que le point de l'attaque principale serait la citadelle de Pampelune. S. Exc. ayant fixé irrévocablement la nuit du 10 au 11 pour l'ouverture de la tranchée, elle ordonna que, dans la nuit du 7 au 8, on ferait sur la ville une attaque simulée, laquelle serait cependant conduite de manière à pouvoir, au besoin, servir d'attaque véritable. En conséquence, des ordres furent donnés pour que, dans cette nuit, on ouvrît, à trois cents toises des murs de la Rocheappea une tranchée, dont la gauche s'appuyait au couvent de San-Pedro, et la droite à l'Arga, près de Puente-Nuevo, où elle se réunissait à une autre pratiquée sur la rive gauche, en face du bastion Gonzague. Ce travail fut exécuté avec succès par le chef de bataillon Lemercier; et l'artillerie fit construire, dans cette parallèle, une batterie de six pièces de 24, pour battre en brèche la courtine et la porte. Les travaux de cette attaque continuèrent pendant les journées du 8 et du 9, et de nuit, afin que l'ennemi fût occupé sur ce point, tandis que l'on achevait les reconnaissances sur le front d'attaque de la citadelle et que l'on préparait, dans des dépôts, couverts de la place, les matériaux nécessaires à l'ouverture de la tranchée.

Le 10, à sept heures du soir, trois mille cinq cents hommes de tous les corps étaient réunis, sur trois points indiqués, à la queue de la tranchée et parfaitement couverts de la citadelle. M. le vicomte Garbé, maréchal-de-camp, commandant le génie, avait divisé la parallèle à établir en trois parties, dont chacune était confiée à un chef de bataillon du génie ayant quatre officiers sous ses ordres. Le terrain sur lequel on avait fait tracer la parallèle était rempli de cailloux et de gallets, et ne pouvait, par conséquent, être ouvert sans occasioner un grand bruit et produire beaucoup d'étincelles. Il était de la plus grande importance de cacher à l'ennemi le travail de cette première nuit, au moins jusqu'à ce que les travailleurs fussent couverts : tout le succès du siége dépendait du résultat de ce premier travail ; et il était d'autant plus difficile de le lui dérober, que nous approchions, dans une grande partie, de quatre cents mètres des chemins couverts.

Quoiqu'il n'eût que huit cents gabions en approvisionnements, le général du génie se décida, vu la foiblesse du corps d'armée assiégeant à employer la sape volante, excepté dans les parties de la parallèle qui présentaient déja quelques couverts, et dans les communications. Au moment où l'on disposait les colonnes de travailleurs, il survint un orage mêlé d'éclairs et de tonnerre qui, en très peu d'instants, fit grossir tous les ruisseaux et rendit le terrain tellement glissant, que les hommes chargés de leurs armes, d'un gabion et de deux outils, tombaient à chaque instant embarrassés de leur charge, ce qui retardait leur arrivée sur les différents points de la parallèle. La lune n'était pas encore couchée, mais elle était si obscurcie par les nuages, que l'orage paraissait plus favorable que nuisible. Malgré ce contre-temps, les trois mille cinq cents travailleurs étaient placés, et le signal de commencer fut donné. Une heure après, l'ennemi s'aperçut du travail. Il lança quelques pots à feu qui n'arrivèrent pas jusqu'à la tranchée. Il commença à tirer à mitraille de la place, et la fusillade partit en même temps du chemin couvert. Il lança aussi des obus, mais les gabions étaient déjà remplis, et l'ennemi qui croyait nos soldats plus éloignés portait ses feux au-delà de notre ligne. Aussi le travail ne fut-il presque pas arrêté: on compta à peine quelques blessés; et au jour on était, par-tout, à trois pieds de profondeur et par conséquent à couvert des feux de la citadelle.

A quatre heures du matin, deux mille travailleurs de jour vinrent relever ceux de la nuit, et travaillèrent toute la journée à porter la parallèle, qui avait deux mille quatre cents mètres de développement à son point de perfection. M. le maréchal témoigna, aux officiers du génie employés dans cette nuit, sa satisfaction sur le résultat obtenu par leur courage et leur persévérance (1). Le siége de Pampelune était décidé et le succès n'était plus douteux.

Le grand nombre de travailleurs employés pendant cette nuit et le jour suivant, et la foiblesse de l'armée de siége, ne permettaient plus de mener de front le travail des tranchées et celui des batteries. Le moment pour l'établissement de l'artillerie de siége était arrivé; on dut rallentir les travaux du génie, pour laisser aux officiers de l'artillerie la faculté de pousser les leurs. Il fallut élargir la parallèle, pour que les voitures pussent la parcourir dans tous les sens, faire des communications aux batteries, en ouvrir de nouvelles avec les dépôts de tranchée. C'est ce que l'on fit dans les journées du 12, du 13, du 14, et du 15, ainsi que pendant les nuits.

(1) Dans cette nuit, se distinguèrent: MM. le vicomte Garbé, maréchal-de-camp, commandant le génie; le chevalier de Fernig, maréchal-de-camp; Schneider, colonel du 20° léger; Deschallards, colonel, major de tranchée; Lafaille, lieutenant-colonel du génie; Lemercier, Répécaud, de Merlis, chefs de bataillon du génie.

Cependant l'artillerie avait eu de grandes difficultés à vaincre : les pluies avaient rendu les chemins si mauvais, que le transport des pièces et de tout l'attirail ne s'effectuait qu'avec peine. Les canonniers, dévoués comme à l'ordinaire, travailloient nuit et jour, sans se rebuter, à élever les batteries dans la tranchée, sous le feu de la citadelle. Le maréchal s'était occupé particulièrement à diriger, avec le général Bouchu, les principales dispositions de l'attaque pour contre-battre ou ricocher toutes les parties du front attaqué, avec cinquante bouches à feu de 16 ou de 12, en huit batteries, indépendamment de trente-un mortiers ou obusiers, en cinq batteries précédemment établies. Dans la journée du 15, l'ennemi avait redoublé son feu pour détruire les nouvelles batteries qui s'élevaient; il était parvenu même à en endommager deux. Malgré tous ces obstacles tout fut prêt à temps, et le feu fut ordonné pour le 16 au matin.

Dans la nuit du 15 au 16, le génie, ayant les travailleurs à sa disposition, ouvrit, à la sape volante, trois boyaux d'environ cent toises chacun, au centre et aux deux ailes en avant de la parallèle, avec des retours pour placer des compagnies de voltigeurs, à portée de soutenir la tête des attaques; il s'employa aussi à ouvrir les communications des batteries. Tout concourut

à compléter notre opération de la journée et à en assurer le succès.

Le 16, à la pointe du jour, le combat s'engagea entre nos canonniers et ceux de la garnison. La supériorité de notre feu sur celui de la place, balancée dans les premiers instants, ne tarda pas à se faire reconnaître. Avant neuf ou dix heures, la plupart des embrasures de la citadelle étaient entamées; celles du grand cavalier, ou bastion royal, s'écroulaient, pour ainsi dire, sous nos coups; chaque boulet dans la maçonnerie faisait l'effet d'un coup de mitraille par les éclats de pierres. Dans nos tranchées, au contraire, nos épaulements résistaient; et quoique beaucoup de boulets portassent, la plupart s'enterraient sans faire de mal. L'ennemi commençait à répondre plus faiblement, ayant, comme on l'a su depuis, un grand nombre de canonniers déja hors de combat. Les nôtres redoublaient de vigueur, et tiraient constamment avec précision, sans précipitation ni désordre. Le résultat d'une lutte pareille ne pouvait être long-temps douteux. Le silence de la citadelle ralentit notre feu, qui bientôt cessa tout-à-fait, faute d'aliments. Vers deux heures, le drapeau espagnol fut arboré dans une partie apparente du rempart; bientôt après il fut remplacé par un drapeau blanc. L'ordre fut aussitôt donné de cesser le feu par-tout, mais néanmoins de continuer les travaux de la tranchée. Dans la nuit, en effet, on acheva une communication importante, et l'on pratiqua des trous de loup en avant de la tête de zigzags, pour y placer, deux à deux, des tirailleurs choisis, chargés de tirer, sans relâche, sur les embrasures et les canonniers de la place.

Ces précautions, qui pouvaient n'être pas inutiles, le devinrent toutefois par l'évènement. Le général Damrémont commandant la tranchée, fit parvenir, sur le soir, au maréchal Lauriston une lettre du gouverneur qui demandait à lui envoyer des parlementaires pour traiter de la capitulation. Le maréchal répondit qu'il était disposé à les recevoir; et, à minuit, ils arrivèrent au quartier-général. Après quelques explications, ils furent renvoyés en ville avec le chef d'état-major du 5ᵉ corps, le maréchal-de-camp Saint-Cyr-Nugues, qui fut chargé des instructions et des pouvoirs nécessaires pour conclure et signer. Il revint, le 17 au matin, avec la capitulation. Mais en vertu des ordres qu'il avait reçus et du dernier article, il fit, en sortant de la place, occuper, par des compagnies d'élite, les portes de secours de la citadelle et de la Taconera. Ensuite un bataillon entra dans la citadelle; le général Damrémont établit l'ordre en ville et prépara le casernement pour l'entrée des troupes. La garnison prisonnière de guerre s'élevait à trois mille quatre cents hommes. Après avoir déposé les armes, elle fut dirigée, sous bonne escorte, sur Saint-Jean-Pied-de-Port.

Il est facile d'apprécier l'ensemble du siège de Pampelune : précédé le 3 septembre par une brillante affaire d'infanterie; commencé le 10 par une ouverture de tranchée qui fait honneur au génie; terminé le 16 par un feu d'artillerie vivement et habilement dirigé, et qui a miné en peu d'heures les défenses de la place. Contre une garnison plus nombreuse, et qui eût pu espérer du secours, notre armée, malgré son immense matériel d'artillerie, n'aurait certainement pas pu entreprendre ce siège. L'infanterie a suppléé par son zèle et sa valeur à tout ce qui manquait en munitions et approvisionnements.

La garnison espagnole qui était dans Pampelune partit pour Saint-Jean-Pied-de-Port le 19 septembre au matin, escortée par deux bataillons et par un escadron, afin de la protéger contre les volontaires armés et les habitants exaspérés par trois années de tyrannie et marquées par des crimes de toutes sortes. La garnison était de trois mille huit cents hommes, et il en partit trois mille quatre cent trente-trois, dont trois cents officiers. Beaucoup emmenèrent leurs femmes avec eux. Les blessés en état de partir voulurent suivre la garnison; il ne resta aux hôpitaux que cent soixante-dix blessés ou malades. Deux cents hommes à-peu-près qui appartenaient à la garde royale, et que l'on faisait servir de force, furent licenciés et dirigés ensuite sur Madrid.

Les royalistes de la Navarre avaient tant souffert des vexations des constitutionnels, qu'après la prise de Pampelune une réaction violente était à craindre. M. le maréchal Lauriston réussit cependant à calmer les passions populaires par la proclamation suivante :

« NAVARROIS,

« Le territoire de la Navarre est délivré du joug révolutionnaire; la capitale de la Navarre, Pampelune, est soumise à votre Roi; le drapeau de Ferdinand VII flotte sur ses remparts; les autorités légitimes sont rétablies; vos lois vont reprendre leur cours. Navarrois, que votre générosité égale tous les bons sentiments dont vous êtes animés pour votre Roi et votre patrie; ne vous livrez pas à des vengeances particulières. Vous avez beaucoup souffert, mais laissez à la justice le soin de poursuivre les coupables; ne les imitez pas: ce serait trop au-dessous des vrais Espagnols. Mettez votre confiance dans les autorités qui vous gouvernent; que votre noble conduite ramène à votre Roi ceux de ses enfants qui n'ont été qu'égarés, vous augmenterez par-là le nombre de ses sujets fidèles. Navarrois, vous trouverez toujours aide et soutien dans cette armée française, votre alliée, qui ne veut remporter, en quittant l'Espagne, que la gloire de l'avoir délivrée du joug révolutionnaire et de lui avoir rendu son Roi. »

Le langage de la raison et d'une politique généreuse fut compris. M. le maréchal, assuré de la tranquillité de la Navarre, put quitter cette province, et se diriger vers les frontières de la Catalogne et de l'Aragon, où de nouveaux succès attendaient les braves qui combattaient sous ses ordres.

LIVRE IV.

CHAPITRE PREMIER.

ÉVÉNEMENTS DEVANT CADIX. — PRÉPARATIFS DE DESCENTE DANS L'ÎLE DE LÉON. — ARRIVÉE D'UN PREMIER PARLEMENTAIRE A CHICLANA. PREMIÈRE NOUVELLE DE LA DÉLIVRANCE DU ROI. — RETOUR DU QUARTIER-GÉNÉRAL A PORT-SAINTE-MARIE. — ARRIVÉE D'UN SECOND PARLEMENTAIRE. — TROUBLES DANS CADIX. — RÉVOLTE DES MILICIENS. — PROCLAMATION AU NOM DU ROI. — DÉBARQUEMENT DU ROI A PORT SAINTE-MARIE. — DÉCRET.

La position respective des armées française et constitutionnelle, à la fin du mois de septembre, était à-peu-près la même dans toute l'Espagne. Des succès pareils sur tous les points avaient forcé les révolutionnaires à se réfugier dans le petit nombre de places fortes qui n'avaient point encore subi l'épreuve d'un siége, et qui par conséquent étaient encore en leur pouvoir. Les généraux français, convaincus de la faiblesse de l'ennemi, et celui-ci, sentant qu'il lui était désormais impossible de tenir la campagne, restaient dans une inaction égale; car des deux côtés tous les yeux étaient tournés vers Cadix, et chacun semblait comprendre que du sort de cette capitale de la révolution dépendait celui du parti révolutionnaire.

La haute prévoyance du Prince généralissime avait aussi pressenti que l'armée des Pyrénées touchait au but de la noble entreprise qu'il lui avait été ordonné d'accomplir. S. A. R., certaine qu'un dernier effort ferait tomber les fers du Roi catholique, pressait avec activité les préparatifs de la descente dans l'île de Léon : déja, afin de se trouver plus rapprochée du lieu où le combat allait recommencer, elle avait transporté son quartier-général à Chiclana.

L'attaque avait été fixée au 29 septembre, lorsque le 28 au soir S. A. R., revenant de visiter les travaux de la tranchée, reçut la nouvelle qu'un gentilhomme de la chambre du Roi d'Espagne était arrivé avec une lettre qui annonçait la liberté du Roi, et demandait au Prince de lui fixer le lieu où il voulait le recevoir.

On a vu plus haut (liv. 3, chap. 6) les motifs d'impérieuse nécessité qui avaient obligé les membres des Cortès à offrir eux-mêmes au monarque captif la liberté dont ils l'avaient privé.

Cette lettre, la nouvelle importante qu'elle renfermait, ce dénouement aussi heureux qu'invraisemblable, remplirent tous les cœurs de joie et aussi de regrets, car c'était la veille d'une entreprise où chacun se promettait gloire et succès que la campagne était terminée.

Le Prince, ne pouvant donner toute confiance à cet événement inattendu, ordonna que rien ne fût changé dans les dispositions déja arrêtées. Sainte-Marie avait été le lieu fixé pour recevoir le Roi; S. A. R. y rétablit son quartier-général.

Le prince de Carignan, le duc de l'Infantado, président de la Régence, le ministre d'état don Victor Saez, l'ambassadeur de France, M. le marquis de Talaru, et M. le colonel de Bouttourlin, aide-de-camp de l'empereur de Russie, s'étaient réunis afin de se trouver au débarquement du Roi. La journée du 29 se passa dans l'attente de cet événement, objet de tous les vœux.

Mais de nouveaux obstacles s'étaient élevés dans l'île de Léon: après le départ du comte de Torres, le bruit de ce qui venait de se passer à Cadix s'était répandu parmi les miliciens de Madrid. Ils se révoltèrent à l'idée d'une délivrance sans condition, qui les laisserait à la merci des Français et de la Régence; et le lendemain au matin ils déclarèrent qu'ils s'opposeraient au départ du Roi, à moins qu'on ne réglât quelques stipulations, et qu'ils n'eussent des garanties positives. Les chefs révolutionnaires, sans pouvoir sur la multitude, se virent forcés pour prévenir quelque catastrophe de convenir que le départ du Roi serait suspendu, et qu'on enverrait à sa place le général Alava, avec des instructions pour dresser les conditions de la délivrance du Roi et de la soumission de l'île et de Cadix.

Tout était préparé à Sainte-Marie pour la réception de S. M. C.; les maisons étaient décorées de drapeaux et de tapisseries. La population était rassemblée sur le port, lorsqu'au lieu du Roi on vit arriver à cinq heures du soir, après une journée d'impatience, le bateau d'un parlementaire. Il se manifesta dans la multitude et parmi les soldats une indignation qu'on eut peine à contenir.

Le général Alava était porteur d'une lettre signée de S. M., qui assurait que le Roi était parfaitement libre et qu'il se rendrait à Port-Sainte-Marie avec toute sa famille, et aussitôt qu'on serait convenu de quelques conditions pour la sûreté de la garnison assiégée. C'était de laisser l'île de Léon, Cadix, et toutes les places encore occupées par les troupes constitutionnelles, jusqu'à la publication de l'amnistie et d'une charte qui les mît à l'abri des vengeances et des persécutions.

Cette lettre fut remise au Prince généralissime, qui refusa de voir le général Alava, et lui fit répondre qu'il n'y avait plus d'alternative entre l'assaut et une soumission sans réserve, ajoutant que, s'il était fait le moindre outrage au Roi et à la famille royale, toute la garnison et les autorités seraient passées au fil de l'épée. Le général Alava repartit, et de tous les côtés les ordres furent donnés pour l'assaut; le drapeau blanc qu'on avait arboré sur les remparts de Cadix fut retiré, et quelques coups de canon, tirés sur les bâtiments français qui s'en approchaient, annoncèrent la reprise des hostilités.

Toute la journée du 30 se passa, du côté des Français, dans l'ardeur de terminer les dispositions prises pour l'attaque générale; du côté des Espagnols, dans la terreur et l'anxiété.

Enfin les chefs du gouvernement, ne voyant sans doute aucun autre moyen d'apaiser l'agitation menaçante des miliciens, et sentant quelle responsabilité pèserait sur leur tête dans le cas où le sort de la famille royale serait compromis par une soldatesque égarée et furieuse, publièrent au nom du Roi la proclamation suivante :

« ESPAGNOLS,

« Le premier devoir d'un roi est de faire le bonheur de ses sujets, et ce bonheur étant incompatible avec l'incertitude de la nation sur son sort futur, je m'empresse de calmer l'inquiétude que pourrait produire la crainte de voir régner le despotisme et l'animosité d'un parti.

« Uni avec la nation, j'ai couru avec elle les dangers de la guerre; mais la loi impérieuse de la nécessité m'oblige à lui donner un terme. Dans ces circonstances affligeantes, ma voix puissante peut seule éloigner du royaume les vengeances et les persécutions; un gouvernement sage et juste peut seul réunir toutes les volontés; ma présence dans le camp ennemi peut seule dissiper les horreurs qui menacent l'île Gaditane, ses loyaux habitants, tant d'Espagnols de mérite qui y sont réfugiés.

« Étant décidé à faire cesser les désastres de la guerre, j'ai résolu de sortir d'ici demain; mais avant, je veux faire connaître les sentiments de mon cœur, en publiant le manifeste suivant:

« 1° Je déclare de ma libre volonté, et promets sous la foi de ma parole royale que, si la nécessité exige des changements aux institutions politiques de la monarchie qui existent actuellement, j'adopterai un gouvernement qui fasse la félicité complète de la nation; et je garantis la sûreté personnelle, la propriété, et la sûreté civile des Espagnols.

« 2° Je promets de la même manière un oubli général, complet et absolu de tout ce qui s'est passé, sans aucune exception, afin que de cette manière la tranquillité, la confiance et l'union, si nécessaires à l'intérêt commun et si desirées par mon cœur paternel, se rétablissent entre tous les Espagnols.

« 3° Je promets de la même manière que, quels que soient les changements que l'on fasse, les dettes et les obligations contractées par la nation et pour le gouvernement, sous le système actuel, seront toujours reconnues comme je les reconnais.

« 4° Je promets et assure aussi que tous les généraux, chefs et officiers, sergents et caporaux de l'armée et de la marine, qui jusqu'à présent sont restés attachés au système actuel du gouvernement, et en quelque point de la Péninsule que ce soit, conserveront leurs grades, emplois, solde et titres honoraires. Les employés militaires, civils et ecclésiastiques qui ont suivi le gouvernement et les Cortès conserveront pareillement les leurs : quant à ceux qui, par raison de réforme, ne pourraient pas conserver leur emploi, ils jouiront de la moitié de la solde qu'ils auraient alors.

« 5° Je déclare et assure également que les miliciens et volontaires de Madrid, de Séville et autres points, qui se trouvent dans cette île, ainsi que les Espagnols réfugiés dans son enceinte et qui ne sont pas obligés d'y demeurer, pour raison de leur emploi, pourront aussitôt retourner dans leurs foyers, ou se rendre sur le point du royaume qui leur conviendra, sous l'entière assurance qu'ils ne seront pas molestés pour leur conduite politique ou pour leurs opinions antérieures : les miliciens qui auraient besoin de secours obtiendront, pendant leur route, ceux qu'on accorde aux individus de l'armée permanente.

« Les Espagnols de la classe ci-dessus, et les étrangers qui voudront sortir du royaume, jouiront de toute liberté à cet égard, et ils obtiendront les passe-ports nécessaires pour le pays qui leur conviendra. »

On attacha à cette proclamation le nom de Ferdinand VII, et les miliciens s'apaisèrent ; mais les hommes qui, par leur position, étaient à portée de savoir jusqu'à quel point cette pièce était l'expression des véritables sentiments du Roi, un grand nombre de membres des Cortès, ceux qui avaient pris une part active au gouvernement révolutionnaire, la plupart des officiers généraux et supérieurs qui avaient commandé les troupes constitutionnelles, et tous ces étrangers démocrates cosmopolites que la révolution de 1820 avait attirés dans la Péninsule, et qui avaient été repoussés par les armes françaises jusque dans l'île de Léon, se disposèrent à quitter Cadix. Le pavillon blanc fut de nouveau arboré sur les remparts ; l'avis du départ de la famille royale fut porté à Sainte-Marie, et la nuit se passa tranquillement.

Enfin le 1er octobre, à onze heures du matin, une chaloupe portant le pavillon royal d'Espagne, suivie d'une multitude de barques ornées de drapeaux aux armes des deux nations, arriva devant la place principale de Port-Sainte-Marie, où était réuni tout ce qu'il y avait de Français et d'Espagnols dans cette ville : plusieurs bataillons et escadrons de la garde royale étaient en ligne sur la place, et S. A. R. le Prince généralissime, entouré de son état-major, accompagné du prince de Carignan, de la Régence d'Espagne, et de l'ambassadeur de France, y attendait la famille royale délivrée. LL. MM. le Roi et la Reine, les Infants et les Infantes, débarquèrent au bruit des salves d'artillerie de Cadix et de toute la côte.

En arrivant, le premier mouvement du Roi fut de se jeter dans les bras de Mgr le duc d'Angoulême, qui dut alors jouir du fruit de ses travaux et de sa gloire. Les acclamations unanimes des spectateurs de cette scène si grande et si touchante témoignèrent la part que chacun y prenait. Les acclamations se répétèrent au passage de l'imposant cortège qui conduisit la famille royale jusqu'à la résidence qui lui avait été préparée, et aux cris de *Vive le Roi Ferdinand*, *vive la religion*, se mêlèrent ceux de *Vive le duc d'Angoulême, vive la brave armée française.*

Un des premiers soins du Roi, après avoir té-

moigné sa reconnaissance aux généraux et soldats auxquels il devait sa délivrance, fut de montrer sa satisfaction à la Régence qui avait gouverné l'Espagne pendant sa captivité ; et voulant lui en donner une marque en reprenant l'exercice de l'autorité royale, il nomma un de ses membres, don Victor Saez, son secrétaire d'état.

Le décret suivant, rendu le jour même de son débarquement, annula les actes du gouvernement révolutionnaire, et annonça au peuple espagnol qu'il entendait reprendre l'exercice de son autorité telle qu'elle était avant que la rébellion de quelques soldats et l'usurpation des Cortès y eussent porté aucune atteinte.

« Les scandaleux événements qui précédèrent, accompagnèrent, et suivirent l'établissement de la constitution démocratique de Cadix, au mois de mars 1820, ont été bien publics et connus de tous mes sujets.

« La plus criminelle trahison, la plus honteuse lâcheté, l'attentat le plus horrible contre ma royale personne, et la violence, furent les moyens employés pour changer essentiellement le gouvernement paternel de mon royaume en un code démocratique, source féconde de désastres et de malheurs.

« Mes sujets, accoutumés à vivre sous des lois

sages, modérées, et conformes à leurs usages et à leurs mœurs, et qui pendant tant de siécles ont fait le bonheur de leurs ancêtres, donnèrent bien promptement des preuves publiques et universelles de leur mécontement et de leur mépris du nouveau régime constitutionnel : toutes les classes de l'état ressentirent le mal causé par les nouvelles institutions.

« Gouvernés tyranniquement en vertu et au nom de la constitution, et épiés dans leur intérieur, il n'était pas possible de réclamer l'ordre ni la justice, et ils ne pouvaient obéir à des lois établies par la lâcheté et la trahison, soutenues par la violence, et source du désordre le plus épouvantable, de l'anarchie la plus désolante, et de la détresse universelle.

« Une voix unanime retentit de toutes parts contre la tyrannique constitution; elle retentit pour la cessation d'un code nul dans son origine, illégal dans sa formation, injuste dans son contenu; elle retentit enfin pour le soutien de la sainte religion de leurs ancêtres, pour le rétablissement des lois fondamentales, et pour la conservation de mes droits légitimes; droits que j'ai reçus de mes ancêtres, que mes sujets ont solennellement reconnus.

« Le cri général de la nation ne fut pas stérile.

« Dans toutes les provinces se formèrent des

corps armés qui se liguèrent contre les soldats de la constitution : quelquefois vainqueurs, d'autrefois vaincus, ils demeurèrent toujours constants à la cause de la religion et de la monarchie.

« L'enthousiasme pour la défense d'objets si sacrés ne leur manqua jamais dans les revers de la guerre; et, préférant la mort à la perte de si grands biens, mes sujets firent voir à l'Europe, par leur fidélité et leur constance, que, si l'Espagne avait pu nourrir dans son sein quelques hommes dénaturés, fils de la rébellion, la nation entière est religieuse, monarchique, et dévouée à son légitime souverain.

« L'Europe entière, qui connaissait très bien ma captivité et celle de toute la royale famille, la déplorable situation de mes sujets loyaux et fidèles, et les maximes pernicieuses que répandaient de toutes parts les agents espagnols, résolut de mettre fin à un état de choses qui était un scandale universel, et qui marchait à la destruction de tous les trônes et de toutes les anciennes institutions, pour les remplacer par l'irréligion et le mépris des mœurs.

« La France, chargée d'une si sainte entreprise, a triomphé en peu de mois des efforts de tous les rebelles du monde réunis pour le malheur de l'Espagne sur le sol classique de la fidélité et de la loyauté.

« Mon auguste et bien-aimé cousin le duc d'Angoulême, à la tête d'une vaillante armée, vainqueur dans tous les lieux de ma domination, m'a délivré de l'esclavage dans lequel je gémissais, et m'a rendu à mes sujets constants et fidèles.

« Rétabli sur le trône de saint Ferdinand par la main juste et sage du Tout-Puissant, par les généreuses résolutions de mes nobles alliés, et par l'entreprise hardie de mon cousin le duc d'Angoulême et de sa vaillante armée, desirant porter un remède aux besoins les plus pressants de mes peuples, et manifester à tous ma véritable volonté dans le premier moment où j'ai recouvré ma liberté, j'ai rendu le décret suivant.

« Art. 1er Sont nuls et de nulle valeur tous les actes du gouvernement appelé constitutionnel (de quelque classe et quelque espéce qu'ils soient), gouvernement qui a dominé mon peuple depuis le 7 mars 1820 jusqu'à ce jour 1er octobre 1823, déclarant, comme je déclare, que pendant toute cette époque j'ai été privé de ma liberté, obligé de sanctionner les lois et d'expédier les ordres, décrets et réglements que méditait et expédiait contre ma volonté ledit gouvernement.

« Art. 2. J'approuve tout ce qui a été décrété et ordonné par la Junte provisoire du gouvernement et par la Régence, créées l'une à Oyarzun le 9 avril, et l'autre le 26 mai de la présente année, entendant que tout ait son effet jusqu'à ce que, suffisamment instruit des besoins de mes peuples, je puisse rendre des lois et prendre les moyens les plus propres à assurer leur véritable prospérité et leur bonheur, objet constant de tous mes desirs.—Vous communiquerez ce décret à tous les ministres.—Scellé de la main royale.

« Port-Sainte-Marie, 1ᵉʳ octobre. »

« *Contre-signé*, D. VICTOR SAEZ. »

Le roi Ferdinand ne resta que deux jours à Port-Sainte-Marie. Avant son départ, il avait ordonné que la place de Cadix et l'île de Léon seraient remises aux troupes françaises chargées de l'occuper; que les milices de Madrid et de Cadix seraient licenciées et désarmées, et les troupes envoyées dans des cantonnements. L'exécution de ces ordres ne souffrit point de difficultés. Déja presque tous les membres du gouvernement des cortès et les autorités, les officiers ou réfugiés étrangers qui se trouvaient à Cadix, et plusieurs habitants riches compromis par la révolution, en étaient sortis sur des bâtiments nationaux ou neutres que l'escadre française laissa librement passer. Ils se rendirent à Gibraltar, d'où ils passèrent ensuite en Angleterre ou en Amérique, au nombre de cinq à six cents. La municipalité constitutionnelle était restée seule à Cadix pour régler les arrangements relatifs à l'occupation qui s'opéra sans le moindre empêchement.

Le 3 octobre, les principaux postes furent remis aux troupes françaises. Le 4 on occupa la totalité de l'île. L'escadre débarqua ses troupes dans la baie, et le 5 au soir, M. le comte de Bourmont prit le commandement de Cadix, où il fut reçu non avec les transports de joie populaire qui avaient accueilli l'armée à Madrid, mais avec la confiance qu'inspirait par-tout la protection généreuse accordée par les Français au maintien de la tranquillité publique. On y établit des autorités nouvelles, l'ordre s'y conserva, et le respect des lois y sut heureusement prévenir toutes les réactions.

CHAPITRE II.

ARRIVÉE DE SAN MIGUEL A LÉRIDA. — SES COURSES DANS L'ARRAGON. — COMBAT DE TRAMACED — PRISE DE SAN MIGUEL. — PRISE DE BARBÈS. — BLOCUS DE LÉRIDA. — CAPITULATION ET OCCUPATION DE LÉRIDA.

Toutes les troupes constitutionnelles de la Catalogne se trouvaient, à la fin du mois de septembre, resserrées dans les places fortes et hors d'état de tenir la campagne. La colonne de Fernandès avoit mis bas les armes à Llers; celles de Milans et de Llobera refoulées dans Tarragone, y travaillaient à s'y retrancher. L'ancien ministre de la guerre sous le régime des cortès, le colonel Évariste San Miguel, voyant qu'il restait peu d'espoir de combattre avec avantage en Catalogne, résolut de gagner l'Aragon, alors dégarni de troupes française (il ignorait encore la prise de Pampelune), et d'y recommencer une guerre de partisans. Profitant du moment où la poursuite de la colonne de Fernandès avait fait retirer une partie des troupes qui formaient le blocus de Tarragone, il sortit de cette place avec trois mille hommes, et, se dirigeant sur Reuss, il prit la direction de Lérida. Le baron d'Éroles et la brigade Tromelin le poursuivirent, mais ne purent pas l'atteindre. Il entra dans Lérida (1).

(1) *Voyez liv. III, chap. IV.*

Son arrivée, et le renfort considérable qu'il amenait avec lui, réveillèrent le courage endormi des défenseurs de cette place forte. On accueillit avec transport son projet de former une colonne mobile pour parcourir l'Aragon. La situation des magasins et des approvisionnements en faisait d'ailleurs une nécessité. La garnison avait à peine de quoi suffire à ses besoins, et l'augmentation qu'elle venait de recevoir exigeait de nouvelles ressources.

En conséquence, toute la cavalerie de la garnison, sous le commandement de San Miguel et du partisan Barbès, ancien aide-de-camp de confiance du général Mina, sortit de Lérida suivie d'un nombre considérable de mulets, destinés à porter les approvisionnements et le produit des contributions imposées aux paysans, et des réquisitions de draps, toiles et autres objets. Elle traversa la Cinca et parcourut l'Aragon. Cette province ne renfermait alors que des troupes royales espagnoles. Le général don Santos Ladron, le général Capape, et les volontaires de Navarre, manœuvrèrent aussitôt sur plusieurs points, pour lui couper la retraite ou chercher à l'atteindre, tandis que M. le lieutenant-général comte d'Espagne arrivait à Huesca, pour aller à sa rencontre : mais aucun de ces généraux n'avait de cavalerie en état d'aborder le corps constitutionnel, composé, outre les partisans de Barbès, des régiments de *l'Infante* et de la *constitution*, l'élite de la cavalerie de ligne espagnole.

M. le maréchal de Lauriston, à son arrivée à Sarragosse, le 5 octobre, apprit que les bruits qui étaient parvenus à sa connaissance sur les courses de cette colonne de cavalerie étaient fondés, et que depuis sept jours un grand nombre de troupes espagnoles faisait de vains efforts pour l'arrêter. Il donna l'ordre au lieutenant-général Pêcheux de partir le lendemain 6, avec la brigade de cavalerie du corps d'armée, et celle d'infanterie du général comte Damremont, pour se rendre à Alcuvierres, et de là prendre les dispositions qui lui paraîtraient les plus convenables.

Le comte de Chastellux, commandant la brigade de cavalerie, prit la tête de la colonne avec une demi-batterie d'artillerie légère : il avait l'ordre d'obtenir tous les renseignements possibles sur la position de l'ennemi, et de l'attaquer lorsqu'il le rencontrerait.

Les nouvelles que l'on eut sur la route décidèrent M. le général Pêcheux à donner l'ordre à l'infanterie de se rendre le lendemain 7 à la Venta de Vallerias, et à la cavalerie de pousser jusqu'à la Stanosa. Des rapports positifs que le comte de Chastellux reçut à Poliniño, lui apprirent en effet qu'après avoir mis Barbastro à contribution, la colonne ennemie s'était dirigée entre la Cinca et l'Alcandre, et s'était arrêtée le 6 dans les environs de Castel-Florite. Mais en arrivant à Valérias, on sut qu'elle avait repassé, dans la matinée même, près de Berbegal, et qu'à onze heures elle était entrée à la Luenga, village à deux lieues de distance de Valérias.

Un affidé qui y fut envoyé sur-le-champ rapporta que l'ennemi venait d'en repartir à la chute du jour, et avait passé l'Alcandre à Torrès. Il était onze heures du soir environ, la cavalerie était bivouaquée: il fut convenu avec M. le général Pêcheux qu'on enverrait sur-le-champ une reconnaissance de cinquante chevaux sur Salillas, où il était probable que l'ennemi aurait pris quelque repos. Ce détachement devait donner des nouvelles; et s'il rencontrait les constitutionnels, les retarder dans leur marche, pour donner le temps de les atteindre.

A quatre heures et demie du matin une ordonnance annonça qu'effectivement la cavalerie ennemie était dans le village de Salillas, et que le détachement était embusqué dans un bois d'oliviers contigu. Le comte de Chastellux fit aussitôt sonner à cheval, et se mit en marche avec trois cents chevaux, laissant à Valérias son artillerie. Il y avait trois lieues à faire: on marcha rapidement, et à sept heures on fut à la hauteur du village de Salillas. On apprit que l'ennemi en était parti avant quatre heures du matin, se dirigeant par Sesa, et que l'officier commandant la reconnaissance, trompé par un faux avis de l'Alcade, s'était mis en marche sur une autre route. Le but de la reconnaissance était en grande partie manqué, et la brigade se trouvait affaiblie de cinquante chevaux.

On marcha sur Sesa pour y prendre de nouveaux renseignements.

Pendant une halte auprès de ce village, il parut une troupe assez nombreuse, sur le plateau de Salillas : on l'envoya reconnaître, et l'on vit venir à la suite de la reconnaissance le général espagnol Capape avec son état-major. Il ignorait la marche de la brigade, qu'il avait prise pour la cavalerie ennemie ; la reconnaissance l'avait éclairé, et il venait s'entendre avec le général, et lui demander des renseignements. Il lui offrit de prendre la tête de la colonne avec ses troupes ; le général Chastellux s'y refusa, et remit immédiatement sa brigade en marche sur les traces de l'ennemi, que l'on reconnut facilement dans la direction de Grañen.

On marchait sur un plateau très élevé au dessus de la plaine de Grañen qui ne pouvait encore être aperçue. Les hussards de la Mozelle faisaient tête de colonne. Comme on desirait surprendre l'ennemi, la pointe de l'avant-garde s'était repliée et marchait immédiatement en avant des trompettes. On avait mis pied à terre pour descendre dans un chemin rocailleux et escarpé qui conduisait à la plaine de Grañen, lorsqu'un paysan vint prévenir le général que l'ennemi était dans le village de Tramaced au pied de l'escarpement; qu'il y avait débridé ses chevaux, et qu'il y mangeait la soupe sans se garder.

Le chemin où l'on marchait débouchait si près du village qu'il ne fut plus possible de le suivre. On rebroussa pour regagner le plateau et chercher, sous la conduite du paysan, un chemin plus à droite. On déboucha en effet dans la plaine par un sentier presqu'aussi difficile que le premier, mais masqué du village, et à sept ou huit cents toises au moins de distance.

Le général Chastellux, qui avait conçu l'espoir de surprendre l'ennemi, fit former les hussards de la Mozelle au sortir du défilé (leur effectif était de cent trente chevaux tout au plus (1)), et

(1) Les hussards de la Mozelle étaient fort affaiblis par les malades qu'ils avaient laissés en arrière, la communication de Pampelune à Saragosse qu'ils avaient fournie, l'escorte de quarante chevaux laissés sur la même route pour M. le maréchal, et le peloton de service auprès de S. E. Quant aux chasseurs des Ardennes, ils étaient privés d'un fort escadron laissé en communication d'Irun à Pampelune. Ils avaient laissé,

les fit partir sur-le-champ par pelotons en colonne, au trot, pour traverser le village et tomber sur l'ennemi avant qu'il eût eu le temps de se reconnaître.

Les chasseurs descendaient lentement à cause de la difficulté du chemin; le général fit former sous ses yeux le 6ᵉ escadron, qui faisait ce jour-là tête de colonne, et le porta lui-même en avant pour appuyer les hussards, en laissant l'ordre aux deux autres escadrons de suivre dès qu'ils seraient formés. On entendait déjà un feu assez vif des tirailleurs, qui partait du village. A quelque distance du débouché le général rencontra le colonel des hussards. Il venait lui apprendre qu'il avait trouvé l'ennemi à cheval, et massé dans le village; qu'il jugeait sa force assez considérable, et que les hussards seraient compromis s'ils n'étaient promptement secourus.

Le général pressa le trot et arriva bientôt en présence de l'ennemi, qu'il trouva déjà dans la plaine, hors du village, et présentant sept escadrons ou divisions échelonnés et couverts d'une ligne de

---

comme les hussards, beaucoup de malades en arrière, et n'avaient pas encore été rejoints par le peloton de service que M. le maréchal avait laissé à Pampelune; la reconnaissance égarée avait de plus affoibli de cinquante chevaux la force de la brigade qui ne présenta que trois cents chevaux en ligne environ à l'affaire de Tramaced.

tirailleurs : un groupe d'officiers s'avançaient dans une attitude menaçante.

Les hussards s'étaient présentés, d'après l'ordre du général, au village de Tramaced; mais ils n'avaient pas pu y pénétrer, ayant, comme il a été dit plus haut, trouvé l'ennemi à cheval, et prêt à en sortir. Le lieutenant-colonel Kleinemberg qui s'était avancé à l'entrée du village y avait été reçu à coups de pistolet; M. le lieutenant Abel y avait fait une pointe, et y avait tué deux Espagnols. Pour inquiéter l'ennemi au sortir du village, le colonel avait fait mettre pied à terre à des hussards qui avaient tiraillé dans un chemin creux. Lorsque la cavalerie espagnole débouchait dans la plaine, elle avait été côtoyée par un peloton de hussards en tirailleurs, soutenus par deux pelotons en ligne, commandés par le lieutenant-colonel, tandis que M. le chef d'escadron de Tilly, par l'ordre du général, à la tête d'un escadron de trois pelotons, faisait un mouvement par la droite pour prévenir et déborder l'ennemi sur la route de Grañen : tous les rapports portaient à croire que cette route était celle que l'ennemi avait le projet de suivre.

Ce fut dans cette position que le général trouva les choses, lorsqu'il entra avec le 6ᵉ escadron sous le feu des tirailleurs. Les deux autres escadrons de chasseurs n'arrivaient pas encore, et il ne lui parut pas prudent de charger avec si peu de forces et sans une réserve. Les deux escadrons que l'on attendait avec impatience sortirent enfin d'un chemin creux qu'ils venaient de traverser, après avoir passé un ruisseau qui coule au fond d'un ravin. Ils reprirent leur ordre de bataille, et le général ordonna qu'on marchât par la droite en échelons et en obliquant à droite pour se lier au mouvement de M. de Tilly. Le 6ᵉ escadron de chasseurs, destiné à rester en réserve et à menacer de déborder l'ennemi du côté du village, eut ordre de marcher droit devant lui.

Pendant que ces dispositions se prenaient, la ligne des tirailleurs de l'ennemi continuait son feu; mais ses escadrons, se préparant à un mouvement de retraite, et tout en s'éloignant, s'étaient formés en colonne serrée sur une division de leur centre, dans une direction prolongée sur celle de la marche de la cavalerie française; ils n'en faisaient pas moins en même temps pousser les tirailleurs des hussards qui se ralliaient sur les pelotons du lieutenant-colonel Kleinenberg. Le moment de charger était arrivé; tandis que le général en faisait donner l'ordre par son officier d'ordonnance, les 1ᵉʳ et 3ᵉ escadrons de chasseurs, comme celui du lieutenant-colonel Kleinenberg, s'ébranlèrent au même instant, et sans l'attendre. Le 1ᵉʳ escadron des chasseurs, sous le commandement du capitaine Icard, se trouvant, par les dispositions prises, sur le flanc de la colonne ennemie, l'aborda par un demi à gauche; les trois pelotons de hussards s'élancèrent sur son front, et le 3ᵉ escadron de chasseurs, échelonné derrière le premier, chargea, avec le colonel, à la gauche du 1ᵉʳ escadron. L'ennemi attendit les charges avec une sorte d'intrépidité; mais leur vigueur fut telle qu'elle détermina de sa part un mouvement de retraite très précipité qu'il fallut suivre au galop ou au grand trot sans qu'il fût possible d'atteindre les fuyards. Les escadrons de réserve de MM. de Tilly et de Sérionne n'eurent plus qu'à suivre dans la colonne le mouvement de la tête.

La colonne serrée de l'ennemi aurait pu par sa masse présenter une résistance d'inertie qui eût retardé le mouvement de sa victoire. Dans ce cas, les escadrons de MM. Tilly et de Sérionne, étaient destinés à se porter sur les deux flancs de cette colonne. Cette chance eût été la plus fâcheuse de toutes pour l'ennemi, et eût décidé sa destruction entière sur le champ de bataille.

La perte de la brigade consista en deux officiers tués sur le champ de bataille, MM. Abel, des hussards, et Baur, des chasseurs; le premier, atteint de plusieurs coups de lance, et l'autre d'un coup de feu; et neuf blessés, dont deux officiers.

LE VUEL, del Edit. Rue S.t Jacques N.° 54 A PARIS.

Tous les officiers, sous-officiers, chasseurs ou hussards qui abordèrent l'ennemi, le firent avec un élan digne des plus grands éloges (1).

Le nombre de prisonniers ramassés après l'af-

(1) Voici l'extrait du rapport que M. le général comte de Chastellux adressa à M. le maréchal marquis de Lauriston.

« Je dois beaucoup de reconnaissance à MM. les colonels de Burgraff, et de Faudoas, qui ont mis la plus grande vigueur dans leurs charges. M. le lieutenant-colonel baron de Kleinenberg a soutenu son ancienne réputation, et a tué de sa main un officier supérieur ennemi, au centre d'un escadron.

« Dans les hussards de la Mozelle, MM. les capitaines de Rutant, et Pillault de Laboissière, se sont particulièrement fait remarquer, ainsi que M. le lieutenant Kerouartz; MM. les sous-lieutenants Brucosté Descoutures, Jacquet et Faure, ce dernier blessé en commandant les tirailleurs; le maréchal-des-logis-chef Potier; les maréchaux-des-logis, Lefèvre; Garnier, et Boncheret; le brigadier Deshayes; les hussards Richard, Musiller, et Gassert (ces deux derniers blessés).

« Dans les chasseurs des Ardennes (3ᵉ régiment), M. le capitaine Icard, du premier escadron, à la tête de ses lanciers, a pris les lanciers ennemis en flanc, tandis que les hussards et le 3ᵉ escadron de chasseurs les attaquaient de front. M. le capitaine Marmion, M. le sous-lieutenant Rossignol; MM. les officiers supérieurs de Chambrun, d'Aloigny, et de Sérionne, méritent les bontés de S. A. R. le prince général en chef; l'adjudant Bauban, blessé d'un coup de lance et entouré de six lanciers, en a tué deux et a mis les autres en fuite. M. le sous-lieutenant Prudhomme a eu son cheval tué. J'ai eu à regretter M. Abel, lieutenant des hussards de la Mozelle, et M. Baui, sous-lieutenant des chasseurs des Ardennes, qui ont été tués sur le champ de bataille; quelques autres officiers

faire fut de cent hommes environ, y compris quelques blessés, au nombre desquels était le colonel San Miguel (1). On ne put pas compter celui des morts : plusieurs blessés suivaient la colonne

ont été blessés, j'en adresserai l'état à votre Exc. lorsque je l'aurai reçu des colonels.

« J'ai l'honneur de prier V. E. de recommander aux bontés du Prince général en chef les officiers, sous-officiers, brigadiers, chasseurs, et hussards que je viens de lui citer, ainsi que M. le comte de Dusat, capitaine, mon aide-de-camp, et M. le capitaine Schaaf, mon officier d'ordonnance, qui, le lendemain de l'affaire de Tramaced, a fait prisonnier le partisan Barbès avec son escorte. Le zèle et l'activité de cet officier m'ont été très utiles. »

Dans un rapport subséquent furent également cités M. le chef d'escadron de Tilly, et M. de Boisgelin, officier d'ordonnance de M. le maréchal, et qui se trouvait auprès de M. le général de Chastellux qui se loua de ses services.

(1) Le colonel San Miguel avait été blessé de plusieurs coups de lances. Sa prise a donné lieu à un trait de désintéressement qui mérite d'être cité.

Le maréchal-des-logis Jacquet, du régiment des Ardennes, aidait à relever le colonel San Miguel, auquel ses blessures causaient les plus vives douleurs. Celui-ci touché des soins de ce sous-officier, et de l'humanité avec laquelle il s'acquittait de ce devoir, détache sa ceinture et la lui offre, comme témoignage de sa reconnaissance. Le sous-officier la repousse en disant : « Monsieur, nous sommes venus ici pour servir le roi, « et non pour dépouiller les prisonniers, vous pouvez garder « votre argent. »

Ce fait a été rapporté à M. le maréchal Lauriston à Saragosse, par M. de San Miguel lui-même.

ennemie qui en laissa un grand nombre dans les villages où elle passa.

La brigade suivit en colonne la fuite de l'ennemi au plus grand trot des chevaux pendant plus d'une lieue et demie. On l'apercevait de temps en temps à quelque distance, ne formant plus qu'un essaim de fuyards sans aucun ordre; bientôt on perdit ses traces; il ne suivait aucune route. Un orage affreux survint; une pluie abondante ne permettait plus de voir, même à une légère distance; on marcha sans direction à travers des champs déserts, et on finit par arriver à Poliniño, où on retrouva la reconnaissance de cinquante chevaux qui y était parvenue de son côté.

La cavalerie du général Capape, après avoir débouché dans la plaine de Tramaced, avait fait de vains efforts pour atteindre l'ennemi dans sa fuite. Elle se retrouva aussi auprès de Poliniño.

Les fuyards, tout en laissant en arrière des morts, des blessés, et des hommes fatigués qui se cachaient dans les villages, étaient parvenus à repasser l'Alcandre, et à regagner les environs de Sena. Le lendemain 9, à la pointe du jour ils tombèrent, au nombre de cent vingt environ, au pouvoir d'un bataillon royaliste espagnol, cantonné à Alcaléa.

Le général Chastellux, après avoir reçu l'autorisation de M. le lieutenant-général Pêcheux, se porta le lendemain 9 octobre à Sariñena pour s'assurer par lui-même de la tranquillité du pays, en le faisant fouiller jusqu'à la Cinca. Dans la nuit du 9 au 10, un paysan vint l'avertir qu'à la Massadera, hameau éloigné de deux lieues de son cantonnement, était caché le célèbre partisan Barbès avec une escorte. Le général fit monter à cheval immédiatement M. le capitaine Schaaff, son officier d'ordonnance, avec des chasseurs ou hussards; cet officier surprit le partisan au moment où il allait monter à cheval pour s'éloigner, et le fit prisonnier.

Seulement deux des fuyards purent rentrer à Lérida. Le résultat de l'affaire de Tramaced a contribué puissamment à la reddition de cette place. Le colonel San Miguel, chef de l'état-major des armées constitutionnelles qui occupaient la Catalogne, était compté au nombre des chefs les plus exaltés.

Le général Pêcheux avait continué son mouvement sur Lérida, la brigade de cavalerie le rejoignit bientôt sous cette place, devant laquelle M. le maréchal de Lauriston se rendit de son côté; et la totalité du 5° corps en forma le blocus, conjointement avec la division du baron d'Éroles, cantonnée sur la rive gauche de la Sègre.

M. le maréchal de Lauriston était arrivé devant Lérida, le 16 au soir, avec son infanterie et la tête de son artillerie.

Le 17, il fit une sommation au gouverneur.

Le 18, il fut conclu une convention entre le gouverneur de cette place, et M. le baron d'Éroles, capitaine-général de la Catalogne.

Par suite de cette convention, les troupes françaises et espagnoles entrèrent à Lérida, le 31 octobre, à onze heures du matin, et occupèrent la ville et le château.

La garnison était encore forte de cinq mille cent hommes. Les troupes de ligne furent envoyées dans plusieurs cantonnements en Catalogne, en Aragon et dans le royaume de Valence. Les miliciens furent désarmés et renvoyés chez eux avec des passeports.

L'occupation de Lérida eut lieu en même temps que la capitulation définitive de Barcelonne, dont nous donnerons les détails dans le chapitre suivant. La guerre finissait ainsi simultanément dans toute la Catalogne.

CHAPITRE III.

SITUATION DES FORTERESSES CONSTITUTIONNELLES. — FIN DES OPÉRATIONS DU 2ᵉ CORPS. — CAPITULATION DE CARTHAGÈNE. — OCCUPATION DE PENISCOLA, D'ALICANTE. — FIN DES OPÉRATIONS DU 4ᵉ CORPS. — SORTIE DE LA GARNISON DE TARRAGONE REPOUSSÉE. — NÉGOCIATIONS AVEC BARCELONNE. — PRÉPARATIFS DE SIÈGE. — ARMISTICE. — SIÈGE ET PRISE DES FORTS D'URGEL. — CAPITULATION DU GÉNÉRAL MINA. — OCCUPATION DE BARCELONNE, DE TARRAGONE, D'HOSTALRICH. — ENTRÉE DU GÉNÉRAL LAGUNA DANS BADAJOZ. — DÉPART DU DUC D'ANGOULÊME POUR LA FRANCE. — ORDRE GÉNÉRAL DE L'ARMÉE.

La nouvelle de la glorieuse issue de la campagne devant Cadix, et de l'heureuse délivrance du roi, se répandit rapidement dans toute l'Espagne et y causa d'unanimes transports de joie et de reconnaissance. Déja la guerre avait cessé sur presque tous les points, car après la prise de Lérida, dont nous venons de relater la capitulation, il ne restait au pouvoir des constitutionnels que Carthagène, Alicante et Peniscola, dans le royaume de Murcie; Barcelonne, Tarragone, Hostalrich et Urgel, dans la principauté de Catalogne; et Badajoz, dans la province d'Estramadure, sur la frontière de Portugal.

Des négociations avaient été déja entamées pour la capitulation de Carthagène et d'Alicante : le général Torrijos, qui commandait dans la première de ces deux places, était en correspondance avec le général français commandant à Murcie. L'assurance du débarquement du roi à Port-Sainte-Marie, et de la prise de possession de Cadix, décida le chef constitutionnel à reconnaître l'autorité de Ferdinand VII. Après une convention conclue par les soins du lieutenant-général Bonnemains et du maréchal-de-camp Vincent, les troupes du 2ᵉ corps prirent, le 5 novembre, possession de Carthagène, au nom de S. M. C.

Peniscola fut également occupé. Enfin, par suite d'une convention conclue, le 6 novembre, et approuvée par M. le maréchal comte Molitor, les troupes françaises entrèrent, le 12, dans Alicante.

Depuis la malheureuse expédition de Fernandez, et après le départ de San-Miguel pour Lérida, les troupes constitutionnelles de la Catalogne n'avaient fait d'autre mouvement hostile qu'une sortie de Tarragone promptement repoussée.

Une colonne de deux mille hommes d'infanterie et de cent chevaux avait quitté, le 29 septembre, à huit heures du matin, les murs de cette place, et s'était dirigée sur Walls, en laissant Vallmoll sur sa gauche. La moitié environ de cette colonne poursuivit sa marche jusqu'à Walls, l'autre prit position entre Secuita et Catllar.

Un bataillon du 1ᵉʳ régiment d'infanterie légère

occupait ce dernier village; l'autre bataillon se trouvait à Riera. M. le général Achard réunit sur-le-champ à Catllar ces deux bataillons et quarante chevaux du 6º régiment de chasseurs.

Pour appuyer ce mouvement, M. le baron de Montgardé fit marcher d'Altafulla six compagnies du 31º de ligne, un bataillon du 18º et cinquante chevaux. En faisant ses dispositions d'attaque, le général Achard eut pour objet principal de couper aux troupes constitutionnelles leur retraite sur Tarragone. Mais, alarmées par ses manœuvres, elles firent leur retraite avec la plus grande précipitation. Le 1ᵉʳ léger et le détachement du 6ᵉ de chasseurs, malgré l'ardeur qui les animait et la rapidité de leur marche sur Lorito, ne purent atteindre que l'arrière-garde ennemie. Attaquée par l'infanterie, chargée par les chasseurs, cette arrière-garde se retira dans le plus grand désordre, et fut poursuivie jusque sous les murs de Tarragone, laissant douze morts sur le champ de bataille, et un assez grand nombre de blessés.

Le quartier-général de M. le maréchal Moncey était à Mataro, lorsqu'on y apprit, le 7 octobre, la nouvelle de la délivrance de Ferdinand VII. Le lendemain un parlementaire fut envoyé dans Barcelonne. Mina et Rotten apprirent, avec étonnement, la dissolution des cortès et la liberté du roi; mais craignant l'effet moral que la connaissance de ces événements pouvait produire sur les habitants et la garnison, ils proclamèrent dans Barcelonne que c'était une nouvelle donnée par l'ennemi et qu'il ne fallait pas y ajouter foi. Cependant un officier-général ayant été envoyé le 14, pour leur confirmer officiellement la nouvelle, et pour demander la soumission de la place au roi Ferdinand, le gouverneur Rotten, qui ne permit pas au parlementaire de dépasser les avant-postes, lui fit répondre que lorsque l'ordre du roi serait apporté par un officier espagnol, il verrait ce qu'il aurait à faire. Il accéda, en attendant, à une suspension d'hostilités. Malgré cette suspension, quatre cents hommes sortis de la ville vinrent insulter la gauche de la ligne française, et deux coups de canon furent tirés de la place; mais cette sortie fut sans effet.

Après le départ du parlementaire, un conseil de guerre fut convoqué: le gouverneur Rotten, Mina, les principaux chefs constitutionnels et les meneurs du parti exalté y assistèrent. On prétend que Mina, tout en exposant la position désespérée de la ville, sans appui, sans espérance de secours et sans gouvernement, conseilla de persister dans une défense qu'il ne pouvait plus espérer ni glorieuse, ni heureuse, et qu'il ajouta : « Nous avons fait le serment de soutenir la constitution, il faut mourir avec elle. Son avis fut appuyé par les uns, et vivement combattu par les autres. Le parti qui penchait pour la soumission au Roi et la reddition de la place succomba. On résolut de continuer les hostilités.

M. le maréchal, ayant connaissance de cette résolution, ordonna qu'on fit venir les pièces de gros calibre, et se prépara à pousser avec vigueur le siége de Barcelonne. Douze cents chevaux furent aussitôt employés à la conduite du parc et des munitions de l'artillerie. Les bombes et les boulets arrivèrent par mer et furent débarqués à Mataro. On coupa de tous côtés les bois pour la confection des gabions et des fascines. L'activité fut telle que, le 3 novembre, un équipage de siége de plus de quatre-vingts pièces était réuni devant Barcelonne.

Ces préparatifs menaçants firent un prompt effet; dès le 19 octobre, un armistice fut signé entre M. le lieutenant-général Berge, commandant l'artillerie du 4e corps, chargé des pouvoirs de M. le maréchal duc de Conégliano, et le général Rotten, porteur des pouvoirs du lieutenant-général Mina, commandant en chef *le 1er corps d'opérations en Catalogne* (1).

Cet armistice, qui devait commencer le 21 à

---

(1) Titre de l'armée constitutionnelle de Catalogne.

midi, et durer tout le temps que durerait la mission de plusieurs officiers constitutionnels envoyés à Madrid pour recevoir les ordres du gouvernement du roi, auxquels le général Mina prenait d'avance l'engagement de se soumettre, stipulait une suspension d'armes entre les troupes françaises et les garnisons de Barcelonne, de Tarragone, d'Hostalrich, et de la Séo-d'Urgel.

Cette dernière forteresse ne put pas en profiter: déja la garnison avait mis bas les armes et s'était rendue prisonnière de guerre.

Lorsqu'après avoir obligé les colonnes constitutionnelles à se renfermer dans les places fortes, M. le maréchal duc de Conégliano s'était décidé à faire le siège des forteresses de la Catalogne, il avait chargé M. le maréchal-de-camp baron Hurel de soumettre les forts d'Urgel. Ce général, plein de zèle et de dévouement, en ayant complété l'investissement, se mit en mesure de faire établir des batteries qui pussent les foudroyer (1).

Le 12 octobre, à sept heures du matin, l'ennemi fit une sortie avec deux cents hommes sur

La ville d'Urgel était depuis le 25 juin en la possession des troupes royalistes du baron d'Éroles. Le général Romagosa et le lieutenant-colonel comte d'Ison, avec une partie du 2ᵉ de ligne, en avaient fait long-temps le blocus. Ce dernier avait repoussé, le 28 juin, une sortie tentée par les constitutionnels.

nos travaux de la batterie de gauche; les troupes du 8ᵉ régiment de ligne, chargées de protéger les travailleurs, attendirent à la baïonnette les assaillants et les repoussèrent avec vigueur. Un feu de flanc, qu'exécutèrent en même temps quelques compagnies du 2ᵉ de ligne chargées de garder la droite de cette batterie, acheva la déroute de l'ennemi qui refoulé avec perte jusque dans la place.

La journée du 13 fut employée à terminer les travaux. Dans la nuit du 14, les pièces furent traînées en batteries par des chemins aussi montueux que difficiles. L'enthousiasme des officiers et des soldats français et espagnols surmonta tous les obstacles; leurs bras seuls exécutèrent cette opération pénible; et, à la pointe du jour, l'ennemi en fut averti par le premier coup de canon tiré de la batterie du capitaine Michels; ce coup fut suivi d'une décharge de toutes les batteries, et, en moins de deux heures, notre feu, vif et bien dirigé, devint supérieur à celui de la citadelle. Les canonniers, jeunes soldats, rivalisaient d'intrépidité avec les vieux militaires; leur courage égalait leur ardeur; tous au besoin et sans ordres remplaçaient leurs camarades tués, ou s'élançaient dans les embrasures et sur les parapets, pour réparer les dégâts causés par le feu de l'ennemi. Dans cette journée, sept cents bombes ou obus, et quatre cents coups de canon, furent tirés sur la citadelle et sur le village de Castel-Ciutad qui la lie au Castillo.

L'ennemi, ayant la ressource de changer à chaque instant la position de ses pièces, continua son feu pendant les journées des 15, 16, 17, et 18. La supériorité d'effet de notre artillerie fut toujours conservée malgré nos petits calibres, et quoiqu'une pièce de 12 et une de 8 fussent hors de service, et que la seconde pièce de 12 et plusieurs de nos petits mortiers se fussent trouvés momentanément hors d'état de faire feu.

Le général baron Hurel, voulant profiter de l'état de stupeur dans lequel se trouvait l'ennemi, envoya, dans la matinée du 19, un parlementaire au gouverneur. Ce parlementaire fut accueilli avec empressement, et la proposition, faite le 10 octobre, d'une suspension d'hostilités, ayant été renouvelée, le gouverneur envoya, auprès du général français, un officier chargé de traiter. Le 20, la capitulation fut signée, et le 21, nos troupes prirent possession des forts.

Un colonel, dix lieutenants-colonels, quarante-cinq officiers, et neuf cents hommes de troupes formant la garnison, tombèrent en notre pouvoir. La place était approvisionnée en vivres pour plus de deux mois, et les forts contenaient cinquante-quatre bouches à feu, mille fusils, deux cent trente-quatre mille cartouches, dix mille livres de poudre, et une quantité considérable de projectiles de tout calibre et de toute espèce.

La garnison, après avoir défilé et déposé les armes, se constitua prisonnière, à l'exception du commandant, de quinze officiers, et de cent deux hommes, tous du régiment de Larédo, qui, ayant demandé à faire leur soumission, furent dirigés sur leur province, où partie d'entre eux prit du service dans les troupes royalistes espagnoles.

Les pertes que la division française éprouva furent peu considérables, malgré la quantité de bombes et d'obus que l'ennemi jeta dans nos batteries avec une justesse assez remarquable.

Le brave capitaine Michels qui avait donné son nom à la batterie où le feu avait commencé, fut tué d'un éclat de bombe. Cet officier fut justement et sincèrement regretté. Nous perdîmes peu d'hommes, et le nombre de nos blessés ne s'éleva qu'à vingt (1).

(1) M. le maréchal-de-camp baron Hurel cita dans son rapport, comme s'étant particulièrement distingués, les officiers, sous-officiers, et soldats dont les noms suivent :

Dans l'artillerie, MM. Charpentier, chef de bataillon au 5ᵉ régiment; de Laniepce de Jeufosse, Michels (tué), capitaines, *Id.*; Morin, Poitier, Bach, lieutenants, *Idem*; Delabrousse, lieutenant au 2ᵉ régiment; de Maintenant, capitaine au 4ᵉ régiment; Sarricu, capitaine au 6ᵉ régiment; Vielluinot, Georges, ser-

La prise d'Urgel, non moins que les nouvelles qui arrivaient journellement de toutes les parties de l'Espagne, où la délivrance du monarque causait un égal enthousiasme, accéléra la capitulation de Barcelonne. L'attitude inquiète des habitants, et les mouvements séditieux des mili-

gents-majors; David, Loubet, Carles, Bauer, Heldebrand, sergents; Ragon, Reboul, Obretch, caporaux; Loudenwech, artificier; Thomas, Decormes, Rousseau, Depeit, Etchede, Deschaler, Dumail, Castel, canonniers.

Dans le 2ᵉ régiment de ligne, MM. le comte Borgarelli d'Ison, lieutenant-colonel; le vicomte de la Calvinière, chef de bataillon; de Carbonnel, capitaine adjudant-major; Imbert, Foudard, Joly, Clauzel, de Maffré de Verdis, capitaines; Lesueur de Givry, Gizancourt de Pommery, Andrade, lieutenants; Didier, Faivret, Anthomoz, Ducrozet, Donnier, sous-lieutenant; Martin, adjudant sous-officier; Galare, Maillard, sergents-majors; Alvares, Pouche, Delagny, Poette, Sauvario, sergents; Dromain, Messchet, caporaux; Deschamps, Vanhooremberg, grenadiers; Desmarets, Commun, voltigeurs; Couder, Matsaert, Brandon, Bethancourt, fusiliers.

Dans le 8ᵉ de ligne, Leblanc, chef de bataillon; Thibaud, capitaine adjudant-major; d'Hurlaborde, capitaine; de Baldram, Onfray, lieutenants; Radé, sergent-major; Fidé, de la Jariette, sergents; Mousset, caporal.

Dans le 45ᵉ de ligne, Féret, capitaine; Chevalier, lieutenant.

Dans le 5ᵉ régiment de chasseurs à cheval, Fonteilles, lieutenant; Forgeave, maréchal-des-logis; Maurin, Mouré, brigadiers; François, chasseur.

Dans l'état-major, MM. Morlot de Wengy, aide-de-camp du général Hurel; de Maumet, *idem* du général Desprez.

ciens qui faillirent assassiner le gouverneur Rotten, décidèrent les chefs constitutionnels à ne pas différer plus long-temps une soumission qu'il leur était impossible de ne pas faire bientôt.

Trois généraux avaient été nommés par M. le maréchal pour préparer le traité, c'étaient les lieutenants-généraux Berge et Curial, et le maréchal-de-camp Desprez; une commission composée de cinq personnes, trois choisies dans la garnison, le général Rotten, et les lieutenants-colonels José de la Torre Trassierra, et Ramon Galli, deux parmi les habitants de Barcelonne, don Antonio Gironella, et don José Elias, arrêtèrent de concert avec eux une capitulation, dont voici la traduction d'après l'original imprimé en espagnol par les ordres de Mina.

Art. 1er. Les troupes de ligne, la milice active et toutes les troupes de terre et de mer, assujetties aux ordonnances militaires, qui se trouvent sous les ordres du général Mina, sortiront des places de Barcelonne, Tarragone, et Hostalrich, et se dirigeront dans les cantonnements qui leur seront assignés de commun accord entre les généraux en chef des deux armées. Dans lesdits cantonnements il ne pourra y avoir d'autres troupes que les troupes françaises. Les régiments seront réunis dans les mêmes cantonnements, autant qu'il sera possible.

Art. 2. Les troupes ci-dessus mentionnées conserveront leur organisation actuelle, leurs armes, leurs équipages et leurs chevaux; elles recevront la solde et les vivres qui leur sont accordées par les ordonnances. Les officiers, sergents et caporaux conserveront leurs emplois, et ne pourront être recherchés pour leur conduite politique, ni pour leurs opinions antérieures. On accordera à ces troupes les moyens de transport nécessaires, qu'elles paieront suivant le tarif.

Art. 3. Les employés d'hôpitaux, les officiers de santé, et les infirmiers nécessaires resteront avec les malades et les blessés; et, à mesure de leur guérison, on leur donnera les escortes et les moyens nécessaires pour se rendre à leur destination.

Art. 4. Si quelques officiers, employés, ou autres individus appartenant à l'armée, desirent séjourner momentanément dans les susdites places, pour régler les affaires d'intérêt ou toute autre quelconque, ils en auront la faculté. Dès que ces affaires seront conclues, on leur procurera toutes les sûretés possibles pour se rendre à leur destination.

Art. 5. Les officiers-généraux, les officiers retirés de tout grade, les officiers en disponibilité, ceux des états-majors, de l'artillerie, des ingénieurs, et de la marine, les employés de l'administration militaire qui se trouvent dans les susdites places, conserveront leurs grades et leurs équipages; ils obtiendront, relativement à leurs opinions et conduite politiques, toutes les garanties qui sont stipulées dans l'article 2, pour les officiers de troupes de ligne. Ils seront autorisés à demeurer dans les endroits où ils se trouvent.

Art. 6. La gendarmerie militaire (el resguardo militar), tant infanterie que cavalerie, qui se trouve dans les susdites places, conservera son organisation actuelle : elle sera cantonnée comme les troupes, et elle pourra être appelée à remplir les fonctions relatives à son institution, avec les garanties accordées aux troupes de ligne, par l'article 2.

Art. 7. Les chasseurs de province, tant infanterie que cavalerie, obtiendront la même garantie. On leur accordera leur congé absolu, conformément à leurs droits. Les officiers, sergents, et caporaux, pourront porter leurs marques distinctives; ceux qui rentreront à l'armée ne pourront porter d'autre marque distinctive que celle du grade qu'ils avaient antérieurement à leur entrée dans lesdits corps des chasseurs provinciaux.

Art. 8. Les milices locales, soit volontaires, soit organisées d'après les formes légales, les corps d'exempts, déposeront leurs armes dans les parcs d'artillerie, le même jour de l'occupation des places ci-dessus indiquées. Les individus qui composent ces corps pourront séjourner dans les places citées, ou se retirer où ils voudront, sous les garanties de sécurité personnelle stipulées dans l'article 2. Les mêmes garanties seront accordées à tout individu qui aura pris les armes, sous quelque dénomination que ce soit.

Art. 9. Les miliciens qui ne sont pas habitants ni domiciliés dans lesdites places seront libres d'y rester, jusqu'à ce qu'ils jugent à propos de retourner dans leurs domiciles respectifs. Les commandants de place et les justices locales seront requis de leur accorder toute sûreté et protection.

Art. 10. M. le maréchal duc de Conégliano interposera sa médiation pour faire lever les séquestres et saisies mis conséquemment aux circonstances politiques sur les biens des miliciens ou autres individus domiciliés, ou réfugiés dans les places ci-dessus indiquées.

Art. 11. Les Italiens et Allemands qui font partie des corps qui se trouvent dans lesdites places seront traités comme les militaires espagnols. On accordera des passeports à ceux qui en demanderont.

Art. 12. Les employés civils, les personnes qui ont rempli quelque fonction publique dans le système constitutionnel, ou tout autre individu, ne pourront être poursuivis dans leur personne ni dans leurs biens, pour leur conduite publique, non plus que pour les opinions qu'ils auraient manifestées, soit verbalement, soit par écrit.

Art. 13. M. le maréchal duc de Conégliano emploiera sa médiation pour que les dettes contractées par les fonctionnaires et les administrateurs établis en Catalogne par le système constitutionnel soient reconnues sous la condition d'apurement de compte.

Art. 14. Les religieux séculiers et réguliers, domiciliés ou réfugiés dans lesdites places, seront libres d'y demeurer ou d'en sortir, toujours sous les garanties personnelles établies par l'articule 2.

Art. 15. On n'exigera aucune contribution quelconque de guerre dans lesdites places pour l'armée française.

Art. 16. On accordera des passeports à tout individu de quelque classe qu'il soit, qui, par des motifs politiques, voudrait quitter l'Espagne. Ils seront transportés, soit par terre, soit par mer, dans les lieux que les autorités françaises auront fixés, d'accord avec les intéressés; et on leur accordera des moyens de subsistance, pendant le temps nécessaire pour se rendre à leur destination, avec la condition cependant que ces dites personnes feront leur demande aux susdites autorités, trois jours après l'occupation desdites places. Elles pourront emporter avec elles leurs propriétés mobilières, et on prendra les moyens nécessaires pour assurer leur transport.

Art. 17. Les places de Barcelonne, Tarragone, et Hostalrich, seront occupées par les troupes françaises, quarante-huit heures après que la présente convention aura été communiquée. Lesdites troupes prendront la possession de ces places, au nom de S. M. le roi Ferdinand VII.

Les ports de Barcelonne et Tarragone seront occupés à la même époque que les places, par les bâtiments de la croisière française.

Art. 18. Les armes de toutes espèces, les arsenaux, parcs, l'artillerie, tous les magasins militaires et tous les vaisseaux de guerre espagnols qui se trouvent dans les ports de Barcelonne et Tarragone, seront remis, sous inventaire, aux fonctionnaires français désignés pour les recevoir.

Art. 19. Les bâtiments, de quelque nation qu'ils soient, qui se trouvent dans les ports ci-dessus désignés, ne pourront être détenus ni molestés sous aucun prétexte quelconque.

Art. 20. Afin de favoriser tous les intérêts particuliers, les autorités françaises donneront des passeports aux habitants desdites places qui les demanderont, jusqu'à ce que les autorités civiles espagnoles soient installées.

Art. 21. Les autorités françaises, en prenant possession desdites places, prendront aussi les moyens nécessaires pour assurer la tranquillité publique et prévenir toute espèce de désordre.

Art. 22. La présente convention ne sera valide que lorsqu'elle aura été ratifiée par M. le maréchal duc de Conégliano, et par M. le lieutenant-général Espoz-y-Mina. Cette ratification devra être faite dans la journée de demain.

Sarria, le 1 novembre 1823.

Signé, le comte Curial, baron Berge, Desprez, Rotten, Joseph de la Torre Trassierra, Ramon Gali, Antoine Gironella, Joseph Élias.

Barcelonne, le 2 novembre 1823.

Approuvé et ratifié par moi, le commandant général du septième district militaire et général en chef de la première armée d'opération.

Signé, Espoz-y-Mina.

Approuvé et ratifié à Sarria, le 2 novembre 1823.

Le maréchal de France duc de Conégliano, commandant en chef le 4ᵉ corps des Pyrénées;

Signé, Moncey.

Pour copie conforme,

Signé, Espoz-y-Mina.

Par suite de cette capitulation, les troupes du 4ᵉ corps prirent possession le 4 novembre, à six heures du matin, du fort de Mont-Jouy, du fort Pio, et de la place de Barcelonne. Tarragone et Hostalrich reçurent également une garnison française.

Toute l'Espagne se trouva soumise, de nouveau, au pouvoir légitime de Ferdinand VII; car depuis le 28 octobre, Badajoz avait ouvert ses portes au général don Gregorio Laguna, qui en avait été nommé gouverneur par le Roi. Le général Placencia, gouverneur constitutionnel, lui en avait remis le commandement après une négociation verbale habilement conduite, et heureusement terminée par le lieutenant-colonel de Bourgoing, chef d'état-major de la division de cavalerie du général Vallin.

Cependant le modeste vainqueur du Trocadéro, après avoir passé une journée à Séville avec le Roi, à qui il avait rendu la couronne et la liberté, s'était dérobé aux hommages des grands et à la reconnaissance du peuple, et avait repris la route de France.

Avant de quitter le sol espagnol, le Prince adressa à l'armée l'ordre général suivant:

ORDRE GÉNÉRAL DE L'ARMÉE.

La campagne étant heureusement terminée par la délivrance du roi d'Espagne et par la prise ou la soumission des places de son royaume, je témoigne à l'armée des Pyrénées, en la quittant, ma vive satisfaction pour le zèle, l'ardeur et le dévouement qu'elle a montrés dans toutes les occasions, ainsi que pour la parfaite discipline qu'elle a constamment observée. Je me trouve heureux d'avoir été placé par le Roi à la tête d'une armée qui fait la gloire de la France.

Au quartier-général, à Oyarzun, le 22 novembre 1823,

LOUIS-ANTOINE.

Par son altesse royale,

En l'absence du major-général comte Guilleminot,
le maréchal-de-camp aide-major-général,

DELACHASSE-DE-VERIGNY

S. A. R. repassa ensuite la Bidassoa sur le pont où elle avait passé en entrant en Espagne, et dont de récents travaux avaient fait un beau pont de pierre et de bois, qui avait reçu le nom de *pont du duc d'Angoulême.*

CHAPITRE IV ET DERNIER.

RÉSULTATS DE LA GUERRE. — RÉCOMPENSES ACCORDÉES PAR LE ROI AUX GÉNÉRAUX DE L'ARMÉE. — RETOUR DU PRINCE EN FRANCE. — SON ENTRÉE A PARIS. — FÊTES DONNÉES PAR LA VILLE.

L'armée française et son auguste chef avaient complétement rempli les espérances de la patrie; la France venait de reprendre son rang parmi les nations militaires. Les soldats, calomniés par les espérances de quelques factieux, s'étaient montrés à l'Europe, dévoués et fidèles au Roi comme les Français de l'ancienne monarchie, braves comme les guerriers de la révolution, disciplinés comme les armées de Turenne et de Catinat. Le Prince généralissime avait prouvé, devant les batteries du Trocadéro et de Santi-Pétri, que le sang des Bourbons coulait dans ses veines, et sa clémence, non moins grande que son intrépide sang-froid, attestait encore mieux sa descendance du grand Henri. Après le soin de ses soldats, premier intérêt confié à sa sollicitude, le bonheur des Espagnols avait occupé toutes ses pensées; il aurait voulu apprendre aux peuples de la péninsule ce que son noble père avait jadis enseigné à la France, que l'union des citoyens et l'oubli des haines civiles peuvent seuls guérir les maux de la patrie. Sa voix généreuse avait fait entendre, au milieu des hurlements des factions, des accents de modération et de bonté. Il avait, pour ainsi dire, prêché d'exemple cette utile fusion des partis, établie par lui dans son armée; il aurait voulu aussi la terminer en Espagne, et ne laisser dans tous les cœurs qu'un même amour pour la patrie, qu'un égal dévouement pour le Roi légitime. Il avait fait tout ce qu'il lui était possible de faire, et avait laissé au gouvernement du monarque auquel il venait de rendre la couronne, la tâche de compléter la pacification de l'Espagne, dont il avait si glorieusement achevé la délivrance.

Les nouvelles des succès de l'armée des Pyrénées avaient été accueillies en France avec un enthousiasme qui ne pouvait être surpassé que par celui avec lequel fut reçu S. A. R. Mgr le duc d'Angoulême.

Déja le monarque avait payé à l'armée et à ses braves chefs la dette de l'état.

Une ordonnance royale avait ordonné que, pour perpétuer le souvenir du courage et de la discipline dont l'armée française avait donné tant de preuves en Espagne, l'arc de triomphe de l'Étoile serait immédiatement terminé.

Pour récompenser d'une manière éclatante les services distingués du général comte Molitor, une ordonnance l'avait élevé à la dignité de maréchal de France.

Le maréchal duc de Conégliano, et S. A. le prince de Hohenlohe avaient reçu la grande croix de l'ordre royal et militaire de Saint-Louis; le maréchal marquis de Lauriston avait été nommé chevalier commandeur des ordres du Roi.

Enfin le maréchal comte Molitor, et les généraux comte Bordesoulle, comte Guilleminot, comte Bourck, comte Bourmont, et baron de Damas, furent élevés à la dignité de Pairs du royaume.

Aucune autre récompense ne pouvait être offerte au Prince généralissime, après l'expression de la satisfaction royale et paternelle, que les acclamations d'amour et de reconnaissance du peuple français. Elles ne lui manquèrent pas dans toutes les villes qu'il traversa à son retour (1). Il

---

(1) Voici la réception qui fut faite à Bordeaux au Prince généralissime.

S. A. R. Mgr le duc d'Angoulême arriva à Bordeaux le 26 novembre : la garde nationale de cette ville et le 55e régiment d'infanterie de ligne qui en forme la garnison, étaient sous les armes depuis le matin, et la population tout entière occupait les rues et les chemins qui conduisent du château royal à la colonne du douze Mars. Vers trois heures un quart, les cris mille fois répétés de *Vive le Roi! vive le duc d'Angoulême! vive le libérateur de l'Espagne !* annoncèrent que le Prince en-

suffit, pour faire connaître suffisamment quelle était la joie publique en France, de rapporter ce qui se passa dans la capitale, lorsque S. A. R. y fit son entrée solennelle.

Ce fut le 2 décembre 1823; S. A. R. Mgr le duc d'Angoulême, accompagné de son auguste épouse, qui l'avait rejoint à Chartres, arriva à Versailles à onze heures, et descendit à l'hôtel de la Préfecture. MONSIEUR y arriva un quart

---

trait dans la cité fidèle. Harangué d'abord sous l'arc de triomphe qu'on avoit élevé en son honneur, par M. Arnoux, maire par intérim, S. A. R. daigna répondre de la manière la plus affectueuse aux sentiments d'amour et de dévouement qu'on lui manifestait de toutes parts avec tant de sincérité; et c'est au milieu de cinquante mille Français qui faisaient retentir l'air des bénédictions qu'ils lui adressaient, que Mgr arriva au château royal, où se trouvaient déjà, pour le recevoir, M. le lieutenant-général baron Alméras et M. le comte de Breteuil, de retour de la colonne du douze mars où ils s'étaient rendus. A peine entré dans ses appartements, le Prince eut la bonté de témoigner hautement la satisfaction que lui faisait éprouver sa réception dans Bordeaux. « Messieurs, répéta-t-il d'un air « satisfait, c'est comme au douze mars, c'est comme au douze « mars. »

A la chute du jour, tous les édifices publics et la plupart des maisons de la ville offraient de brillantes illuminations. Attendue au spectacle par une foule impatiente de contempler de nouveau ses traits chéris, S. A. R. s'y rendit à sept heures un quart, et y fut accueillie avec le même enthousiasme.

(*Journaux de Bordeaux de* 1823.)

d'heure après. Le Prince se précipita dans les bras de son père, qui l'embrassa à plusieurs reprises avec toute l'effusion de la tendresse paternelle. Après avoir reçu les autorités de la ville de Versailles, LL. AA. RR. partirent pour Saint-Cloud, où elles arrivèrent à midi. Madame la duchesse de Berry et les enfants de France y attendaient Monseigneur. Cette entrevue de famille fut charmante. Toute la population des villages environnant Versailles et Saint-Cloud était accourue sur le passage du héros pacificateur, et les plus vives acclamations se succédèrent, sans interruption, pendant l'espace de deux lieues.

A midi et demi, MONSIEUR, MADAME, Mgr le duc d'Angoulême, et madame la duchesse de Berry, quittèrent Saint-Cloud pour venir à Paris.

A la porte Maillot, Mgr le duc d'Angoulême monta à cheval pour faire son entrée dans Paris. Le Prince avait à ses côtés les maréchaux duc de Reggio, duc de Raguse, et marquis de Lauriston; les généraux Bordesoulle, de Béthisy, de La Roche-Jacquelein, et de Guiche.

A la barrière de l'Étoile, une tente magnifique avait été dressée; des colonnes rostrales, élevées à droite et à gauche, soutenaient un grand nombre d'écussons et de drapeaux qui rappelaient les faits les plus mémorables de la campagne.

M⁰ʳ l'archevêque, accompagné de ses grands vicaires, avait voulu se réunir au corps municipal. L'école Polytechnique dont le Prince est protecteur, formait la haie de droite et de gauche en avant de la tente; les dames de la halle, rangées au fond, portaient des bouquets; au-dehors et à l'entrée, les forts de la halle et des ports, les charbonniers et d'autres corporations venaient offrir au Prince une bouquet d'argent.

Le Prince parut à la tête de son brillant état-major : des acclamations universelles saluèrent son arrivée.

Alors le grand maître des cérémonies de France, accompagné de M. le marquis de Rochemore, maître des cérémonies, de M. le baron de Saint-Félix, et de M. le vicomte de Gaslin, aides des cérémonies, présenta à M⁰ʳ le duc d'Angoulême le corps municipal de la ville de Paris, ayant à sa tête M. le comte de Chabrol, préfet de la Seine, qui adressa à S. A. R. le discours suivant.

« Monseigneur,

« Nos vœux vous suivaient à votre départ, nos acclamations vous attendaient à votre heureux retour. Depuis trente ans le nom de guerre n'était qu'un cri d'effroi, qu'un signal de calamité pour

LETUEL, Lit Edit Rue St Jacques N° 54, PARIS

les peuples; la population des états envahis, comme celle des états conquérants, se précipitant l'une sur l'autre, offraient aux yeux du sage un spectacle lamentable. Aujourd'hui la guerre relève les nations abattues; sur tous les points d'un vaste empire, elle apparaît humaine, protectrice et généreuse: guerrier sans peur, conquérant sans vengeance, votre vaillante épée, à la voix d'un puissant monarque, vient de consacrer le noble et légitime emploi de la valeur et des armes. Les trophées de la guerre devenus la consolation d'un peuple opprimé; le volcan des révolutions fermé pour jamais; la réconciliation de notre patrie cimentée aux yeux du monde; la victoire rendue à nos marins comme à nos guerriers; la gloire de tous les enfants de la France confondue dans un nouveau faisceau; les noms de Logrono, de Lorca, de Pampelune, de Llado, et de Llers, ceux du Trocadéro et de Santi-Pétri, unis désormais à ces noms célèbres dont votre famille toute française adopta la gloire; tels sont, Monseigneur, les résultats de cette campagne, telle est l'œuvre que vous avez accomplie. Entrez dans ces murs, ils sont tout pleins de vos aïeux, dont la magnifique couronne se pare en ce moment d'un si beau fleuron; la grande cité retentit de louanges et d'alégresse, elle est fière de revoir ses guerriers; ses avenues sont remplies d'un peu-

ple immense qui sourit à de nouveaux triomphes;
plus loin, sous les antiques voûtes de son palais
sacré, un père, un Roi veut placer sur votre
front une couronne de lauriers; déja son cœur
tressaille à l'approche de celui qu'il nomme la
joie de sa vieillesse et la gloire de la France:
c'est dans ses bras que vous recevrez le double
prix de la sagesse politique et de la valeur guerrière. *Vive le duc d'Angoulême!* »

Le Prince avait écouté ce discours avec bonté.
Otant son chapeau pour obtenir le silence et faire
cesser un moment les acclamations qui retentis-
saient au loin, il se pencha sur son cheval et
répondit :

« Je suis bien sensible aux félicitations que
vous m'exprimez au nom de la ville de Paris. Je
suis heureux d'avoir rempli la mission que le Roi
m'avait donnée, d'avoir rétabli la paix, et d'avoir
montré qu'on peut tout faire à la tête d'une armée française. »

Les acclamations recommencèrent avec un
nouvel enthousiasme; et le Prince, après avoir
donné des marques de la plus touchante affabilité, reprit la marche du cortége.

Vingt-un coups de canon tirés aux Invalides

annoncèrent alors aux habitants de Paris que S. A. R. entrait dans les murs de cette capitale.

M. le comte de Coutard, commandant la division, suivi de son état-major, précédait S. A. R. depuis la barrière de l'Étoile jusqu'aux Tuileries; les cris innombrables de *Vive le Roi! vive le héros du Trocadéro, vivent les Bourbons!* se mêlaient au bruit du canon, des tambours et de la musique des différents corps militaires.

En avant de S. A. R. marchaient les braves bataillons des 1ᵉʳ et 4ᵉ régiments de la garde royale, qui eurent tant de part à l'immortel fait d'armes du Trocadéro. M. le comte d'Ambrugeac était à leur tête.

Dans la grande allée des Tuileries, ces bataillons se formèrent en bataille. Le Prince généralissime, en passant devant eux, leur adressa affectueusement la parole, en désignant, comme son auguste aïeul Louis XIV, plusieurs soldats par leurs noms.

A deux heures moins cinq minutes, le petit-fils de Henri IV entra dans le palais des Tuileries.

Le Prince arrivé dans le cabinet du Roi, se jeta à ses pieds. S. M. le releva, et après l'avoir pressé sur son cœur, lui dit:

« Mon fils, je suis content de vous. »

Le Roi parut ensuite au pavillon de la tour de l'horloge, sous un riche baldaquin. S. M. avait à sa droite LL. AA. RR. Monsieur et le Prince généralissime, et à sa gauche, LL. AA. RR. Madame et madame la duchesse de Berry. Le jeune duc de Bordeaux et son auguste sœur tenaient, dans cette fête française, la place que l'attentat du 13 février y avait laissée vacante.

L'auguste chef de la dynastie des Bourbons prit par la main son fils d'adoption et le présenta à son peuple. Monseigneur baisa, avec attendrissement, la main qui lui était tendue.

Les troupes défilèrent ensuite devant S. M., elles étaient au nombre d'environ trente mille hommes, tant de l'armée d'Espagne que de la garnison de Paris. Pendant deux heures que dura cette cérémonie militaire, la foule immense placée sous le balcon faisait retentir l'air des cris de *Vive le Roi! vive Mgr le duc d'Angoulême.*

Le soir la ville fut illuminée; et le peuple qui remplissait le jardin des Tuileries, ne cessa pas pendant la nuit de faire entendre des acclamations joyeuses.

Mgr le duc d'Angoulême honora successivement les théâtres royaux de sa présence, et dans tous il entendit toujours ces mêmes vœux répétés avec amour et enthousiasme: *Vive le duc d'Angoulême! vivent les Bourbons!*

Dix jours après le retour du Prince généralissime, la ville de Paris donna des fêtes qui durèrent trois jours, et qui se terminèrent par un repas suivi d'un bal magnifique offert, à l'Hôtel-de-Ville, à la famille royale, et où le héros de l'Espagne se retrouva entouré des braves généraux qui s'étaient couverts de gloire sous ses ordres, et de l'élite des habitants de la capitale de la France.

Depuis 1815, la France a seule de toutes les puissances chrétiennes de l'Europe soutenu une guerre coutinentale; nos soldats ont prouvé qu'ils étaient dignes de leur ancienne renommée. Puisse notre armée si jamais les dangers de la patrie la rappelaient sur les champs de bataille, retrouver à sa tête un chef aussi digne de la commander! Alors, comme en 1823, la victoire restera fidèle à nos drapeaux.

FIN.

ADDITIONS ET RECTIFICATIONS.

ENGAGEMENT ENTRE ZAYAS ET BESSIÈRES. — ATTAQUE DE MONZON. — COMMUNICATIONS ENTRE LE 2e ET LE 4e CORPS. — AFFAIRE DE WILCHES. — AFFAIRE DEVANT LÉRIDA. — AFFAIRE DE SAN-FAUSTO. — AFFAIRE DEVANT FIGUIÈRES. — AFFAIRE DE CABEZA DE BUEY. — PRISE DE LORCA. — AFFAIRE DE RODA. — ENGAGEMENTS DE LA MARINE FRANÇAISE. — INCENDIE A LA COROGNE. — COMBAT DE MOLIN-DEL-REY. — COMBAT DE JODAR. — MALADIE AU PORT-DU-PASSAGE.

ENGAGEMENT ENTRE ZAYAS ET BESSIÈRES.
(LIV. Ier CHAP. IV.)

Nous avions puisé les détails de l'engagement qui eut lieu trois jours avant l'entrée de S. A. R. Mgr le duc d'Angoulême à Madrid, entre les soldats royalistes du général Bessières et les troupes constitutionnelles du général Zayas, dans la procédure instruite par ordre de la régence espagnole, et rendue publique par la voie des journaux et dans des lettres écrites, à ce sujet, par différents officiers français et royalistes espagnols. M. le général Zayas a cru devoir réclamer contre notre relation, par une lettre écrite de Cadix, le cinq mars 1825. Cette lettre nous a été remise par un des officiers généraux espagnols les plus distingués et les plus respectables, ancien ministre de la guerre du roi Ferdinand, et qui, ayant eu auprès de lui le général Zayas comme aide-de-camp, a été à même d'apprécier sa loyauté et sa franchise. Nous croyons, d'après cet honorable témoignage, devoir insérer, sans aucun commentaire, cette lettre qui tend à disculper un officier général dont la capacité militaire est estimée en Espagne par les hommes de tous les partis.

Nous ferons seulement observer au lecteur, quant au nombre des victimes de la journée du 20 mai 1823, que M. le général Zayas dit n'avoir été que de trois personnes tuées dans l'intérieur de Madrid, que la majeure partie des habitants tués ou blessés l'a été, d'après les documents de la procédure, hors de la porte d'Alcala.

« Monsieur,

« Je viens de lire, dans les premières livraisons de l'histoire de la guerre d'Espagne en 1823, que vous donnez au public, le récit d'un fait qui me concerne, et présenté de manière à déverser sur moi tout l'odieux qui s'attache aux mesures violentes, dépeintes comme non nécessaires, ni provoquées par le plus sacré des devoirs. Voici ce fait :
« L'armée de réserve devant quitter Madrid,

je fus envoyé au quartier-général de S. A. R. le duc d'Angoulême que je trouvai à Butrago, le 17 mai, pour proposer de laisser à Madrid quelques troupes espagnoles, en attendant celles de l'armée française, et dans le seul but de garantir les habitants de toute espèce de désordres. S. A. R. y donna son consentement. Revenu à Madrid, j'y restai, après le départ de l'armée de réserve, avec une garnison composée de douze cents hommes, tout compris, et deux pièces d'artillerie.

« Le 20 mai, un détachement d'environ vingt hommes, lanciers du corps du général Bessières, sous la sauve-garde d'un parlementaire, arriva par la porte d'Alcala jusques à la douane.

« L'agitation que cette apparition produisit et les suites faciles à prévoir m'engagèrent à me porter, en personne, au-devant du général Bessières qui se trouvait alors près la porte d'Alcala.

« Je lui fis connaître la convention approuvée par S. A. R. le Prince généralissime. Le général Bessières me répondit que, *accoutumé à vaincre, il y entrerait par la force des armes;* — *Et moi accoutumé à résister, je m'y opposerai*, fut toute ma réponse.

« Les troupes de la garnison qui bivouaquaient près de la porte de Ségovie furent alors rapprochées de la porte du Soleil. Je fis avancer par la porte d'Alcala une reconnaissance de cavalerie.

pour donner plus de temps à la réflexion et au seul parti dicté par la prudence. Tout devint inutile; l'infanterie de Bessières prenant position sur les hauteurs contiguës de la Venta del Spiritu sancto, et s'étendant près des murs du Rietiro et de la porte d'Alcala, il était évident que l'on n'attendait que la nuit pour entrer et profiter des désordres populaires.

« Je me portai alors sur la route d'Alcala, à la tête de six compagnies d'infanterie et de quatre-vingts à quatre-vingt-dix chevaux, environ quatre cent cinquante hommes. Les guérillas de Bessières tirèrent les premiers coups; et dès-lors commença notre attaque, qui finit par la retraite de ses troupes.

« Le soir du même jour, aussi par la porte d'Alcala, se présenta un officier supérieur du corps sous les ordres du général Obert, demandant à occuper la capitale, mais qui se désista, du moment où la convention avec S. A. R. lui fut annoncée.

« Les rapports des commissaires de tous les quartiers ou arrondissements de Madrid ne signalent que trois individus tués ce jour-là, dans l'intérieur de la ville; et celui de M. le major-général comte Guilleminot ne donne que peu de blessés et tués parmi les troupes du général Bessières, et une quarantaine de victimes de son

23.

imprudente démarche, parmi les gens du peuple réunis pour le seconder. Les deux pièces d'artillerie n'arrivèrent sur le terrain qu'après la retraite, et ne tirèrent que de loin trois ou quatre coups sans aucun effet.

« Je ne fus donc point le provocateur de cette malheureuse incartade : loin d'y jouer de finesse et sous aucun rapport qui puisse être blâmable à personne, je me livrais à la bonne foi d'une convention militaire, dictée par le devoir impérieux de sauver Madrid d'une réaction populaire, et respectable par le cachet d'une auguste approbation.

« Je plains tous ceux qui ont à regretter des personnes chéries et qui ont été victimes dans cette triste journée; mais une conduite faible ou différente de ma part aurait pu compromettre bien d'autres personnes et bien d'autres intérêts.

« J'en atteste tous les militaires qui ont eu des devoirs semblables à remplir, les témoins oculaires, libres de cet esprit de parti qui noircit tout, j'en atteste les membres de la municipalité alors existante, leur rapport au gouvernement, et finalement, le témoignage d'approbation qui me fut donné de la part de S. A. R. le duc d'Angoulême, par M. le marquis de la Chasse-Vérigny et M. Mont-Gascons.

« Les discordes civiles donnent naissance trop

souvent à des haines mal fondées et conséquemment injustes, il est du devoir d'un historien de les calmer, de les éteindre par son impartialité.

« Je la réclame de votre part, et prends l'engagement de répondre a toute narration signée, et capable d'inspirer le moindre doute sur celle que je viens d'exposer.

« J'ai l'honneur d'être, monsieur, avec la considération la plus distinguée,

« Votre très humble serviteur,

« JOSE-DE-ZAYAS. »

M. le marquis de la Chasse-Vérigny, qui fut envoyé à Madrid aussitôt que S. A. R. eut connaissance de ce qui venait de se passer entre les troupes du général Zayas et celles de Bessières, n'était point aide-de-camp du Prince généralissime, mais bien colonel au corps royal d'état-major attaché à l'état-major général de l'armée.

ATTAQUE DE MONZON.
(LIV. 1ᵉʳ CHAP. VI.)

Il faut citer, comme s'étant particulièrement distingué à l'attaque du vieux château, M. le capitaine de grenadiers Fabvier, du 4ᵉ de ligne.

M. le comte d'Hautpoul (aujourd'hui colonel du 3ᵉ régiment d'infanterie de la garde), qui commandait alors ce régiment, dirigea toutes les attaques.

COMMUNICATIONS ENTRE LE 2ᵉ ET LE 4ᵉ CORPS

(LIV. Iᵉʳ CHAP. VI.)

M. le général Donnadieu ne communiqua point à Balaguer avec le général Pamphyle-Lacroix. La communication fut établie à Agramunt, entre la brigade Saint-Chamans et les troupes du baron d'Éroles.

AFFAIRE DE WILCHES.

(LIV. II. CHAP. II.)

Il faut ajouter aux noms des braves qui se sont distingués à cette affaire, les noms de MM. de Berghes, lieutenant des chasseurs de la garde, et Bertin de Vaux, sous-lieutenant au même régiment.

AFFAIRE DEVANT LÉRIDA.

Le 17 juin, une colonne de troupes constitutionnelles espagnoles, forte de treize à quatorze cents hommes d'infanterie, cent chevaux et deux pièces d'artillerie, était sortie de Lérida dans le dessein de déloger le brigadier royaliste don

Santos Ladron de la position qu'il occupait ; celui-ci opposa à l'ennemi sept cents hommes, d'infanterie, quarante volontaires de Barbastro, vingt-deux dragons et soixante lanciers qui, attaquant, avec la plus grande valeur, les troupes des Cortès, très supérieures en nombre, les débusquèrent de toutes leurs positions, s'emparèrent de leur artillerie, et les mirent en déroute complète.

Le brigadier don Santos Ladron fit l'éloge de la bravoure des troupes royalistes, et signala particulièrement celles de don Victoriano-Corden, qui, avec cinquante fantassins et le capitaine don Juan Bernardo Zubini, parvint, en bravant le feu le plus vif, à chasser d'une hauteur plus de six cents ennemis et s'empara de leur artillerie.

AFFAIRE DE SAN FAUSTO.

Le 20 juin, M. le lieutenant-général Curial, commandant la 3ᵉ division du 4ᵉ corps, ayant reçu l'avis que trois cents constitutionnels se trouvaient dans les villages de Martorellas et Montornos, où ils frappaient des contributions, fit marcher contre eux un bataillon d'infanterie et cent chevaux, sous les ordres de M. le baron Nicolas, colonel du 23ᵉ régiment de chasseurs à cheval.

L'infanterie fut dirigée sur les villages désignés, et le colonel Nicolas, pour tourner l'ennemi, se porta à la tête de ses chasseurs, par Montmalo, vers San-Fausto; arrivé sur ce point, il aperçut, dans un bois et sur un mamelon très élevé, un peloton d'ennemis; les difficultés du terrain, qui forcèrent les cavaliers de mettre pied à terre, n'arrêtèrent point leur impétuosité; ils attaquèrent le peloton qui, après une décharge, mit bas les armes. Un lieutenant-colonel et trente hommes furent faits prisonniers. L'ennemi qui était dans Mastorellas n'attendit point le bataillon d'infanterie française, il opéra sa retraite après avoir eu quelques hommes tués et un grand nombre de blessés. Cette expédition fit honneur à MM. Nicolas, colonel du 23e régiment de chasseurs à cheval; Barthelemy, major; Bauzée, capitaine; Rebeillé, sous-lieutenant; Gaultier, maréchal-des-logis du même régiment; ainsi qu'à MM. d'Arlanges, lieutenant-colonel, et Guillabert, chef de bataillon au 7e régiment de ligne.

AFFAIRE DEVANT FIGUIÈRES.

Le 26 juin, vers six heures du soir, soixante soldats, sortis du fort de Figuières, descendirent près du poste de la Jonquières à dessein de s'en emparer. M. le capitaine Morelli, du 5e de ligne, qui le commandait, donna ordre à M. de Tournefort, sous-lieutenant, de marcher sur l'ennemi avec un détachement, de se placer derrière des buissons et de faire feu; ce qui fut exécuté sur-le-champ. L'ennemi riposta par une décharge de mousqueterie soutenue par le canon à mitraille du fort; aussitôt la fusillade s'engagea. Le capitaine Morelli, avec une trentaine d'hommes, accourut pour soutenir son détachement et repousser les Espagnols au nombre de trois cents, tant sur le chemin couvert qu'en tirailleurs. L'artillerie de la place fit feu de toutes ses batteries sur la ville et sur nos troupes pendant une heure et demie. L'ennemi, forcé de se replier, fut poursuivi et rentra dans le fort en laissant un officier et cinq hommes sur le champ de bataille. Dix à douze paysans furent tués et un grand nombre de maisons endommagées.

Dans son ordre du jour du 27, M. le baron de Damas fit l'éloge de la conduite courageuse de MM. Morelli, capitaine; de Tournefort, sous-lieutenant; des sergents Boulet et Desor; ainsi que du caporal Marquet, tous du 5° de ligne.

AFFAIRE DE CABEZA DE BUEY.

Le 26 juin, M. d'Esclignac, duc de Firmaçon, chef d'escadron aux dragons de la garde royale, à la tête d'un détachement de quatre-vingts hommes, rencontra à Cabeza de Buey (Estramadure) un poste composé d'un grand nombre d'officiers, de cent cinquante cavaliers et de quelques troupes d'infanterie, cherchant à rejoindre le corps de Ballestéros. M. le duc de Firmaçon le chargea, jeta le désordre dans ses rangs et le mit dans une déroute complète. Cette charge inopinée fut si vigoureuse que l'ennemi eut quatorze hommes tués, dont un lieutenant-colonel et trois officiers; on lui fit prisonniers un colonel, treize officiers, et cinquante-neuf cavaliers montés. Un seul dragon français fut légèrement blessé.

Cet officier supérieur se loua du courage et du dévouement de M. le vicomte de Balincourt, chef d'escadron; il signala M. le capitaine Reviers de Mauny, ainsi que M. le lieutenant d'Oraison, et M. le sous-lieutenant de Hau de Stapelande; cita avantageusement les maréchaux-des-logis Hontelard et Cordier; les brigadiers Jannot, Schuster, et Fourneaux; les dragons Guillotin, Quien, et Deforge.

PRISE DE LORCA.
(LIV. II. CHAP. IV.)

Les détails que nous avons donnés sur cette

brillante affaire sont conformes au bulletin officiel de l'armée. La lettre suivante, en repoussant la coopération de la brigade Corsin, revendique tout l'honneur de la prise de Lorca pour le 4e léger.

Monsieur,

« Je suis trop persuadé de votre impartialité pour hésiter un seul instant à vous soumettre quelques observations sur votre ouvrage que je viens de lire. Soit qu'il vous ait été fourni des documents inexacts ou imparfaits, soit que vous n'ayez pas pu arriver à la vérité, par la manière dont vous exposez la prise de Lorca, sans détruire le mérite du 4e léger, vous lui enlevez cependant tout l'honneur de cette affaire. Je suis d'autant plus à même de vous faire de justes observations que j'avais l'honneur d'accompagner le général dans la reconnaissance qu'il fit des environs de Lorca; sous sa dictée, je pris note des positions que le 4e léger devait occuper, et je fus chargé de transmettre ses intentions au général Buchet, commandant encore ce régiment.

« Le capitaine Costamagna reçut l'honorable mission de diriger l'élan des royalistes espagnols qui furent envoyés sur les hauteurs qui dominent la forteresse pour en completter l'investissement. Les 10⁰ et 19⁰ régiments de chasseurs à cheval, faisant partie de l'avant-garde, furent mis en réserve dans la plaine. La position des lieux ne permettait pas de les employer plus utilement. Le zèle des chasseurs mérite au moins une mention honorable : ne les vit-on pas aidant les paysans à apporter les échelles et à faire les approches nécessaires pour le coup de main qu'on devait tenter sur le fort? J'ose vous affirmer, monsieur, qu'aucune autre troupe n'a contribué à la prise de Lorca.

« Ce n'est donc pas sans étonnement que j'ai dû lire à la page 322, 3ᵉ livraison, tom. 1ᵉʳ, que le lieutenant-général Bonnemain et le maréchal-de-camp Buchet furent, dans la brillante journée de Lorca, dignement secondés par le maréchal-de-camp Corsin qui, à portée et en vue de la forteresse, dirigeant son artillerie sur les hauteurs qui la commandent, et disposant ses colonnes d'attaque pour monter à l'assaut, avait puissamment contribué à *effrayer la garnison, à paralyser son feu; et à rendre possible le succès inespéré* obtenu par les carabiniers du 4ᵉ léger.

« Cette erreur est trop évidente pour n'être pas remarquée. D'abord, ce ne sont pas les carabiniers seuls qui se sont rendus maîtres de la place; tout le 4ᵉ léger y a coopéré. La disposition même que vous faites des troupes vous prouve que vous êtes tombé dans une inadvertance flatteuse pour les carabiniers, mais que bien certainement le reste du régiment n'approuvera pas.

« L'inspection des lieux avait fait connaître qu'il était impossible que l'artillerie, que vous faites diriger sur *les points culminants*, pût être en position *avant le lendemain*. L'ennemi ne pouvait pas l'ignorer. D'ailleurs le 4ᵉ léger se rendait maître de la place, lorsqu'on vit déboucher, à une grande demi-lieue sur la route de Totana, la *brigade Corsin* qui, quelque diligence qu'elle eût pu faire, n'aurait pu atteindre le point occupé par les royalistes dans moins d'une heure et demie; et en vain on aurait formé des colonnes d'attaque, aucun assaut n'était possible de ce côté.

« Je pense que vous n'auriez rien dû ajouter à ce que vous aviez dit de la *brigade Corsin* à la page 320 de la même livraison. Là, reconnaissant qu'elle était hors de portée d'agir, vous lui faites cependant produire un effet moral qui aurait pu être supposé vrai, si la place n'avait pas été en notre pouvoir lorsque cette brigade fut aperçue. Vous me direz peut-être que le fort, dominant sur la plaine, avait pu la voir approcher. J'accorde que votre supposition soit vraie! Eh bien, dans ce cas, vous deviez vous borner à ce que vous aviez dit à la page 320, où, rentrant dans la vérité vous laissez, avec raison, l'honneur de la prise de Lorca aux excellentes dispositions du général et à l'intrépidité du 4ᵉ léger. Vous parlez de succès *inespéré;* quant à la troupe, elle ne calculait et ne devait pas calculer quelle serait l'issue de l'attaque ; elle ne consultait dans ce moment que son dévouement et son courage pour exécuter les ordres du général, afin d'en obtenir le résultat qu'il s'en était promis. La confiance qu'il avait su lui inspirer était pour elle un sûr garant de la réussite, et le succès, dans ce sens, n'était pas *inespéré.* Si je ne devais pas me renfermer ici dans ce qui est particulier au 4ᵉ léger, il me serait facile de vous prouver que, pour le général lui-même, le succès n'était pas *inespéré.* Il se trouve sur les lieux, et pour peu que vous le desiriez, il pourra, encore mieux que moi, vous fixer à cet égard. J'ajouterai seulement qu'il avait, pour exécuter ses projets, un régiment avide de donner des preuves de son dévouement à la cause royale, et de son courage qu'il fit encore admirer à Campillo et à Jaen.

«Je dois encore vous faire remarquer, monsieur, que vous avez été induit en erreur lorsqu'on vous a dit que le maréchal-de-camp Levavasseur dirigeait le 4ᵉ léger à l'affaire de Jaën. Ce général avait conservé le commandement de son ancien régiment (le 8ᵉ léger). Des renseignements plus sûrs vous auraient appris que le baron de

Chambrun, colonel du 4ᵉ léger, commandait son régiment, dans cette brillante journée, sous les ordres immédiats du général Bonnemains, dont il reçut des éloges.

« L'hommage dû à la vérité et l'honneur du 4ᵉ léger me font un devoir de vous soumettre cette réclamation. Je me plais à croire, monsieur, que vous vous empresserez de rectifier les erreurs que je viens d'avoir l'honneur de vous signaler, et contre lesquelles le 4ᵉ léger se croirait obligé de s'inscrire en masse, si vous les laissiez exister.

« J'ai l'honneur d'être, etc.

REY,

« capitaine-adjudant-major.

Paris, le 10 mars 1825.

AFFAIRE DE RODA.
(LIV. CHAP. IV.)

Le bulletin officiel cita le nom de M. le colonel comte d'Hautpoul, comme ayant dirigé les troupes qui, le 18 juillet, firent prisonnière l'arrière-garde ennemie.

Cet officier supérieur nous a fait l'honneur de nous écrire à cette occasion une lettre dont voici un extrait :

« J'étais seul avec le bataillon du 4ᵉ de ligne
« et vingt-cinq dragons du 5ᵉ régiment, quand
« nous aperçûmes l'ennemi dont on ignorait la
« présence à Roda. Je marchai immédiatement
« sur lui avec une compagnie de grenadiers, en
« ordonnant aux dragons de tourner le village.
« Je laissai le reste de ma troupe en réserve et
« sans connaître la force numérique de l'ennemi je
« l'abordai franchement et le mis en fuite. Cerné
« entre ma colonne et un lac tout fut pris. »

ENGAGEMENTS DE LA MARINE FRANÇAISE.

La Bombarde marchande la *Nativité* avait été capturée, le 25 juin, près de Marseille, par le corsaire espagnol l'*Arlequin*. Rencontrée le 26 par le brick *l'Inconstant*, commandé par M. le lieutenant de vaisseau Dupetit Thouars, cette Bombarde fut visitée et reprise. L'équipage espagnol fut embarqué sur le brick, et M. de Faget, enseigne de vaisseau, M. Bessairye, commis aux revues, et quelques marins de *l'Inconstant*, furent placés à bord de la *Nativité*.

Naviguant de conserve, ces deux bâtiments, dans la nuit du 26 au 27, furent séparés par un coup de vent. Vers trois heures du matin, la *Nativité* fut attaquée par un autre corsaire espagnol, ayant vingt-cinq hommes d'équipage. M. de Faget repoussa un premier abordage; le corsaire, s'apercevant que ses adversaires étaient bien inférieurs en nombre et sans artillerie, revint à la charge: M. de Faget, avec son faible équipage, soutint vaillamment cette seconde attaque; mais frappé d'une balle à la tête, ayant son chef de timonerie et plusieurs hommes hors de combat, M. de Faget fut forcé d'amener.

M. Dupetit-Thouars, qui était à la recherche de la *Nativité*, l'aperçut dans la matinée du 27, attaqua l'ennemi, la reprit une seconde fois, et dans la soirée du même jour la ramena à Toulon avec l'équipage espagnol fait prisonnier.

M. Bessairye fut tué dans le second abordage.

M. de Faget se loua particulièrement du courage du chef de timonerie Monin, et de celui des matelots Bense et Farenq.

Le 3 juillet, le corsaire espagnol armé la *Béata Catalina Tomasa* fut capturé par la goëlette française la *Torche*, commandée par M. le Goarant, lieutenant de vaisseau.

Le 26 août, M. Villeman, lieutenant de vaisseau, montant une trincadoure, et M. Costé, commandant la canonnière l'*Alsacienne*, sortirent du port de Bayonne pour aller à la poursuite du cutter l'*Actif*, armé par des révolutionnaires de Saint-Sébastien. Ils se rallièrent, en rade de

Bayonne, à la canonnière l'*Isère*, commandée par M. Armand, donnèrent la chasse à ce cutter, l'atteignirent, le prirent et le conduisirent au port du Passage.

INCENDIE A LA COROGNE.
(LIV. II. CHAP. VI.)

Le 7 septembre, un violent incendie éclata à la Corogne dans les bâtiments servant à la manutention du pain; le courage et le dévouement de la garnison française et espagnole, ainsi que des officiers et marins de la corvette du roi la *Sylphide*, ne purent sauver cet établissement des flammes; mais ils parvinrent, par leur zéle, à arrêter les progrès de cet incendie, qui menaçait d'embraser les quartiers voisins. M. le lieutenant-général comte Bourcke, par un ordre du jour, témoigna sa satisfaction aux troupes et aux marins. Il cita comme ayant fait preuve d'intrépidité le lieutenant de vaisseau Fournier, l'enseigne de vaisseau de Solminihac, et le matelot Lesec, tous trois de la *Sylphide*.

COMBAT DE JODAR.
(LIV. III. CHAP. III.)

Voici les noms des officiers, sous-officiers, et soldats du régiment des chasseurs de la garde

qui se sont distingués au combat de Jodar.
(14 septembre 1823.)

MM. d'Argout, colonel; de Châteaubriand, lieutenant-colonel; Moussin de Bernicourt, chef d'escadron; de Saint-Victor, Desfourniels, capitaines commandants; de La Motte Rougé, lieutenant; Touffait, lieutenant-aide-major; de Briey, Légal, sous-lieutenants; Remye, Lefebvre, maréchaux-des-logis; Chapet, Aymet, Corneilleau, brigadiers; Leriche, Perreau, Bertrand, Prat, chasseurs.

MALADIE AU PORT DU PASSAGE.
(LIV. III. CHAP. VII.)

Le 14 septembre, le maréchal-de-camp baron Higonet, commandant le blocus de Saint-Sébastien, fit établir un cordon sanitaire autour du port du Passage, afin d'empêcher la contagion qui désolait cette ville d'étendre ses ravages. Le maréchal Lauriston y envoya M. le docteur Audouard, déja si célèbre par son dévouement lors de la dernière peste de Barcelonne. Le docteur Jourdain y vint par ordre du ministre de la guerre. M. Poteau, chirurgien-major du 19ᵉ léger; don Eugène Arouti, médecin titulaire de la ville de Saint-Sébastien, ainsi que le docteur don Juan Montès, médecin de l'armée royale espagnole, donnèrent dans cette circonstance, dont les suites pouvaient être funestes, des preuves remarquables de zèle et de dévouement.

COMBAT DE MOLIN-DEL-REY.

(LIV. II. CHAP. VIII.)

La relation de ce combat donna lieu à la lettre suivante, qui fut insérée dans plusieurs journaux de la capitale:

A. M. LE RÉDACTEUR,

Monsieur,

Quoiqu'il m'en coûte beaucoup de devoir fixer sur moi l'attention du public, il est cependant des circonstances impérieuses où le respect qu'on lui doit vous en fait un devoir.

La quatrième livraison de l'histoire de la guerre d'Espagne en 1823, par M. Abel Hugo, renferme des détails si erronés, si peu militaires, sur l'affaire de Molin-del-Rey, où je commandais, que je dois les signaler, afin que mon silence ne contribue pas à confirmer des faits absolument faux. J'ignore les sources où a puisé M. Abel Hugo, mais certainement le rédacteur de la relation n'était pas témoin oculaire. Il n'est pas douteux non plus qu'il n'a pas consulté les bulletins ou rapports officiels, car il fait tuer des individus qui n'ont été que blessés, et change le nom des autres quand il ne veut pas les oublier.... J'ai été étonné, je l'avoue, de ne pas trouver sur la liste des officiers de l'état-major qui se sont distingués dans ce combat mon aide-de-camp, le capitaine Létier, qui y a déployé le talent et le courage qui l'ont fait remarquer dans toutes les occasions de cette campagne, et M. d'Osmond, officier d'ordonnance de M. le général Donnadieu (qui m'apportait l'ordre d'attaquer, lorsque j'étais déja engagé), ne m'a pas quitté pendant toute l'action, et y a déployé une intelligence et un sang-froid qui lui ont mérité la croix d'honneur. Je m'abstiendrai de toute réflexion ultérieure, et me contenterai de déclarer ici que le seul ouvrage que la vérité ait dicté est celui de M. le marquis de Marcillac, que cet officier a reçu de mes camarades et de moi nos journaux raisonnés, nos reconnaissances et instructions, qu'il n'a négligé aucune occasion de se procurer des renseignements positifs et exacts, ne voulant pas faire une spéculation de librairie, mais bien une d'utilité publique.

Je vous prie, monsieur, de vouloir bien insérer cette lettre dans votre journal, et de recevoir l'assurance des sentiments avec lesquels j'ai l'honneur d'être, etc.

Le lieutenant-général DE LAROCHE-AYMON.

La lettre suivante fut écrite le même jour en réponse à celle de M. de Laroche-Aymon, et, comme la sienne, insérée dans les journaux.

Paris, 3 novembre 1824.

MONSIEUR LE RÉDACTEUR,

Le respect que je dois au public m'impose l'obligation de répondre à la lettre de M. le lieutenant-général de Laroche-Aymon, insérée dans votre numéro d'aujourd'hui.

M. le général prétend que ma relation du combat de Molin-del-Rey renferme des détails erronés et peu militaires. J'aurais desiré qu'il fît connaître les parties de mon travail auxquelles ce reproche peut être adressé : cela était sans doute nécessaire pour justifier son allégation. Il se borne à se plaindre de ce que je n'ai pas cité deux officiers d'état-major, dont l'un est son *aide-de-camp*. Ces deux officiers n'ont point été cités dans le rapport du maréchal Moncey, inséré au Moniteur du 16 juillet 1823.

M. le général de Laroche-Aymon ne doute pas, à ce qu'il dit, que je n'ai pas consulté les bulletins de l'armée.

Le 23º bulletin de l'armée, du 21 juillet, ne fait que mentionner, sans aucun détail, le combat de Molin-del-Rey, et il n'a été publié, sur cette affaire, d'autre rapport officiel que celui que je viens de citer plus haut. C'est ce rapport qui a servi de base à mon travail.

Un mémoire que M. Tartarat, chef de bataillon au corps royal d'état-major (employé en 1823 dans la division Donnadieu), a bien voulu me communiquer m'a servi pour compléter la relation. M. Tartarat était *témoin oculaire*, et M. le général de Laroche-Aymon doit se le rappeler, puisque c'est à cet officier supérieur qu'il avait donné l'ordre de marcher avec la compagnie qui débusqua l'ennemi du village de Molin-del-Rey.

Je persiste à croire que ma relation est exacte: j'ai d'autant plus raison de l'affirmer que je n'ai reçu à ce sujet d'autre réclamation qu'une lettre anonyme qui se rapporte parfaitement à ce qu'écrit M. de Laroche-Aymon. Cet officier général me renvoie à un autre ouvrage sur la campagne d'Espagne, à l'auteur duquel il a donné communication de son journal et de ses notes. Je conçois qu'il puisse croire que cet ouvrage soit le seul qui ait été dicté par la vérité. Je ne diffère avec l'histoire de la campagne de Catalogne que sur un seul point important: c'est la part que, selon mon récit, a prise M. le général Donnadieu à l'attaque de l'ennemi au-delà du pont. On sait que M. le général Donnadieu commandait la division dont faisoit partie la brigade de M. de Laroche-Aymon.

M. de Laroche-Aymon parle de détails peu militaires. Rien, dans mon récit, ne devait m'attirer ce reproche; à moins qu'il ne me fasse un crime, comme la lettre anonyme, d'avoir rappelé qu'un des officiers supérieurs qui se sont le plus distingués à l'attaque du pont est le frère d'un de nos plus illustres pairs de France.

Je compte, monsieur, sur votre impartialité pour insérer cette lettre dans votre journal; et je vous prie de recevoir l'assurance de ma considération la plus distinguée.

A. HUGO.

Quelques jours après la publication de cette lettre, M. le général de Laroche-Aymon nous adressa des observations sur le texte de l'histoire de la campagne d'Espagne. Nous les avons communiquées à M. Tartarat, qui nous a confirmé de nouveau les détails qu'il nous avait donnés. Dans cet état des choses nous croyons devoir insérer ici textuellement les observations de M. de Laroche-Aymon, en y ajoutant seulement quelques notes qui nous paraissent nécessaires.

« Milans et Llobéra avaient pris position sur la

rive droite du Llobrégat, Milans au pont de Molin-del-Rey, Llobéra à Martorell.

« Leur ligne s'étendait sur la chaîne des montagnes qui borde la rivière entre ces deux points; afin d'ajouter aux avantages de cette position, couverte alors par les eaux du fleuve, grossi par les fortes pluies, le pont de Martorell avait été coupé; et Milans, chargé de défendre le passage de celui de Molin-del-Rey, avait fait créneler une maison qui domine le pont sur la rive gauche, et qui peut en défendre les approches. »

OBSERVATIONS.

Milans et Llobéra avaient environ neuf mille hommes.— De Molin-del-Rey à Martorell, il y a, par la route la plus courte, trois lieues de pays; il y en aurait bien cinq en suivant les sinuosités de la chaîne de montagnes qui bordent la rivière.—A quoi bon éparpiller ainsi sa troupe, quand la ligne qu'elle était chargée de défendre n'avait, depuis la crue des eaux, que deux points où elle pût être attaquée, les ponts de Martorell et de Molin-del-Rey? c'était sur ces débouchés que l'on devait concentrer ses moyens de défense, et c'était effectivement ce que Milans et Llobéra avaient fait.—Ce dernier était à Martorell avec un corps de trois à quatre mille hommes, et Milans était avec onze bataillons à Molin-del-Rey.—Llobéra avait sa troupe réunie sur les hauteurs qui dominent Martorell, et Milans avait deux bataillons d'avant-garde dans Molin-del-Rey, chargés de défendre les hauteurs qui le dominent sur la rive gauche du Llobrégat, et avec le reste de sa troupe il occupait Paléja, Saint-Vincent et autres villages environnants qui lui permettaient de rassembler, en une demi-heure, ses forces sur la position qu'il avait reconnue à la sortie du pont sur la route de Tarragone.

Le pont de Martorell *n'a jamais été coupé* (1). Le général Fantin des Odoards, alors colonel du 3ᵉ de ligne, qui, le soir de l'action de Molin-del-Rey, prit position dans cette ville, certifiera que le pont, loin d'être coupé, n'était pas même barricadé.— Quant à la maison crénelée qui dominait le pont, le témoin oculaire ne laisserait-il pas exprès de l'obscurité dans ce passage, qui est exact, sans l'être? —Les constitutionnels avaient effectivement crénelé la maison de l'éclusier à gauche de la chaussée qui conduit au pont, à environ cent cinquante pas de son entrée; cette maison, qui eût été un poste excellent, ne leur servit à rien, par la rapidité de l'attaque du 3ᵉ de ligne, qui les refoula avec trop de promptitude sur le pont, pour leur laisser le temps d'y jeter de la troupe.

Sur les hauteurs qui dominent le village de Molin-del-Rey, et où le général Milans avait ses deux bataillons d'avant-garde, il y avait encore des maisons crénelées, mais qui n'avaient aucune autre influence sur la défensive immédiate du pont que de forcer la colonne destinée à passer le Llobrégat à commencer par s'assurer de ses hauteurs avant d'entrer dans le village et de marcher sur le pont.

« La division Donnadieu, qui était à Sabadell et à Saint-Cugat, reçut l'ordre d'attaquer l'ennemi: la brigade Saint-Priest en était alors détachée, et le général Donnadieu n'avait conservé

---

(1) Les journaux du midi, qui avaient des correspondances en Catalogne, ont rapporté le contraire en faisant l'exposé des dispositions de défense faites par les généraux constitutionnels sur la rive droite du Llobrégat. (A. H.)

avec lui que le 3ᵉ et le 18ᵉ de ligne, le 5ᵉ de chasseurs, et le 6ᵉ d'hussards. — Le 9 juillet, on se mit en mouvement. Le 18ᵉ de ligne sous les ordres du général Achard fut dirigé sur Martorell, où Llobéra avait quatre bataillons. Le 5ᵉ d'infanterie, avec le 5ᵉ de chasseurs, et le 6ᵉ d'hussards, marcha sur Molin-del-Rey, sous les ordres du général Laroche-Aymon. Milans avait placé au-delà du pont deux bataillons pour protéger les tirailleurs de la maison crénelée. Cinq autres bataillons occupaient, avec de l'artillerie, l'autre rive, et couronnaient les hauteurs au milieu desquelles passe la route de Tarragone. »

OBSERVATIONS.

Je demande pardon à M. Tartarat, qui vous a donné la relation que vous avez imprimée ; sa mémoire le sert également mal, et comme officier d'état-major de la 10ᵉ division, et comme acteur de l'affaire de Molin-del-Rey — Ce paragraphe n'est qu'une suite d'inexactitudes.

Le premier juillet, la division Donnadieu était ainsi répartie : Laroche-Aymon, avec le 3ᵉ de ligne, le 5ᵉ de chasseurs, deux obusiers de montagne, à Saint-Cugat, le général Achard, avec le 18ᵉ de ligne, le 6ᵉ régiment d'hussards, et le quartier-général de la division, à Sabadell. Effectivement M. le maréchal avait décidé d'attaquer les constitutionnels dans leurs positions sur la rive droite du Llobrégat, opération indispensable pour former l'investissement de Barcelonne ; mais son excellence avait combiné son mouvement tout autrement qu'il n'a été exécuté. M. le maréchal devait s'avancer avec la division Curial sur

Molin-del-Rey, masquant ce mouvement contre les sorties de Barcelonne par la brigade Vasserot placée à Esplugas. — La division Donnadieu devait se porter sur Martorell: de cette manière, une attaque simultanée ayant lieu sur les deux extrémités de la ligne de l'ennemi, on pouvait se promettre d'autant plus d'avantages qu'en les suivant vivement on les eût empêchés de se rallier.

La preuve que c'était l'intention de M. le maréchal, c'est que, le 8 juillet, dans la journée, il réunit à la division Donnadieu, à Sabadell, le 26ᵉ de ligne qui quitta momentanément la 5ᵉ division, et qu'il y envoya la batterie d'artillerie à cheval du commandant Gannal.

Le 9 juillet, on se mit effectivement en marche; mais le général Achard ne fut pas dirigé sur Martorell, puisqu'il suivit la route de Molin-del-Rey, où il déboucha après la prise du pont, tandis que la route de Sabadell à Martorell quitte celle de Molin-del-Rey à Ruby, et qu'il en est même une plus directe encore. — En arrivant au pont de Molin-del-Rey, on trouva effectivement les troupes placées comme dans le texte, à la différence, et très grande différence près, qu'il n'y avait *point d'artillerie, et qu'il n'y en eut jamais* (1).

« Une vive fusillade atteignit la tête de la colonne du général Laroche-Aymon à son approche du village de Molin-del-Rey: nos soldats y répondirent aussitôt, et s'élancèrent à l'ennemi aux cris de Vive le Roi! — Ils arrivaient par la route qui longe la rive gauche du fleuve. — Un bataillon, commandé par M. Lefol, formait la tête de la colonne; ce brave officier, avec les

(1) On verra plus loin que M. le général Laroche-Aymon a cru le contraire jusqu'au moment de l'attaque du pont (A. H.).

compagnies du centre et de voltigeurs, se porta aussitôt sur la gauche du village vers la hauteur où s'élevait la maison crénelée, et attaqua les bataillons ennemis, qui, postés dans les vignes et favorisés par l'escarpement, faisaient un feu meurtrier sur la route. Après une résistance opiniâtre, la montagne fut enlevée, et la maison crénelée occupée par nos soldats.—Pendant ce temps, le commandant Tartarat se portait avec la compagnie de grenadiers sur le village, et en chassait l'ennemi, qui fut rejeté sur le pont après avoir éprouvé une perte considérable.—Le reste du 3ᵉ de ligne suivit avec le 5ᵉ de chasseurs et le 6ᵉ d'hussards. Le colonel Fantin des Odoards excitait ses soldats par son exemple.—Le général Laroche-Aymon dirigeait la colonne. »

OBSERVATIONS.

Ici, mêmes erreurs, et comme officier d'état-major, et comme soi-disant acteur : j'en suis fâché; mais la brigade Laroche-Aymon, composée du 3ᵉ de ligne, du 5ᵉ de chasseurs et deux obusiers de montagne, occupait, le 8 juillet, Saint-Cugat, que Milans avait menacé d'exécution.—Le 8 juillet au soir, M. Liron d'Airoles, attaché à l'état-major du général Donnadieu, m'apporta, vers neuf heures du soir, le billet suivant, de la main du lieutenant-général.

Sabadell, le 8 juillet, à quatre heures de l'après-midi.

« A moins de nouveaux ordres, vous partirez demain matin, mon cher général, à quatre heures de Saint-Cugat, pour vous porter sur Molin-del-Rey, en passant par la route carrossable de Ruby et Papiol; les hussards vous joindront en chemin; je vous suivrai de très près avec le 26° d'infanterie de ligne; le 18° tournera la position à travers les montagnes. Arrivé en présence de la position, vous attendrez de nouveaux ordres.

« Tout à vous, mon cher général.

« DONNADIEU.

« *P. S.* Commencez votre mouvement à trois heures et demie. »

L'avant-garde s'étant mise en mouvement, le reste de la brigade la suivit à peu de distance. A Papiol, on fit une petite halte, et l'on aperçut distinctement les troupes ennemies cantonnées dans Paléja, et qui prirent aussitôt les armes.

Après quelques moments de repos, le comte de Laroche-Aymon se mit en mouvement : en sortant du défilé de Papiol et en descendant dans le lit du torrent qui conduit perpendiculairement au village de Molin-del-Rey, une vive fusillade se fit entendre. Le capitaine Létier, son aide-de-camp, lui vint rendre compte que l'avant-garde était fortement engagée; les constitutionnels de l'avant-garde de Milans, postés sur les hauteurs de ce côté du Llobrégat, avaient commencé le feu sur la tête des troupes de M. le lieutenant-colonel Fitz-James, qui s'avançait à travers les vignes pour couronner les hauteurs, et y préparer la position de la brigade. M. de Fitz-James, avec la plus grande intrépidité, sous un feu très vif, gravit les hauteurs; et le 1ᵉʳ bataillon du 3°, quoique ayant affaire à un ennemi supérieur en nombre, lui fit toujours perdre du terrain, malgré les avantages de sa position et les maisons crénelées qu'il occupait sur la crête des hauteurs. Voulant accélérer les succès de son avant-garde, le comte de Laroche-Aymon fit passer le défilé au pas de course, forma la colonne des deux bataillons du 3° par sections à mesure que le terrain le lui permit; et, au pas accéléré, le porta sur le village de

Molin-del-Rey, dont l'occupation compromettait la retraite des constitutionnels. Après une fusillade fort insignifiante, les deux bataillons du 3ᵉ de ligne délogèrent de ce village quelques tirailleurs ennemis.

Les constitutionnels, voyant que cette colonne allait déboucher sur la chaussée qui conduit au pont et conséquemment les en couper, se retirèrent avec précipitation sur le pont, abandonnant les hauteurs au 1ᵉʳ bataillon, qui s'y établit en réserve, et y attendit de nouveaux ordres. Pendant ce mouvement, M. le comte d'Osmond, officier d'ordonnance du lieutenant-général, apporta l'ordre d'entamer l'action. — Jamais la compagnie de grenadiers du bataillon Lefol n'en fut détachée et n'entra dans le village de Molin-del-Rey : cette compagnie avait si bien la tête de la colonne d'avant-garde, quand elle attaqua les hauteurs, à un quart de lieue de Molin-del-Rey, que le premier brave qui périt fut le nommé *Houssard*, fourrier de grenadiers, et qui était à la droite du premier peloton.

Comment donc M. Tartarat a-t-il pu conduire cette même compagnie, qui, n'ayant pas quitté son bataillon, resta sur les hauteurs qu'il venait d'enlever jusqu'après le partage du pont ; comment, dis-je, a-t-il donc pu engager encore une vive fusillade dans le village de Molin-del-Rey, et faire éprouver une perte considérable à l'ennemi, tandis qu'il n'y a eu personne de tué ni de blessé dans le village ?

Les 2ᵉ et 3ᵉ bataillons du 3ᵉ de ligne réduits à onze compagnies, par des détachements nécessités pour la garde des équipages et par les localités, traversèrent le village précédés de quelques tirailleurs, et arrivèrent aux dernières maisons vers le débouché du pont *sans efforts quelconques*. — Arrivé à ces maisons, le comte de Laroche-Aymon fit arrêter derrière elles la colonne pour lui donner le temps de se serrer, et pour mieux reconnaître l'ennemi ; c'est de là que commence l'attaque du pont.

S'il fallait de nouvelles preuves de ce que je viens de dire, voici l'extrait du rapport du colonel Fantin des Odoards, commandant le 3⁴ de ligne :

« Le 9 du courant, la brigade d'avant-garde, commandée par M. le général comte de Laroche-Aymon, partie de Saint-Cugat à trois heures et demie du matin, a eu connaissance de la présence de l'ennemi en arrivant à Papiol.

« Cette brigade avait pour avant-garde le 1er bataillon du régiment avec quarante lanciers du 5e de chasseurs sous les ordres de M. le lieutenant-colonel de Fitz-James.

« A peu de distance du village de Molin-del-Rey, une fusillade s'est engagée entre cette avant-garde et les troupes ennemies qui occupaient les hauteurs, plusieurs maisons crénelées, et le clocher du village; mais bientôt le bataillon a franchi ces obstacles, que lui opposait un terrain montueux et difficile; il a couronné les hauteurs, et l'ennemi s'est jeté à l'entrée du pont du Llobrégat. — Sur ces entrefaites, les deux autres bataillons se portèrent rapidement vers ce pont.

« Saint-André de la Barque, le 10 juillet 1823.

« FANTIN DES ODOARDS. »

Tout est donc d'accord pour détruire l'épisode de la compagnie de grenadiers du 1er bataillon, épisode d'autant plus inutile à la réputation de M. Tartarat, chef de bataillon, que personne ne lui a jamais contesté le plus grand zèle, la plus grande activité et la plus grande bravoure... Sa mémoire l'a trompé, et il a cru se rappeler avoir fait ce qu'il eût été sans contredit très capable de faire, s'il en avait eu l'occasion (1).

(1) M. Tartarat ne croit devoir répondre à ce paragraphe qu'en nous priant d'insérer la copie suivante d'une lettre du général Donnadieu.

« Vous me demandez, mon cher Tartarat, un certificat qui atteste une bonne conduite sous mes ordres en Catalogne : ce sont les hommes d'un caractère équivoque qui ont besoin de ces sortes de titres; le vôtre est trop honorable pour en être réduit là. Par-tout où vous aurez besoin de moi, mon cher commandant, l'empressement que je mettrai à vous

« A l'arrivée du renfort qui venait la soutenir, à la voix de son colonel, la compagnie de grenadiers, qui, après avoir emporté le village, s'était massée derrière la première maison et répondait au feu des constitutionnels, s'élance vers le pont, dont elle était séparée par une chaussée découverte d'environ une demi-portée de fusil de longueur. Le feu de l'ennemi redouble, l'espace est franchi en peu d'instants; mais le brave capitaine de grenadiers, frappé d'une balle au front, tombe mort. — Le lieutenant est blessé, l'adjudant-major Boscary l'est aussi, mais plus grièvement. — Plus d'un brave a succombé sous le feu de l'ennemi. Le colonel des Odoards échappe, comme par miracle, à la grêle de balles qui sifflent autour de sa tête, et a son cheval tué sous lui.

« Le général Laroche-Aymon arrive en ce moment avec le bataillon qui a enlevé la maison crénelée. *A la baïonnette!* s'écrie-t-il. — L'ennemi est de nouveau attaqué avec vigueur. Les constitu-

---

être utile prouvera l'estime que je vous porte, estime établie sur votre belle et honorable conduite.

« Adieu, mon cher commandant, recevez une nouvelle assurance de mon sincère attachement.

« Votre affectionné. »

Signé DONNADIEU.

Tours, ce 4 janvier 1824.

tionnels, étonnés de la témérité de nos soldats, s'embarrassent dans leurs manœuvres, et prennent la fuite. Poursuivis vivement, ils parviennent à se reformer derrière un bataillon posté sur les hauteurs qui dominent la route de Tarragone. » (Pages 410 et 411.)

OBSERVATIONS.

Ici, comme ailleurs, tout est fantasmagorie, et les documents les plus authentiques vont encore contredire d'une manière positive la mémoire de M. le commandant Tartarat.

Toujours la compagnie de grenadiers du 1er bataillon figure sous ses ordres.—Qu'on demande au brave *Desrolines de la Motte*, qui en est le capitaine, s'il a quitté son bataillon, et s'il a été conduit une seule minute par M. le commandant Tartarat.

D'après le récit de M. Tartarat, le capitaine de grenadiers sous ses ordres, et qui faisait l'avant-garde, a été tué. Heureusement que, pour son régiment et l'armée, M. Desrolines se porte très bien; il n'a même pas été blessé.

Qu'on demande au colonel Fantin si sa colonne d'attaque (dont le second bataillon de son régiment formait la tête) avait d'autre avant-garde que quelques tirailleurs qui précédaient les sapeurs et tout l'état-major du régiment qui se trouvaient sur ce point.

La compagnie de grenadiers du 2e bataillon a eu son capitaine Coquebert et le sous-lieutenant Pézès blessés.—L'adjudant-major Boscary était du 3e bataillon; il n'a pas été blessé, mais bien l'adjudant-major Larregny du 2e bataillon, qui était en tête de la colonne, à côté de son chef de bataillon M. Bergeret.

Le comte de Laroche-Aymon n'avait pas quitté le gros de

la brigade, il n'avait pas pris part au beau fait d'armes du 1ᵉʳ bataillon sous les ordres du lieutenant-colonel Fitz-James. — Il était entré dans le village à la tête des onze compagnies du 3ᵉ de ligne; il avait essuyé quelques coups de fusil partis du clocher, et qui ne blessèrent personne; il était avec le colonel Fantin derrière les dernières maisons du village à masser sa colonne d'attaque, pour forcer le passage du pont. Pendant que l'on se serrait et que l'on prenait haleine, il fut reconnaître l'ennemi, et, s'apercevant qu'*il n'avait pas d'artillerie* (1), il résolut de l'attaquer.

La crue des eaux du Llobrégat ôtant toute possibilité de tourner la position de l'ennemi, il fallut l'emporter de front. Jetant quelques voltigeurs sur son front, en appuyant ses flancs, il lança sur l'ennemi la colonne l'arme au bras et au cri de Vive le Roi. La chaussée, jusqu'à l'entrée du pont, fut assez mollement défendue; mais arrivé au pont, l'intensité du feu et la résistance augmentèrent d'une manière remarquable: cependant la colonne ne montrant pas d'hésitation et avançant toujours, l'ennemi se replia en faisant un feu très vif jusque vers le milieu du pont, où, faisant volte-face, il fit une décharge presque à bout portant. Rien n'arrêta l'élan des troupes, et l'on arriva à la sortie du pont, où le feu des tirailleurs fut soutenu par un feu de deux rangs bien exécuté par les bataillons ennemis en position sur les hauteurs à travers lesquelles passe la route de Tarragone.

Le colonel Fantin, au débouché du pont, faisant tête de colonne à gauche, se porta vers une haie qui, au bas de la chaussée de sortie, fermait des enclos de vignes que l'ennemi occupait au pied du mamelon occupé par sa droite; l'action devint alors très vive; mais le 3ᵉ bataillon, tenu jusqu'alors en réserve à la sortie du pont, ayant également fait tête de

---

(1) M. le général avait donc cru jusqu'alors que l'ennemi avait de l'artillerie. (A. H.)

colonne à gauche, et s'étant prolongé derrière le second bataillon, vers un ravin d'où il menaçait la position ennemie, celui-ci mollit bientôt dans sa défense. Le 3ᵉ bataillon enleva le mamelon sur lequel était postée la droite de l'ennemi, qui se replia en toute hâte sur sa gauche, qui avait déjà commencé son mouvement rétrograde en faisant un changement de front dans la direction de *Castilvi*.

C'est au débouché du pont que le capitaine Fenaux, d'une compagnie du centre, fut tué d'une balle dans la tête, au moment où il commandait au premier peloton de sa compagnie, tournez à gauche (1).

Pendant ces attaques, le capitaine Létier, ayant aperçu une colonne ennemie qui de Paléja se portait vers le pont, en longeant la rive droite de la rivière, fit transporter sur la grève les deux obusiers de montagne. Cette disposition eut pour résultat de forcer l'ennemi à se jeter dans la montagne, et de balayer la rive droite du Llobrégat. Plus tard, l'artillerie occupa une seconde position, à six cents toises en avant du pont : il en sera parlé plus bas.

L'attaque terminée, les quarante lanciers d'avant-garde furent postés en avant sur la route de Villafranca. Le 6ᵉ de hussards, arrivé pendant l'affaire, et resté hors de portée, passa le pont au trot et suivit la même direction. — Le 5ᵉ de chasseurs fut placé sur la route de Paléja; et le 1ᵉʳ bataillon du 3ᵉ, ayant reçu ordre de quitter les hauteurs, qui n'avaient plus d'importance l'attaque ayant réussi, la 5ᵉ division arrivant ainsi que la 10ᵉ, fut dirigé sur le mamelon qu'avait occupé la gauche de l'ennemi. En ce moment le général Donnadieu arriva.

(1) Il y a donc à rectifier deux noms dans le texte : c'est le capitaine Fenaux qui a été tué, et non pas le capitaine Desrolines de La Motte; c'est l'adjudant-major Larregny qui a été blessé, et non pas l'adjudant-major Boscary. (A. H.)

« Cependant le général Donnadieu, qui avait marché vers Martorell avec la colonne du général Achard, s'était convaincu de l'impossibilité d'y traverser le Llobrégat faute d'un passage guéable, et parceque l'ennemi avait coupé le pont : il se décida donc à redescendre vers Molin-del-Rey. Au moment où ce mouvement commençait, le bruit d'une fusillade lointaine lui fit connaître que le général Laroche-Aymon était aux prises avec l'ennemi. Donnant aussitôt ordre au général Achard de presser la marche, il partit au galop vers le point où la fusillade redoublait. Après avoir fait trois lieues en moins d'une heure, il arriva au Molin-del-Rey au moment où le pont venait d'être enlevé. Peu d'instants lui suffirent pour reconnaître la position de l'ennemi. Il se porta alors au milieu des soldats qui gravissaient les mamelons en répondant par une vive fusillade au feu terrible des constitutionnels. A son aspect, des cris de joie se firent entendre, l'ardeur de nos braves redoubla : « Soldats, s'écrie
« le général, je viens de voir ce que votre bra-
« voure a fait, il faut faire plus encore : plus de
« coups de fusil ; que l'ennemi vous voie de près ;
« qu'il apprenne que ce que vous avez été, vous le
« serez toujours. En avant ! A la baïonnette ! » — Ce peu de mots électrisa les soldats : En avant ! A la baïonnette ! répète-t-on de toutes parts. — Le

général Donnadieu se place à la tête des soldats qui attaquent le mamelon de droite, tandis que le mamelon de gauche est attaqué par le général Laroche-Aymon. Le centre de l'ennemi, en bataille sur la route de Tarragone, est chargé par le 5ᵉ de chasseurs, auquel se joint bientôt le 6ᵉ de hussards, qui arrive au galop, impatient de se mesurer avec l'ennemi.—Néanmoins, Milans parvient encore à reformer ses soldats sur les montagnes, au-delà du mamelon de droite, etc.

« Cependant le général Donnadieu, après avoir placé en batterie son artillerie de montagne, qui jusqu'alors avait peu servi, forma sa colonne d'attaque et recommença l'action. Le feu s'engage de nouveau, et l'ennemi cède bientôt à la valeur de nos soldats. Notre artillerie fait sur lui un effet meurtrier. Le colonel piémontais qui commandait les transfuges est coupé en deux par un obus. Sa mort devient le signal d'une déroute générale.... Les constitutionnels s'enfuient dans le plus grand désordre: les uns suivent la route de Tarragone jusqu'au col d'Orsal, où ils sont poursuivis et chargés par notre cavalerie; les autres fuient dans la direction de Martorell. » (Pages 411 et 412.)

OBSERVATIONS.

Encore rien, ou presque rien de vrai dans cet article.

D'abord le général Donnadieu n'a point marché vers Martorell; il a suivi tout simplement la route de Sabadell à Molin-del-Rey, d'où il a détaché le général Achard sur Martorell, lui faisant faire sept lieues au lieu des quatre petites qu'il y a de Sabadell à Martorell par la route directe.

Le général Donnadieu n'a donc pas été à Martorell, et il y aurait été qu'il n'aurait pu y voir le pont coupé, parcequ'*il ne l'était pas, et qu'il ne l'a jamais été.*

Quand le général Donnadieu rejoignit la première brigade, le pont et le mamelon de gauche situé à son débouché étaient enlevés; et quant au mamelon où l'ennemi avait sa gauche, il l'avait évacué, et il avait déjà commencé son changement de front; enfin quand le général arriva sur le terrain, le dispositif précité avait été pris et exécuté; le feu était presque entièrement fini; les obusiers de montagne, que le capitaine Létier avait fait transporter à six cents toises en avant du pont, lançaient encore quelques projectiles pour accélérer le mouvement de retraite de l'ennemi, *qui était presque hors de portée.* C'est de cette seconde position qu'un de nos obus atteignit et mit en pièces un colonel piémontais qui se trouvait avec sa troupe derrière un repli de terrain.

Il n'y a pas eu d'attaque de mamelons à l'arrivée du général Donnadieu; il n'y a pas eu de charge de cavalerie sur le centre de l'ennemi, qui n'était pas placé sur la route de Tarragone, puisque *cette route n'a jamais été occupée.* Le 5ᵉ régiment de chasseurs ne pouvait charger sur cette route, puisqu'à l'arrivée du général Donnadieu il était en colonne sur le bord du Llobrégat, direction de Martorell.

Le général Donnadieu, n'ayant pas de troupes sous la main, prit au comte de Laroche-Aymon les trois bataillons du 3ᵉ de ligne, qu'il mit à la poursuite de l'ennemi dans sa direction de retraite, et il ordonna au comte de Laroche-Aymon de suivre la direction d'Ordal par Villazana, avec le seul 6ᵉ de hussards, et de chercher à enlever une colonne de deux bataillons et quelques cavaliers qui, n'ayant pu se réunir au gros de la troupe constitutionnelle, suivirent cette route; il lui promit de le faire appuyer par le 26ᵉ de ligne, les localités rendant l'infanterie indispensable pour agir convenablement

Le comte de Laroche-Aymon suivit la route de Tarragone jusqu'au col d'Ordal, où l'infanterie ennemie s'était déjà reformée. N'ayant que deux cents chevaux, fatigués d'une longue et rapide marche, il prit ses dispositions pour attaquer aussitôt l'arrivée du 26ᵉ de ligne; mais ce régiment avait été mené si vite que, quelle que fût sa volonté, il ne put résister. Un chef de bataillon arriva seul, annonçant au comte de Laroche-Aymon qu'environ quatre-vingts hommes étaient à trois quarts de lieue de là.... Le comte de Laroche-Aymon, pour ne pas laisser l'ennemi en position devant lui, ordonna à son avant-garde de se porter sur la redoute, par la grande route, et la faisant tourner à gauche par l'escadron du capitaine Reynard du sixième de hussards, l'ennemi l'évacua après un feu insignifiant, et continua sa retraite sur Villafranca, qu'un ordre de M. le maréchal empêcha d'inquiéter davantage.

Pendant ce mouvement, le 18ᵉ de ligne avait suivi la rive droite du Llobrégat, et s'était porté sur Martorell, où il avait eu une brillante affaire.

Quant au général Donnadieu, quoique n'étant pas présent, le rapport officiel du colonel du 3ᵉ de ligne, qui manœuvrait sous ses ordres, doit faire connaître la vérité.

« Et dès-lors le mouvement de retraite de l'ennemi fut prononcé.

« M. le lieutenant-général Donnadieu étant arrivé alors sur le champ de bataille, les trois bataillons du 3ᵉ de ligne ont été lancés à droite, sur deux colonnes, à la poursuite d'un corps ennemi qui paraissait coupé. Après trois heures d'une marche pénible à travers les rochers, la queue de cette colonne a été atteinte en arrière de Castelvi, et le régiment a engagé avec elle une courte fusillade qui a fini par la fuite précipitée d'un terrain presque inaccessible. Il n'a pas été possible de la joindre. »

« Notre perte fut considérable à l'affaire de Molin-del-Rey. Celle de l'ennemi fut beaucoup plus grande : il eut cinq cents hommes tant tués que blessés aux diverses attaques de la maison crénelée, du pont et des mamelons. » (Pag. 414.)

OBSERVATIONS.

La perte du 3e de ligne, en tués, blessés, et contusionnés, s'élève de quatre-vingts à cent hommes. Quant à celle des constitutionnels, il est impossible de l'indiquer : ils emportaient leurs blessés, et jusqu'à leurs morts, soit sur des mulets, soit sur des charrettes préparées à cet effet.... Cinq cents, c'est beaucoup, *mais beaucoup*.

Dans une note, page 414, on prétend que M. de La Nougarède a manqué périr en cherchant un gué *sous le feu de l'ennemi*. J'aime trop M. de La Nougarède, il a trop long-temps et trop bien servi, pour avoir besoin qu'on lui prête des actions qui ne sont pas. M. de La Nougarède a effectivement manqué périr en cherchant un gué pour tâcher de manœuvrer sur le flanc de l'ennemi, mais il n'y avait pas un soldat constitutionnel sur ce point-là.

Je terminerai ici mes observations. Il est bien facile de voir que le narrateur *n'y était pas ;* et, effectivement, je ne me rappelle de la présence de M. Tartarat que quand il se joignit à la colonne que je dirigeais sur le col d'Ordal ; direction dans laquelle presque tout l'état-major du lieutenant-général me suivit.

Au surplus, ayant manœuvré toute la journée du 9, je ne pus envoyer au lieutenant-général le rapport officiel de l'affaire que le 10 au matin; et quand je fus voir ce même jour M. le maréchal à son quartier-général de Molin-del-Rey, il avait déjà reçu du lieutenant-général un rapport sur toute cette affaire, rapport fait sans avoir attendu le mien, qui devait être le plus indispensable à un bon rapport, puisque je commandais.

Le lieutenant-général comte de LAROCHE-AYMON.

Paris, ce 10 novembre 1824.

FIN DES ADDITIONS

TABLE
DES MATIÈRES

CONTENUES DANS CE VOLUME.

SUITE DU LIVRE II.

Chap. ix. Description de Cadix.—Formation du blocus.—Situation des révoltés.—Proposition de Riégo rejetée.—Suicide de Sanchez-Salvador, ministre de la guerre.—Sortie du 16 juillet.—Les constitutionnels sont repoussés.—Formation de la flottille.—Expédition du comté de Niébla. Page 1

Chap. x. Soins paternels du Prince généralissime pour l'armée.—Remise des drapeaux.—Discours de M. de Martignac et du major général.—Réponse de la Régence.—Arrivée du marquis de Talaru.—Départ de M. de Martignac.—Résumé du succès de l'armée française.—Formation du 5ᵉ corps.—Ordre général de l'armée.—Départ du duc d'Angoulême pour Cadix. 29

LIVRE III.

Chap. 1ᵉʳ. Départ du duc d'Angoulême pour Cadix.—Capitulation de Ballestéros.—Décret d'Andujar.—Addition à ce décret.—Arrivée du Prince devant Cadix.—

Conseil de guerre.—On y résout l'attaque du Trocadéro.—Envoi d'un parlementaire dans Cadix.—Attaque et prise de l'Ile Verte.—Travaux et préparatifs.   pag.   41

Chap. ii. Description du Trocadéro.—Travaux de la tranchée.—Sortie repoussée.—Reconnaissance de la Cortadura.—Intrépidité du capitaine Petit-Jean.— Préparatifs d'attaque.—Attaque et prise des retranchements de la Cortadura et du Molino de Guerr.—Escarmouche navale.—Détails sur la flottille et sur l'escadre française.—Attaque et prise du village du Trocadéro et de l'île Saint-Louis.—Belle conduite du prince de Savoie-Carignan.—Mentions honorables.   58

Chap. iii. Suite des opérations du 2ᵉ corps.—Entrée à Grenade.—Description de Grenade—Capitulation de Ballestéros.—Prise d'Almeria.—Expédition sur la côte.—Prise de Malaga.—Expédition de Riégo.—Affaire de Velez-Malaga.—Affaire de Montefrio.—Mauvaise issue de la tentative de Riégo sur les cantonnements de l'armée capitulée.—Sa défaite à Jaén.—Combat de Jodar.—Prise de Riégo.—Note sur ce général, sa vie et sa mort.—Destruction et prise des débris de sa division.—Conduite et administration du général Molitor dans le royaume de Grenade.   80

Chap. iv. Positions respectives des troupes françaises et constitutionnelles en Catalogne.—Départ du général Donnadieu.—Défaite de Milans et Llobéra à Cabrianа et à Caldès.—Affaire d'Altafulla.—Reconnaissance de Tarragone.—Expédition des constitutionnels sur Figuières.—Combat de Llers.—Capitulation de l'ennemi.—Prise de Figuières   149

Chap. v. Évènements du centre de la Péninsule.—Affaire
de la Puebla del Principe.—Capitulation de Chaleco.
—Mouvements de Placencia dans l'Estramadure.—
Combat de Puerto de Mirabété.   Pag. 202

Chap. vi. Situation de Cadix après la prise du Trocadéro.
—Découragement des constitutionnels.—Négociations
inutiles.—Correspondance de Ferdinand et de Mgr le
duc d'Angoulême.—Médiation de l'Angleterre refusée.
—Convocation des Cortès extraordinaires.—Discours
lu au nom du roi.—Arrivée de Quiroga et de Wilson
dans Cadix.—Résolutions désespérées.—Travaux du
siège.—Préparatifs de descente dans l'île de Léon.—
Prise du fort de Santi-Pétri.—Bombardement de Cadix.
—Beau mot du duc d'Angoulême.   214

Chap. vii. Opérations du 3e corps.—Devant Santona.—
Devant Saint-Sébastien.—Devant Pampelune.   251

Chap. viii. Opérations du 5e corps.—Arrivée du maréchal de Lauriston devant Pampelune.—Commencement
du siège.—Attaque et prise des faubourgs de la Rocheappea et de la Madeleine.—Mort du colonel Saint-
Gilles.—Ouverture de la tranchée.—Travaux du génie et de l'artillerie.—Commencement du feu des batteries françaises.—Capitulation de Pampelune.—Proclamation du maréchal Lauriston.   276

LIVRE IV.

Chap. 1er. Évènements devant Cadix.—Préparatifs de
descente dans l'île de Léon.—Arrivée d'un premier
parlementaire à Chiclana.—Première nouvelle de la

délivrance du roi.—Retour du quartier-général à Port-Sainte-Marie.—Arrivée d'un second parlementaire.—Troubles dans Cadix.—Révolte des miliciens.—Proclamation au nom du roi.—Débarquement du roi à Port-Sainte-Marie.—Décret. Pag. 292

Chap. ii. Arrivée de San-Miguel à Lérida.—Ses courses dans l'Aragon.—Combat de Tramaced.—Prise de San-Miguel.—Prise de Barbès.—Blocus de Lérida.—Capitulation et occupation de Lérida. 307

Chap. iii. Situation des forteresses constitutionnelles.—Fin des opérations du 2ᵉ corps.—Capitulation de Carthagène.—Occupation de Peniscola.—D'Alicante.—Fin des opérations du 4ᵉ corps.—Sortie repoussée de la garnison de Tarragone.—Négociations avec Barcelonne.—Préparatifs de siège.—Armistice.—Siège et prise des forts d'Urgel.—Capitulation du général Mina.—Occupation de Barcelonne, de Tarragone, d'Hostalrich.—Entrée du général Laguna dans Badajoz.—Départ du duc d'Angoulême pour la France.—Ordre général de l'armée. 321

Chap. iv et dernier. Résultats de la guerre.—Récompenses accordées par le roi aux généraux de l'armée.—Retour du Prince en France.—Son entrée à Paris.—Fêtes données par la ville 341

ADDITIONS ET RECTIFICATIONS.

Engagement entre Zayas et Bessières.—Attaque de Monzon.—Communications entre le 2ᵉ et le 4ᵉ corps.—Affaire de Wilches.—Affaire devant Lérida.—Affaire de San-

Fausto. — Affaire devant Figuières. — Affaire de Cabeza de Buey. — Prise de Lorca. — Affaire de Roda. — Engagements de la marine française. — Incendie à la Corogne. — Combat de Molin-del-Rey. — Combat de Jodar. — Maladie au port du Passage. 352

FIN DE LA TABLE DU TOME II ET DERNIER.

www.ingramcontent.com/pod-product-compliance
Lightning Source LLC
Chambersburg PA
CBHW071942220426
43662CB00009B/960